박한제 교수의 중국 역사 기행 1

영웅 시대의 빛과 그늘

영웅 시대의 빛과 그늘

【삼국·오호십육국 시대】

박한제 지음

사계절

머리말

요즈음도 조금의 틈이나마 생기기만 하면 나는 배낭을 메고 중국으로 답사 여행을 떠난다. 1991년 초 처음 그 땅을 밟기 시작한 이후 1996년 1년간 장기 체류를 포함해서 지금까지 자그마치 30여 차례나 중국을 방문했다.

세상 사람들의 뇌리에서 이미 잊혀진 왕조의 도읍지나 사건의 현장, 잡초 속에 파묻혀 있는 분묘墳墓들을 찾아 그곳에 초라하게 서 있는 안내판 하나라도 만져 보기 위해 하루 종일 시골 버스를 탄 적도 많다. 중국인, 아니 중국의 역사학자들로부터 왜 그런 곳들을 찾아 나서느냐는 핀잔을 들으면서도 줄곧 다녔던 것이다. 동행자가 있기도 했지만 혼자 다닌 경우도 많았다.

나는 삼국三國 시대에서 당대唐代까지, 즉 3세기에서 10세기까지 약 8세기간의 중국 역사를 연구하고 가르치는 것을 생업으로 삼고 있다. 밤낮으로 이 시대 역사만을 생각한 세월이 어언 30여 년이다. 그러다 보니 이제 이 시대가 남긴 것이라면 어떤 하찮은 것이라도 무한히 사랑하게 된 나 자신을 문득 발견하게 된다. 이 시대 사람들이 남긴 흔적들은 나의 사랑하는 이웃들이 이 세상에 남기고 간 자취처럼 나에게 정답게 다가온다. 그래서 그들이 남긴 것들을 찾아 나서는 길은 그들을 만나러 가는 것처럼 마냥 즐겁기만 하다.

사실 중국 역사상 이 시대만큼 다양한 개성을 지닌 인간상을 배출해 낸 시대도 드물 것이다. 초등학생에게도 익숙한 『삼국지』의 조조와 유비, 그리고 제갈량이 이 시대가 낳은 인물들이고, 중국 최고의 전원시인 도연명, 서성書聖이라 불리는 명필 왕희지 등 우리에게 너무도 익숙한 이름들이 바로 이 시대와 더불어 살았던 사람들이다. 이 책에서는 다루지 못하였지만 중국 유일의 여황제 측천무후와 경국지색의 미인 양귀비, 위대한 시인 이백, 두보도 바로 이 시대가 배출한 사람들이다.

이 시대가 나에게 남긴 기억과 생각들을 이 세 권의 책에 모아 실었다. 이 책 서술 내용의 대부분을 차지하는 위진남북조魏晋南北朝 시대는 일반인은 물론 학자들에게도 매우 혼란스럽고 불안정한 시대로 비쳐진다. 그래서 이 시대는 어떤 특징이 없는 과도기이며 정리되지 않은 채로 너무 오랫동안 지속되었다는 평가를 받기도 한다. 이 시대를 다룬 통사通史들도 이 369년간의 기간을 가볍게 지나쳐 버리고 비교적 검토가 쉬운 수隋와 당唐나라의 역사로 넘어가 버리기 일쑤였다. 이 시대는 진한秦漢 시대나 수당隋唐 시대처럼 대제국을 형성한 것도, 통일된 정치 중심이 있었던 것도 아니었다. 그러나 이 혼란은 세계를 호령하던 '대당제국大唐帝國'을 잉태하기 위한 격렬한 산고였을 뿐이다. 또 이 시대는 중국 문화 및 중국 민족의 형성과 발전과정에서 다대한 기여를 한 시대였다는 점에서 중국사 가운데 어느 시대 못지않게 중요하다.

이 글들은 연구실에서 전공 서적을 읽으면서 느끼던 아쉬움과 풀지 못했던 의문의 현장을 찾아 나선 나의 여행 기록들이다. 이 여행을 통해 그동안 책상 앞에서 골몰했던 난제들이 쉽게 이해되기도 했고,

이전에 알고 있던 지식과는 전혀 다른 사실도 많이 발견하게 되었다. 역사 연구에서 현장 학습이 얼마나 중요한가를 깨달은 것도 이 답사 여행 덕분이었다. 연구실 창 너머 영종도 공항 쪽으로 눈을 돌릴라치면 불현듯 떠오르는 것은 중국에 두고 온 작고 못난 유적지와 그것을 찾아가는 꼬불꼬불한 길들이다. 그런 회상만으로도 무미하기 짝이 없는 내 연구 생활에 활기를 불어넣는 청량제가 된다.

지금 역사 연구는 대중으로부터 날로 멀어져 가고 있다. 그동안의 내 연구 역시 그러했다. 지금도 나의 연구 결과를 지켜보아 주는 사람이 한 사람이라도 있다면 그것만으로 족하다는 심정으로 공부하고 있지만, 한편 역사와 대중을 보다 가깝게 접근시켜야만 역사라는 학문이 살 수 있다는 생각을 최근 들어 자주 하곤 한다.

이 글들은 『월간중앙』 등의 대중 잡지를 통해 발표했던 것을 바탕으로 대폭 수정·보완한 것이다. 당초 계획으로는 필자가 전공하는 위진남북조와 수당 시대 전부를 포괄하는 역사 기행문을 써보려고 마음먹었다. 몇 편을 쓰다 보니 도중에 욕심이 발동했다. 아직도 우리 손으로 쓴 위진남북조·수당사 개설서 한 권 내놓지 못하고 있는 것이 학계의 현실이다. 나는 평소 이 점에 대해 전공자로서 무거운 부담을 느끼고 있었다. 이 글을 쓰는 동안 조금 방향을 바꾸면 개설서에 버금가는 내용을 담을 수 있지 않을까 하는 생각이 들었다. 그 결과 삼국에서 초당까지 각기 다른 주제의 글 25편이 되었다. 통틀어서 '대당제국 형성사'라 해도 좋을 것이다. 이것으로 이 시대의 역사적 사실을 만족스럽게 개관했다고 할 수는 없지만, 이 시대 역사 흐름의 대강을 나름으로 묘사해 냈다고 자위하고 있다.

특히 위진남북조 시대는 중국사 가운데서 가장 정치적으로 혼란스러웠던 시대의 하나다. 400년 가까운 기간 동안 수십 개의 왕조가 명멸했다. 그래서 왕조의 이름마저 친숙하지 않은 독자들이 아마도 적지 않을 것이다. 집필하는 과정에서 필자가 가장 곤혹스러웠던 것이 바로 이 점이었다. 어떻게 하면 좀더 쉽게 쓸 수 있을까 하는 강박감에 짓눌려 있었다. 또 항상 염두에 두었던 것은 역사적 지식의 전달도 중요하지만 특정 사건이 가지는 의미를 보다 사실적으로 묘사해야 한다는 점이었다. 그러기 위해서는 현장에 대한 생생한 여행 기록이 유효한 방법이라 생각했고, 우리 현실 문제와 연관시켜 보는 것도 나쁘지 않다고 판단했다. 그래서 중간중간 딱히 적절하다 할 수 없는 싱거운 코멘트도 끼워 넣었다. 현장을 답사하면서 보고 느낀 지식과 생각의 일부를 독자에게 충실하게 전하려는 필자 나름의 노력의 일단이라 이해해 주었으면 한다.

기행문과 시대사의 조합이라는 이런 기획은 국내외를 막론하고 아마 이제껏 시도되어 본 적이 별로 없었던 것처럼 여겨진다. 형식은 기행문이지만 이 시대를 보는 필자 나름의 관점과 해석을 각처에 끼워 넣으려고 노력했다. 수십 년간 이 시대를 연구해 왔고, 또 강의한 결과물이지만 아직도 여물지 못한 주장과 억지 논리가 군데군데 발견될 것이다. 하해 같은 사랑으로 양해해 주시고 더 좋은 글을 쓸 수 있도록 끊임없는 관심과 질타를 보내 주시기를 독자 여러분들께 바랄 뿐이다. 독자 여러분에게 또 양해를 구하고자 하는 것은 동일한 내용이 중복되어 나오는 경우가 더러 있다는 점이다. 사실 25개 주제의 글들 하나하나가 각각 독립성을 갖는 것이므로 앞 글에서 이미 언급한 내용이지만 다시 한 번 거론해야 더 잘 이해될 수 있다고 판단했기 때문이다.

이 글들을 통해 이 시대에 대한 역사적 지식이 조금이라도 넓혀지고 역사를 되돌아보는 의미와 재미를 함께 느낄 수 있었으면 하는, 실로 분외의 기대를 갖고 있다. 잘 팔리는 책보다 정성을 담뿍 쏟아 넣은 책을 만들고자 했던 필자의 소망을 성취시켜 주기 위해 혼신의 힘을 기울인 (주)사계절출판사의 강맑실 사장을 비롯한 인문팀의 류형식 팀장 등 여러분에게 진정으로 감사를 드리고 싶다. 이 글을 쓰고 또 책을 준비하는 과정에서 서울대학교 동양사학과 최재영 강사에게 많은 신세를 졌다. 치사하는 바이다. 아울러 역마살이 낀 남편의 빈번한 중국행을 양해해 주는 대신 이 글에 대해서는 누구보다 신랄한 비판을 불사하여 이 정도의 내용을 갖추도록 한 아내에게 이 자리를 빌려 고마움을 전하고 싶다.

2003년 4월

박 한 제

차례

영웅 시대의 빛과 그늘

삼국·오호십육국 시대

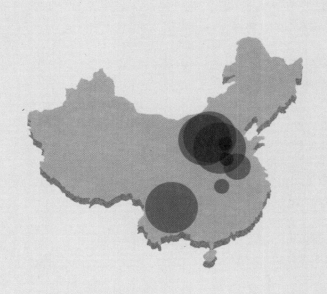

영웅이란 지력이나 체력 등에서 보통 사람을 훨씬 능가하는 능력을 발휘함으로써 그 시대가 처한 어려운 국면을 돌파한 후 개인적 혹은 사회적으로 큰 성공을 거둔 사람을 상징한다. 그들이 활약하는 소위 영웅 시대는 이처럼 난세를 전제로 하고 있다. 난세가 아니면 특별한 일이 없고, 일이 없으면 영웅은 만들어질 수가 없는 것이다. "잘 다스려져 조용한 세상을 만나면 간사한 도적이 될 것이고 어지러운 세상을 만나면 영웅이 될 것이다[清平之姦賊 亂世之英雄](『後漢書』 권68 許劭傳)"라는 조조에게 주어진 평가도 영웅과 난세의 밀접성을 잘 말해주고 있다. 조조도 조용한 세상에 태어났다면 조폭 정도의 인물에 그쳤을 것이라는 말이다. 결과적으로 후한 말이라는 정치적 혼란은 조조에게 물고기가 바다를 만난 것처럼 그의 활동 범위를 넓혀 주었다. 영웅은 시대가 만든다는 말이 그래서 나온 것이다.

영웅에게는 반갑기 그지없는 이 난세란 억조창생에게는 반대로 견딜 수 없는 고통의 세월이다. 중국 역사의 전개에 대해 "한번 잘 다스려지면 그 다음은 반드시 어지러워진다[一治一亂]"는 순환론적 역사관이 일찍이 제기되었지만, 이 '치'와 '난'을 나누는 기준이란 것도 알고 보면 정치적으로 통일되었느냐 아니면 분열되었느냐 하는 것이었다. 예나 지금이나 통일의 문제는 이처럼 백성들의 행복 지수를 가늠하는 중요한 변수가 되고 있다. 중국 역사상 정치적으로 가장 어지러웠던 시대는 뭐라 해도 춘추전국 시대와 위진남북조 시대였다. 이 책에서 다루고자 하는 위진남북조 시대는 진秦의 통일 이후 약 400년간의 긴 통일 기간을 거친 이후에 나타난 분열·혼란기이기 때문에 체감상 혼미의 강도는 막대한 것이었다. 이 당시의 혼미 상황은 다른 시대와는 달리 중국 내부 세력의 분열에서 기인된 것만이 아니었다. 이민족의 침입이라는 또 다른 요소가 더해져 그 복잡성이 배가되었던 것이다.

이 시대는 중국 역사상 가장 다사다난했던 시절의 하나였다. 이 시대에 영웅 대망론待望論이 출현하게 된 것은 너무도 당연한 일이었다. 가련한 민중들은 그들의 조그마한 성취에도 쉽게 감동하고 그들의 신화와 전설 만들기에 열중했다. 백마 타고 문득 그들 앞에 나타난 이들 영웅들에 의해 어지러운 시대는 종결되고 새로운 질서가 자리잡혀 갈 것이라는 기대가 그들의 뇌리를 지배하고 있었기 때문이었다.

기존의 권위는 무너지고 새로운 권위가 세워지지 않았던 이런 상황에서 대권을 장악하기 위해 치달렸던 군웅들이 수없이 등장했다. 이 시대를 필자는 감히 '영웅 시대'라 부르고자 한다. 그러나 대권에 눈이 어두워지면 인정도, 염치도, 체면도 없어진다. 이 시대를 주름잡았던 영웅들도 역시 그러했다. 이런 상황은 역설적으로 인간들에게는 역동성을 갖게 했고, 승리는 그들이 저지른 가증스런 죄들을 그런대로 면죄해 주었다. 거기에 참다운 인간성은 매몰되어 가고 있었다.

우리가 듣고, 알고, 그리고 참으로 바라 마지않는 영웅상은 결코 그런 것이 아닐 것이다. 당시의 영웅들이란 어쩌면 '당신들의 일그러진 영웅'이었을지도 모른다. 아니 오늘날 '우리들의 영웅들'도 유감스럽게도 그 점에선 예외일 수가 없어 보인다. 인간 세계란 어쩌면 다 그런 것인지도 모른다. 바로 여기에 영웅이라는 이름으로 덧씌워진 사람들을 좀더 세밀하게 분석해 볼 필요성이 대두되는 것이다.

이 책은 소설 『삼국지』의 배경이 된 삼국 시대와 중국 역사상 이민족으로서 중원에 들어와 최초로 왕조들을 세웠던 오호십육국 시대를 엮어간 소위 영웅들의 이야기들로 구성되어 있다. 이 시대의 혼란은 이미 한대漢代에서 잉태되고 있었다. 한대에는 춘추전국 이래 정치·경제·문화의 발전을 기초로 해서 거대한 중앙집권 국가가 완성되었다. 그리고 이 국가를 신성화하기 위해 유학을 체제 교학으로 채용하여 모든 가치는 유교적 도덕으로 표준화되었다. 외형적으로 완숙미가 최고조에 달했던 시대였다. 그러나 완성이란 쇠망의 또 다른 이름이다. 클라이맥스는 발전의 중단이고 한계를 의미하기 때문이다.

정치의 중앙집권화가 진행되면 황제 권력도 독재화해 간다. 측근인 외척과 환관을 중용하게 된 것은 그 표현이다. 황제의 권한은 점점 강대화된 반면, 황제 개인은 문약文弱으로 흘러 병마에 시달리고, 또 요절하는 경향이 생겼다. 이런 황제를 보좌하는 외척과 환관의 권력이 날로 강대해진 것은 당연한 귀결이었다. 유학으로 무장한 재야 인사들은 한 제국 본래의 모습 회복을 소리 높여 주장하기 시작했다. 후한 말 사대부층에 의해 주도된 청류清流 운동이 바로 그것이다. 재야 운동이 대체로 그러하듯이 그 운동의 이면에도 엽관獵官 운동이라는 불순한 동기가 도사리고 있었다. 한 제국이 안고 있는 모순은 이제 출구가 없는 모순이 되어 버렸다. 청류와 탁류로 나누어져 사생결단의 대결을 벌였던 당고党錮 사건을 기점으로 시작된 일련의 사건들은 그토록 견고해 보이던 영원한 한 제국의 평화(Pax Sinica)를 완전히 파괴해 버렸다.

전한은 무제武帝 이후 대외적으로는 흉노를 제압해서 광대한 판도를 영유하게 되었고, 주변 여러 나라에게 강력한 정치적 영향력을 발휘하는 대제국으로 발전했다. 그러나 정치적 영향력은 주변 여러 민족에게 막심한 희생을 강요하였다. 빛이 강하면 그 그늘 역시 짙어지는 법이다. 주변 이민족에 대한 강력한 식민 통치는 역으로 그들에게 그 정체성에 대한 자각을 재촉하였다. 그것이 한 제국 붕괴의 또 다른 중요한 요인으로 작용하게 되었다.

난세는 이렇게 찾아왔고 민중들은 이 지긋지긋한 질곡으로부터 벗어나기 위해 영웅들의 출현을 학수고대했다. 원소·조조·유비·손권 등 그 이름도 쟁쟁한 인사들이 여러 가지 사유로 각각 나름의 기치를 내걸고 그들 앞에 등장했다. 민중들은 이들 영웅들의 기마가 일으킨 뽀얀 먼지를 따라 이리저리 몰려다녔다. 이들 영웅들 사이에 물고 물리는 투쟁의 결과는 삼국의 정립으로 그 가닥을 잡았다. 3세기 초의 일이다. 삼국이 정립해 가는 과정에서, 그리고 정립한 이후 이들 사이에는 수많은 전쟁이 벌어졌다. 전쟁이란 인간이 만들어 낸 가장 적나라한 자기 표현이다. 여기에 인간이 가진 능력은 한 점 남김없이 소진된다. 이들 영웅들에 의해 펼쳐진 드라마는 천 수백 년 동안 동아시아인들의 심금을 울렸다. 기발한 전략도, 인간적인 신뢰도, 비인간적인 배신도 이 시대의 역사 속에 모두 남김없이 녹아들어 자리했다. 인적·물적 자원에서 압도적 우세를 보인 조조의 위나라가 기선을 제압해 나갔다. 그러나 촉나라나 오나라도 만만치 않았다. 이리하여 지모의 영웅 조조도 그 균형을 완전히 파괴하는 성과를 거두지 못하고 죽었다. 사람들은 대체로 조그마한 성공에는 별로 감동하지 않는다. 빨리 그리고 화끈한 결과가 나오기를 기대한다. 조씨의 몰락이란 것도 통상 사람들이 앓고 있던 이런 조급증의 산물이었다.

조조가 오와 촉을 점령하려다 실패한 지 반세기가 지난 263년 위나라의 장수 사마소司馬昭가 결국 오랜 대치 상황을 깨뜨렸다. 그의 군대가 산악 지역으로 촉의 배후를 기습하니 촉나라는 순식간에 무너졌다. 사마소는 그 다음해 죽고 그의 아들 사마염司馬炎이 그 뒤를 이었다. 그는 천명이 조씨에서 사마씨 집안으로 옮겨 왔다고 선언하고는 265년 위나라의 마지막 황제를 협박하여 제위를 선양받았다. 이 모든 과정은 위나라를 세운 조씨 집안 사람들이 후한 황실에 대해서 저질렀던 행태를 그대로 본받은 것이었다. 천명의 전이轉移를 상징하는 선양 의식은 이후 계속되었다. 삼국을 위시한 위진남북조 시대에 배출된 영웅들이 전설상의 요순 임금을 자처했지만 이 시대는 어쩌면 진정한 영웅이 없는 영웅 시대였는지도 모른다. 그들 대부분이 영웅으로 기억된 시간은 그렇게도 짧았다. 그들의 영웅적 행위가 많은 사람들을 오랫동안 감동시키기에 족하지 않았기 때문이다. 전과는 뛰어났지만 그것만으로 인간들의 심금을 울리기는 어려운 일이다. 난리로부터 고통을 해

소시킨 은혜는 쉽게 잊혀지지만 인간적인 감복은 오히려 뇌리를 떠나지 않고 두고두고 기억되는 법이기 때문이다.

　영웅들은 중국 한족 가운데서만 나타났던 것이 아니었다. 이미 초원을 떠나 중원에다 삶의 둥지를 튼 유목 민족들도 이 영웅 대열에 줄서기를 시작했다. 280년 사마씨司馬氏의 서진西晉 왕조 군대가 건강성建康城에 입성하여 오나라를 멸망시킴으로써 성취된 통일은 중국 역사 속에서 볼 때 그야말로 일시적인 환각 현상이었다고 할 정도로 순간적인 일이었다. 그로부터 20년도 경과하지 않은 시기에 이 왕조는 또 다른 세계에 의해 그 존재를 위협받기 시작했기 때문이다. 흉노匈奴·선비鮮卑·갈羯·저氐·강羌 등 중국의 서북과 서남 지역에 근거를 둔 오호五胡라 불리는 유목 기마 민족의 대두와 독립이 그것이다. 그들은 티베트족과 알타이어 계통의 종족을 포함하고 있었으며, 그들이 조직한 군대는 여러 종족이 혼합되어 있기도 했다. 그들의 중국 내지로의 이주와 침투는 혼우昏愚한 황제를 둘러싸고 궁정 귀족과 왕족들이 벌인 당파 싸움으로 혼미를 거듭하던 중원을 뿌리째 흔들어놓기 시작했다.

　심적·정신적으로 난숙하고 복잡해진 중화 문명에 대한 신생 야성野性 소박素朴 민족의 도전은 이제껏 중국인이 경험하지 못한 커다란 충격이었다. 당시 그 위험성을 정확히 파악·인식하고 군사력을 발동해서 이들을 중원으로부터 본래의 거주지로 구축해 내자는 제의가 있었지만, 이런 경고나 제의는 오랫동안 평화에 안주해 온 세력들에 의해 철저하게 무시되었다. 중화 문명 세계의 전통적인 중심인 북중국은 결국 이들 유목 기마 민족에 의해 무자비하게 정복되었다.

　이 시대 민족 이동은 당초 한족이 자초한 일이었다. 미국의 백인들이 면화밭에서 일할 노동자로서 아프리카 흑인들을 강제로 끌어들였던 것과 마찬가지였다. 초원의 말 위에서 한가롭게 피리 불며 양치던 이들 유목 민족을 자기들이 담당하기 싫은 노역 등 각종 잡역에, 혹은 용병傭兵으로 동원하기 위해 무계획적으로 이동시켰던 것이다. 이후 유목 민족은 그 거주지를 버리고 내지를 향해 가끔은 서서히, 때로는 질풍노도같이 들어왔다. 이리하여 융적戎狄으로 일컬어지는 호족이 어느 사이에 수도 경기 지역인 관중關中 인구의 과반을 차지하게 되어 버렸다. 한족 왕조들은 이들을 슬기롭게 다루지 못했다. 또한 광활한 초원을 달리던 유목 민족의 핏줄 속에는 생래적으로 자유의 피가 강하게 흐르고 있었다. 그들에게 가해지는 속박이 강한 만큼 반감의 응어리는 세월과 더불어 커져 갔다. 여기다가 장성 밖 멀리서 바라보았을 때 그런 대로 괜찮게 보였던 한족 명문 세가들도 곁에서 살펴보니 별게 아니라는 사실을 발견하게 되었다. 평소 존경해 마지않았던 사람도 하룻밤을 같이 지내다 보면 그동안 가졌던 존경지념이 싹 가셔 버리는 것과 같은 이치인 것이다.

타락하고 무능한 인간들에 대해 오호족은 자신감을 점차 가지기 시작했다. 그들은 자기들을 노예처럼 압박했던 왕조들을 무도無道한 국가라 비난했다. 그들은 초원 지역에서 그들의 조상들이 건설했던 국가를 중국 내지에다 그대로 재현하고 싶었다. 인종과 언어 계통을 완전하게 이렇다 저렇다 단정할 수는 없지만, 이들 호족 출신 영웅들은 한족 출신 몇몇 풍운아들과 함께 304년부터 439년까지 화북 지방에 나라들을 세웠다. 이들 왕조를 일러 오호족이 세운 16개 왕조라는 의미에서 오호십육국五胡十六國이라 부른다.

이들 영웅들은 그들의 꿈과 얼, 그리고 한이 담긴 국가를 만들어 보려고 했던 것이다. 그러나 그런 꿈을 실현시키는 일은 길고 지극히 험난한 가시밭길이었다. 이제까지 주인이었던 자도, 노예였던 자에게도 격동의 세월은 준비되고 있었다. 수천 년 동안 중원에서 유일한 문화 민족으로 자임해 온 한족에게는 더욱 어처구니없는 일이었다. 견딜 수 없는 모욕과 폐부를 찌르는 아픔은 또 다른 반감을 재생산하기 시작했다. 호한胡漢 사이의 민족 갈등은 태풍처럼 중원 각 지역에 휘몰아쳤다. 신생 호족 정권으로서는 난처하기 짝이 없는 일이었다. 새로운 주인이 된 호족들이 인구의 절대 다수를 차지하는 피지배 한족을 무작정 착취의 대상으로만 묶어 둘 수는 없었다. 나라를 꾸려 가기 위해서는 그들의 협조가 불가결하였지만 그들이 선뜻 나서려 들지는 않았다.

초원과는 다른 생경한 자연·인문 환경에 접한 호족들은 어디부터 손을 써야 될지 몰랐다. 소박 민족 출신으로 감당하기 어려운 복잡함이 가득 찬 사회가 바로 농경 중원이었다. 그들이 좌충우돌했던 것은 당연한 일이었다. 이들 호족들도 원주지나 그 혈통에 따라 각각 다른 관습과 가치관을 가지고 있었다. 따라서 이들은 '호족'이라 통칭되었지만 그들 사이에 일체감이란 애당초 크지 않았다. 호족과 호족 사이의 갈등도 증폭되기 시작했다. 무정부 상태라 해도 과언이 아닐 정도로 점점 일이 꼬여 가기 시작했다. 이들 난제 앞에 희망은 절망으로 변하고 수많은 왕조들이 극히 단명한 국가로서 그 이름 하나만을 남겨둔 채 역사의 뒤안길로 사라져 갔다.

이들 유목기마민족에 의해 야기된 후한後漢, 혹은 서진 왕조의 멸망은 단순히 일개 왕조의 멸망만을 의미하는 것이 아니었다. 이는 한족 단일 왕조 역사의 종언이었다. 오호족의 내지로의 진입으로 중국에는 다민족 대잡거多民族大雜居라는 새 국면이 열리게 되었기 때문이다. 이후 중국에 한족 독패獨覇의 시대는 다시 돌아오지 않았다. 한족과 소수민족은 소위 모두 중화민족中華民族의 구성 성분이다. 화하족華夏族 혹은 한족만이 중화민족의 대표라고 생각하는 사람도 간혹 있지만 이것은 무지에서 나온 잘못된 인식이다. 이 시대 이후 중국 왕조사는 한족과 호족, 즉 호한의 교체 혹은 호한의 공치共治의 역사였다. 이런 사실은 오호십육국 성립 이후 중국 대륙에 순수한 한족 정권이 과연 몇 개나 들어섰는가를 살펴보면 금방 알게 된다.

중국인들은 그들이 펼친 오호십육국 시대를 오호난화五胡亂華라고 전통적으로 폄하해 왔지만, 그것은 중화의식에서 나온 그들만의 일방적 평가이지 정당한 평가가 결코 아니었다. 오히려 호족들이 가졌던 기개와 열린 사고야말로 어지러운 세상을 종결하고 새로운 제국을 건설할 수 있는 가능성을 열고 있었다. 그들 지도자들이야말로 오히려 그 시대가 요구하는 참다운 영웅상이었을지도 모른다. 그러나 난마처럼 복잡하게 엉클어진 중원 땅은 몇몇 영웅들의 기개만으로 해결될 상황이 아니었다. 종족 문제 등 시대적 모순을 극복하고 하나로 통합시키는 지난한 과업을 달성하는 데는 긴 시간이 필요했던 것이다.

이상이 필자가 이 책에 실린 글들을 쓰면서 가졌던 시각이다. 독자들의 편의를 위해 아래에서 각각의 글에 대한 의미와 필자의 입장을 소개하려 한다.

첫 번째 글, '옥수수밭 속에 버려진 고도古都를 찾아서'는 현재 하북성 임장현臨漳縣 장수漳水변 옥수수밭 속에 폐허로 남아 있는 업도鄴都:업, 혹은 업성의 유적을 찾은 소감을 적은 것이다. 업도를 통하여 필자는 영웅의 근거지였던 한 도시의 흥망사를 살펴보려 했다. 업도는 위진남북조라는 시대가 낳은 도읍이라 해도 과언이 아니다. 업도의 화려한 영광과 참담한 패망도 모두 이 시대에 일어났다. 한때 영웅 원소의 본거지로서 건축되었던 이 업도는 그의 패망과 함께 또 다른 영웅 조조에게 인계되었다. 업도는 조조가 만든 득의得意의 도읍이요, 군사적 요충이었을 뿐만 아니라 소위 건안문학建安文學의 산실이었다. "낙양의 종이 값을 올렸다洛陽紙貴"는 좌사左思의 『삼도부三都賦』 가운데 하나인 『위도부魏都賦』가 바로 업도의 화려함을 읊은 것이다. 위진남북조 시대 여섯 왕조의 수도[六朝古都]로서 화려함을 뽐내던 이 업도의 모습이 우리에게 주는 의미는 무엇인가? 이 한 도시의 영광과 패망의 발자취는 어쩌면 이 시대 영웅들의 생애, 그것처럼 극적이었다. 그 업도는 지금 어디쯤 어떤 모습을 하고 있을까?

두 번째 글, '관도 전투의 진정한 승리자는 조조가 아니었다'는 원소와 조조가 화북의 패권을 두고 목숨을 건 대결을 벌였던 관도官渡 전투의 경과와 그 전투가 남긴 의미를 찾아보려 한 글이다. 적은 수의 군대로 몇 배의 대군을 쓰러뜨린 중국 역사상 대표적인 전투의 하나로 평가되는 관도 전투의 무대, 그곳은 황하 남안에 있던 작은 인공 운하의 나루터였다. 이후 천여 년 동안 황하의 수없는 범람으로 그곳에는 당시 전투가 남긴 유적이라곤 별로 남아 있지 않다. 그러나 그 전투의 의미마저 사라진 것은 아니다. 전투란 언제나 승리자가 있게 마련이고 이 전투의 승리자가 조조였다는 것은 삼척동자도 다 안다. 그러나 세상에는 승자와 같은 패자가 있고 패자와 같은 승자도 있다. 조조가 진정한 승자였느냐는 그리 간단하게 결론지을 문제가 아니라고 생각한다. 승리가 단순히 이긴 자에게만 부여되는 표창이라면 인간 세상에서 그 승리가 갖는 의미는 무미할 것이다. 오늘 대권을 움켜쥔 자가 반드시 내일에도 승리자로 남으리라고 생각되지 않기 때문이다. 누가 과연 최후의 승자인가를 깊이 따져 보고 또 지켜보아야 할 이유가 거기에 있다.

세 번째 글과 네 번째 글에서 또 다른 영웅을 소개하였다. 그 이름도 드높은 제갈량이다. 그가 두꺼운 얼굴과 새까만 마음을 가진[厚黑] 사람이었다고 욕할 수는 없지만, 그렇다고 마냥 칭찬만 하고 있을 수도 없는 일이다. 필자도 제갈량의 안타까운 죽음 앞에 펑펑 눈물을 쏟았던 한 시절을 보낸 사람이다. 그러나 세상을 살다 보니 인간에 대한 신뢰가 자꾸만 떨어져 가는 것을 나인들 어떻게 할 수가 없었다. 화려한 결과보다는 구구한 동기에 관심이 가게 되니 늙어도 곱게 늙어 가는 것이 아님을 깨닫고는 실소를 금치 못하고 있다. 그러나 밥 먹고 하는 일이 고작 그런 것이니 어쩔 수 없다. 진정한 영웅은 역사가로 구성된 인사청문회의 혹독한 심사 과정을 무사히 통과하여야 한다고 믿는다. 세 번째 글에서는 삼고초려三顧草廬라는 가사佳事와 그것을 두고 벌어지는 이기심 많은 인간들의 작태를 살펴보았고, 넷째 글에서는 한 사람의 영웅이 만들어지기 위해서는 얼마나 많은 민초의 무고한 희생이 강요되었으며 또 얼마나 많은 사실 왜곡이 필요했던가를 살펴보려 했다. 삼고초려와 칠종칠금七縱七擒의 현장이 그 점을 증명하고 있기 때문이다.

다섯 번째 글 '새상塞上에 울던 비운의 여인이 민족우호의 영웅으로'는 중원 농경 왕조가 서북방 유목 왕조에게 시집보낸 소위 화번공주和蕃公主에 대한 것이다. 이 글에서 필자는 소위 관제官製 영웅 만들기가 얼마나 비인간적이고 치졸한 짓인가를 살펴보려 했다. 여기에 나오는 세 여인은 잔 다르크나 유관순처럼 조국을 위해 스스로 희생을 감수한 여인이 결코 아니었다. 조국이 그들에게 억지로 안긴 벅찬 임무 앞에 통곡했던 비운의 여인이었다. 어쩌면 그들의 생애는 종군위안부의 그것처럼 한이 서린 것이었다. 그러나 그들도 모르는 사이에 어느 날 민족 우호의 영웅으로 날조되어 있었던 것이다. 날조된 영웅들이 없는 시대를 찾기란 힘들겠지만 요즈음 중국처럼 다목적으로 만들어진 영웅이 많았던 시대도 역사상 아마 드물 것이다. "정치[政]란 바른 것[正]"이라 했는데 거짓으로 포장된 정치가 판을 치는 세상이다. 영웅은 진실로 영웅다워야 한다는 것은 거부할 수 없는 명제일 것이다.

여섯 · 일곱 · 여덟 번째 글에서는 오랑캐 출신 지도자도 영웅이 될 수 있었고, 또 실제로 훌륭한 영웅이 된 자도 있었다는 점을 밝히려 했다. 앞의 여러 글에서 보았듯이 오랫동안 문명의 땅으로 여겨져 왔던 중원 지역에서는 진정한 영웅을 찾기가 쉽지 않았다. 그러나 초원이 갖는 단순한 지형만큼 그 생활이 소박하기 이를 데 없는 유목 출신들에게서 필자는 역설적으로 영웅의 참모습을 찾을 수 있었다. 공자는 "오랑캐에 군주가 있는 것이 중국에 군주가 없는 것만 같지 못하다[夷狄

之有君不如諸夏之亡也」고 하였지만, 문명과 야만이 어디 지역 차에 있으랴. 이러한 거짓된 명제를 백일하에 증명한 시대가 바로 소위 오호십육국 시대였다.

　여섯 번째 글에서 음란과 사치, 부패와 무능의 화신이었던 중원의 군주들에서 찾지 못한 참영웅의 모습을 초원 출신의 지도자들에서 찾아낸 서진 왕조의 황후 양씨羊氏의 냉소적인 발언은 당시 중원의 영웅들이 실제 얼마나 어처구니없는 자들이었던가를 실감하게 할 것이다. 일곱 번째 글에서는 중국 역사상 어느 군주 못지않은 거대한 웅지를 가졌던 한 오랑캐 출신 명군明君 부견苻堅의 꿈을 가로막고 선 차가운 현실을 소개하고자 했다. 중국인이 가졌던 화이사상華夷思想이란 것이 오랑캐 출신 영웅들에게 얼마나 큰 장벽으로 다가왔던가를 이 글에서 살펴볼 수 있을 것이다. 여덟 번째 글에서 또 한 사람의 오랑캐 출신 영웅, 흉노 혁련발발赫連勃勃이 가졌던 꿈과 좌절의 이야기를 소개했다. 광막한 오르도스 사막 속에 아무도 찾지 않는 폐도廢都 통만성統萬城은 한 인간이 갖는 집착이란 과연 누구를 위한 것이며, 집착에 얽매여 있는 자에게 하늘은 과연 무엇을 어디까지 허용하고 있는지를 조금은 암시하고 있었기 때문이다.

　영웅이란 반드시 그들이 가진 꿈을 실현시켜야 비로소 그 칭호를 받는 것은 결코 아닐 것이다. 그가 추구한 사업의 성패에 있는 것이 아니라 많은 사람들과 꿈을 공유하고 그 꿈의 실현에 앞장서 영도하는 데에 있을 것이다. 우리들이 성공한 그들만의 영웅에 환호하기보다 실패한 우리들의 영웅의 장송곡에 진정으로 안타까움의 눈물을 쏟게 되는 것도 아마 그 때문일 것이다. 이념의 대홍수 속에 상처와 패배가 결코 명예일 수 없는 이 시대이지만 필자는 영웅을 둘러싼 제반 문제에 대해 이 책을 통해 독자 여러분과 같이 생각하는 시간을 갖기를 기대하고 있다

옥수수밭 속에 버려진
고도古都를 찾아서

◉ 업도 위치도

업도鄴都 기행

인간의 영욕성쇠를 말하지 않는 유적이 어디 있으랴만은 업도가 남긴 흔적이야말로 그곳을 찾는 이로 하여금 깊은 한숨을 내쉬게 한다. 더없이 화려한 한때를 보냈기 때문에 더욱 그러했다. '여섯 왕조의 수도[六朝古都]'라는 별칭과 달리, 업도로 가는 길을 찾기란 무척이나 어려웠다. 누가 말했던가. 길이란 사람들이 다녀야 생기고 또 유지되는 것이라고. 어렵게 찾아낸 업도! 그러나 그대는 아는가. 업도가 지금 어디에서 어떤 모습을 하고 있는지를? 업도! 매사에 검소하기로 유명한 난세의 간웅奸雄 조조曹操였지만 이 업도를 건설하는 데는 경비를 결코 아끼려 하지 않았던 그의 도읍. 이 업도는 문인 좌사左思의 붓을 거쳐 낙양의 종잇값을 올린 『삼도부三都賦』의 하나로 화려하게 표현되었다. 한때 그곳은 "진시황의 아방궁[擬秦之阿房]"에 비유되듯, 즐비한 궁전들과 인산인해를 이루는 사람들로 메워졌던 도읍이었다. 그 번성했던 저자 거리를 지금은 그 흔적조차 찾을 수 없다. '건안칠자建安七子'라 불리는 문인들과 조조 부자[三曹]가 함께 엮어 낸, 이른바 '건안문학建安文學'의 산실이었던 삼대三臺, 그 위용은 가뭇없이 사라지고 동작대銅雀臺 등 삼대의 터전만이 옥수수밭 속에 부끄러운 듯 모습을 감추려 하고 있었다. 업도가 왕조의 수도로서 역사 무대에 화려하게 등장했던 것은 후한後漢 말이었고, 이름없는 시골 마을로 사람들의 기억에서 사라진 것은 그로부터 400년 후 북제北齊가 망하게 되면서였다. 즉, 위진남북조魏晉南北朝 시대와 더불어 등장했다가 그 시대와 더불어 도성으로서 역할을 다한 고도 업도! 업도의 파망破亡으로부터 천 수백 년이 지난 어느 날, 이곳 업도를 찾아 먼 동방에서 온 어느 이방인으로 하여금 또다시 '옥수수 수염이 시들어 가는 것을 바라보며 탄식'을 터뜨릴 수밖에 없게 만든 업도, 그것은 차라리 하늘과 인간이 만들어 낸 삶의 진정한 페이소스 그것이었다. 황성 옛터에도 계절은 어김없이 찾아들고 있었다. 계절이란 그 누구를 위하여 오고 가는 것이 아님을 그곳에 가면 누구나 뼈저리게 느낄 수 있을 것이다. 인간에게 찾아오는 영욕성쇠가 그러하듯이…….

업도를 아는가? 업鄴 혹은 업성鄴城으로도 불리는 고도 업도를 아직도 기억하고 있는가? 춘추春秋 시대 제齊나라 환공桓公이 처음으로 이 도시를 건설하고 조조曹操가 원소袁紹의 군대를 격파하고 도읍을 정한 후, 오호십육국五胡十六國 시기의 후조後趙·염위冉魏·전연前燕과 북조北朝 시대의 동위東魏·북제北齊의 수도, 이른바 '육조고도六朝古都'라 지칭되는 업도의 이름을 기억하는 사람은 많지만, 그곳이 지금 어디쯤에 위치해 있는지를 아는 사람은 그렇게 많지 않은 것 같다. "낙양洛陽의 종잇값〔紙價〕를 올렸다"는 좌사左思의 『삼도부三都賦』의 하나인 「위도부魏都賦」가 업도의 번성함과 아름다움을 노래한 것이었다는 사실을 아는 사람은 많지만, 그곳이 지금 어떻게 변해 있는지를 아는 사람은 그리 많지 않은 것 같다.

나는 설레는 마음으로 그런 업도를 찾아 나선 것이다. 1996년 8월 24일 2주간에 걸친 중국 사천성 지역 답사를 마친 후, 북경으로 돌아오는 길에 업도를 찾아 나선 것이다. 교통의 요지 하남성 정주鄭州에서 열차를 내려 '남가일몽南柯一夢'의 고사로 유명한 전국戰國 조趙나라 수도였던 한단邯鄲으로 가는 장거리 버스〔長途汽車〕에 몸을 실은 것이 오전 9시 반쯤이었다. 약 다섯 시간이 걸린다고 하여 오후에는 업도의 답사를 끝내고 저녁 열차로 북경으로 돌아가려는 참이었다. 내가 탄 버스는 우리의 고속버스에 해당하지만 지붕의 반 가량이 날아가 버린 노후 차량이었다. 그러나 신통하게도 달리는 데에는 별다른 문제가 없었다. 떨어져 나간 지붕이 중국 사람들이 풍기는 고약한 체취를 없애 주는 통풍 작용을 하여서 오히려 좋았다. 중국 육로 교통의 대동맥인 경광로京廣路:北京~廣州를 그런 대로 달려 왔지만, 그 도로에서 생긴 사소한 일로 어이없게도 한나절을 허송하지 않으면 안 되었다. 수십 량의 유조油槽 탱크 로리를 연결한 화물 열차가 국도 왼편에 위치한 작은 기차역에서 오른편에 있는 공장으로 들어가는 데 걸린 10여 분 동안이 문

업도 유지. 동위 효정제릉에서 바라본 장면이다.
한나절 작열하는 태양아래 옥수수 수염이 속절없이 시들어 가고 있었다.

제가 일어나게 된 발단이었다. 잠깐 가로막고 있는 기차를 사이에 두
고 상·하행선을 구별해 놓은 중앙선은 아무 소용 없게 되어 버렸다.
아래쪽에는 올라가던 차와 달구지와 자전거로, 위쪽에는 내려오는 차
량 등으로 경광로는 교행로交行路도 남겨 두지 않고 20리 이상이나 빽
빽이 메워져 버렸던 것이다. 기차는 이미 지나갔으나 네 발 달린 모든
교통수단의 교행은 전혀 불가능하게 되었다. 그곳을 빠져 나오는 데
무려 네 시간이나 걸렸다. 옆자리에 앉은 참을성 많기로 유명한 중국
사람도 보다못해 "중국 놈들은 할 수 없어[中國人, 沒有方法]!"를 몇 차례
나 중얼거리고 있었다. 한단에 도착한 시간이 저녁 8시가 넘었으니 한
여름인데도 이미 날은 어두워져 있었다.

　정주에서 버스를 탈 당초에는 한단까지 가려고 한 것은 아니었

태항산맥의 풍광. 하북성과 산서성을 구분하는 태항산맥으로 뚫린 부구형은 "한 사람이 관을 막으면 만 사람이라도 열 수 없다"는 깊고 좁은 골짜기다. 이런 자연적인 험요가 업도를 전략적 요충지로 만들었다.

다. 갑골문甲骨文이 출토된 은殷나라의 옛 터전이었던, 이른바 '은허殷墟'라는 이름으로 유명한 안양安陽의 북쪽 20km, 한단의 남쪽 34km에 위치한 자현磁縣이라는 곳이 당초의 하차 예정지였다. 업도 발굴 보고서에는 자현 동쪽 임장현臨漳縣의 서남 20km 지점에 업도가 위치한다고 되어 있었기 때문이었다. 그러나 날은 어두워지는데 이런 한적한 시골 마을에 내려서 숙박하는 것이 외국인인 나로서는 불안하기도 하여 이 지역의 중심 도시 한단으로 가기로 마음을 바꾼 것이다. 한단 기차역 앞에 있는 한 호텔에서 일박한 나는 이튿날 아침 7시 반, 소형 승합차인 '빵차麵的' 하나를 세내어 이 업도를 찾아 나섰다.

업도는 고래로 '이수난공易守難攻'의 전략적 요충지로 유명한 곳이었다. 서쪽으로는 옛날 산동과 산서를 나누는 태항산맥太行山脈이 멀찌막이 남북으로 달리고 있다. 업도 서북 15리, 태항산맥의 한 봉우리인 고산鼓山 아래의 골짜기에 위치한 부구형滏口陘은 "한 사람이 관을 막으면 만 사람이라도 열 수 없다一夫當關 萬夫莫開"는 험관險關으로 알려져 왔다. 이 관을 넘으면 바로 산서고원山西高原의 상당上黨:현 長治, 평양平陽:현 臨汾, 진양晉陽:현 太原으로 연결된다. 업도를 감싸고 흐르는 장수漳水 혹은 장하漳河라고 불리는 강은 동으로는 발해渤海로, 남으로는 황하로 연결되는 하북 굴지의 수상 교통로였다. 뿐만 아니라 전국 시대 업현鄴縣의 현령이었던 서문표西門豹가 하거河渠를 개착해 장수의 물을 끌어들여 관개시설을 만든 후, 태항산맥을 옆으로 하며 남북으로 끝없이 펼쳐진 비옥한 대평원은 하북 최고의 부서富庶 지구로서 명성을 얻게 되었다.

그러나 업이 왕조의 수도로서 역사의 무대에 화려하게 등장하였던 것은 후한 말이었고, 이름없는 시골 마을로 사람들의 기억에서 사라진 것은 북제가 망하게 되면서였다. 즉, 위진남북조 시대와 더불어 등장했다가 그 시대의 종료와 더불어 도시로서 역할을 다한 고도다.

중국의 역사지리학자들은 업을 아직도 '칠대고도七大古都'의 하나로 지정하고 있지만, 그것은 업도 때문이 아니라 바로 남쪽에 위치한 은殷의 고도 안양 때문이다. 기주冀州의 주도州都 업은 당초 조조의 숙적인 원소袁紹의 근거지였다. 후한 말 각처에서 일어난 군웅들은 모두 '사해혼일四海混一'을 꿈꾸면서 할거하기 시작했다. 그 시기 군웅들은 "나아가서 적을 이길 수 있고 퇴각해서는 굳게 지킬 수 있는(進足以勝敵 退足以堅守)" 근거지가 필요했다. 당시 원소는 기冀·유幽·청青·병幷 4주, 즉 하북·산서성 일대와 산동 동부와 북부를 거느리면서 천혜의 요충인 업을 장악하고는 이제 "남쪽으로 향하여 천하를 다툴 수 있게 되었다(可以南向以爭天下)"고 만족해했다. 그러나 후한 헌제獻帝를 업고는 허許:豫州에서 연兗·예豫 2주, 즉 하남성 일대와 산동성 서남부를 통령하고 있던 조조와 중원의 패자覇者 한 자리를 두고 싸우지 않으면 안 되었다. 통일 황제가 되기 위해서는 먼저 중원의 패자가 되어야만 했기 때문이다. 원소와 조조는 업과 허의 중간 지점인 관도官渡:현재 鄭州의 동쪽 35km 中牟縣 북동에서 그들의 운명을 결정하는 한판 승부를 치르기에 이르렀다. 남하하던 원소군과 북상한 조조군이 이 지점에서 충돌하여 쌍방 모두 수십만의 군대로 십수 개월에 걸친 총력전을 펼쳤다. 전쟁의 결과는 하늘이 조조의 손을 들어 주는 것으로 마무리되었다. 억울함에 피를 토하고 죽은 원소를 확인하기라도 하듯 조조는 업성으로 내달았다. 그러나 원소의 아들이 지키고 있던 업성은 견고하기만 했다. 조조는 토산土山을 만드는가 하면 지하도와 참호를 건설하고, 장수의 물을 끌어들이는 등 백방으로 업성을 함락하기 위해 노력했다.

조조가 마침내 얻은 업성은 이미 폐허 그 자체였다. 조조는 폐허가 된 업성을 중수하기로 결심하고 210년 업도 일대의 민공民工을 동원하고 산서의 상당上黨에서 채석벌목採石伐木하여 수도 건설에 온힘

(상) 삼대촌. 하늘에서 내려다본 장면이다. 삼대촌 서편에 삼대의 하나인 금호대의 모습이 보인다.
(하) 업성 유지 안내판과 필자. 삼대 가운데 유일하게 남아 있는 금호대 앞에 세워져 있다.

장수. 금호대 대기 위에서 바라본 장면이다. 옥수수밭 너머 저 멀리 장수대교가 아득하게 눈에 들어온다.

을 쏟아부었다. 이렇게 해서 이룩된 것이 동서 7리3024m, 남북 5리 2160m의 업도북성鄴都北城이다. 조조는 업성과 궁성을 보위하기 위한 방어 시설 건설에 원소보다 훨씬 더 많은 신경과 공력을 들였다. 궁전과 함께 가장 많이 신경을 쓴 것이 성의 서북에 위치한 삼대三臺의 건설이었다. 동작대銅雀臺를 가운데 두고 북의 빙정대冰井臺와 남의 금호대金虎臺가 그것이다. 동작대는 높이 10장丈에 100칸의 집이 지어졌고, 금호대는 높이 8장에 140여 칸의 집이, 빙정대는 높이 8장에 140여 칸의 집이 지어졌다. 그 결과 "삼대가 우뚝 솟아 그 높이가 산과 같다三臺崇擧 其高若山"거나 "삼대의 견고三臺堅固" 혹은 "삼대의 험요三臺險要"라 일컬어지는 난공불락難攻不落의 인공적 요새가 건설되었다. 이 삼대는 낭만적 시인이기도 한 조조 부자가 시와 부를 지으면서 풍월을 즐기던 유락 시설인 동시에 군사적 지휘탑이었다. 특히 빙정대에는 5칸의 빙실冰室이 있고, 실내에는 5정井이 있으며, 얼음과 석탄·곡식·소금 등 대량의 군수품이 저장되었다. 또한 도성의 북으로 흐르는 장수 북안에 무성武城을 만들어 업성과 더불어 군사적으로 '의각지세犄角之勢'를 이룰 수 있도록 배려했다. 업성의 외면과 장수가 연결되는 지점에 있는 현무지玄武池는 대형 수군水軍 기지였다. 이렇게 업도는 조조에 의해 난공불락의 위도魏都로 다시 태어났다.

삼대를 완성시킨 후, 조조는 조비曹丕·조식曹植 두 아들을 데리고 이 삼대에 올라 주위 풍경을 바라보며 시를 지어 서로 주고받으면서 업성의 완공에 만족감을 표시했다. 매사에 검소하기로 유명한 조조였지만 업성의 건설에는 경비를 결코 아끼려 하지 않았다. 그 결과 『업중기鄴中記』라는 책에서 업도를 "진시황의 아방궁에 비유한 것擬秦之阿房"도 결코 무리가 아니었다. 조조는 업성 밖에 몇 개의 대형 원유園囿를 건설하였다. 방림원芳林園·현무원玄武園·영지원靈芝園 등이 그것이다. 그곳에 있는 죽림竹林·과수원果樹園·포도원葡萄園·현무지玄武池·

조어대釣魚臺 등은 풍경이 매우 아름답기로 유명했다. 이들 원유와 삼대는 왕찬王粲·서간徐幹 등 '건안칠자建安七子'라 불리는 문인들과 조조 부자가 함께 엮어 낸, 이른바 '건안문학建安文學'의 산실이었다.

조조는 이와 같이 전쟁에만 몰두한 사람이 아니었다. 미증유의 참담한 전란이 계속되는 와중에서도 민생의 고통뿐만 아니라 인간의 덧없음을 재기횡일才氣橫溢한 필치로 표현해 내는 여유로움을 보여 주었던 문인이었다. 이런 성숙한 예술 정신을 후인들은 '건안풍골建安風骨'이라 칭송하지만, 이런 분위기를 조성하고 몸소 수많은 시와 문장을 지어낸 주역은 다름 아닌 조조였다. 그는 "손에서 책을 놓지 않았고 낮에는 무책을 연구하고 밤에는 경전을 생각하며 높은 곳에 오르면 반드시 부를 짓는[手不舍書 晝則講武策 夜則思經傳 登高必賦]" 그야말로 문무를 겸비한 사람이었다. "새로이 시를 지어 관현에 올리면 바로 악장을 이루는[造新詩 被之管弦 皆成樂章]" 조조의 천재적 예술성은 업도의 풍부한 자연 풍광을 배경으로 한껏 발휘되었던 것이다.

위진남북조 시대 북조의 여러 왕조에서는 도읍을 업도에 둘 것이냐, 아니면 낙양에 둘 것이냐를 두고 여러 차례 쟁론이 벌어졌다. 북위 시대 초기의 수도였던 평성平城:현 大同에 기근이 들자, 새 도읍지의 후보로 떠올랐던 곳이 바로 업도와 낙양이었다. 낙양은 한漢·진晉 등 통일 왕조의 수도라는 화려한 전통과 고래로 '천하의 중심[天下之中]'이라는 지리적 위치가 강점이었다면, 업도는 산천이 험요險要하여 방어에 이점이 있고, 물산이 풍부할 뿐만 아니라 수륙 교통의 중심이라 각지로부터의 조운漕運이 편리하기 때문이었다. 조신朝臣들은 낙양 천도파와 업도 천도파로 분열되었다. 그 분쟁은 몇십 년 후 낙양이 업도를 누르고 북위의 후기 수도로 정해짐으로써 일단 낙양의 승리로 끝났다. 업도는 낙양과 이렇게 경쟁지로서 악연惡緣을 맺기 시작한다.

중국의 통일 왕조가 성립한 진한秦漢 시대 이후, 한때 중원 지역의 수도였던 곳이 이렇게 폐허로 변한 곳을 여기말고 다른 데서 찾을 수가 있을까? 예컨대 낙양은 낙양대로, 개봉開封은 개봉대로 지금도 그 이름값은 하고 있으며, 장안長安은 서안西安으로 그 이름은 바뀌었지만 여전히 그 옛날의 영화를 어느 정도는 간직하고 있다. 그러나 업도는 어떠한가? 내가 그곳을 찾았을 때는 그곳 현지인들조차 업도가 어디에 위치하고 있는지 상세하게 아는 자가 별로 없었다. "그 이름을 듣기는 들었는데 어디에 있는지 잘 모르겠다"는 것이 그들의 한결같은 대답이었다. 이곳에 올 때 제대로 된 안내서라도 챙겨 오는 것인데 하는 후회가 들었다. 한단에서 차를 세낼 때에는 그곳을 찾는 데 문제없다고 큰소리치며 인민폐 100위안元을 요구하던 운전기사도 답사를 마친 후에는 "너도 모르고 나도 모르는 곳"을 갔다 왔다며, 당초의 100위안은 기름값도 안 된다고 150위안을 요구할 정도였다. 그곳으로 가는 길은 그 흔한 아스팔트마저 깔려 있지 않은 작은 농로뿐이었다. 그 농로마저 길 위에 수없이 파여진 구덩이 때문에 차 천장에 머리를 수없이 부딪치고서야 겨우 당도한 업도. 이렇게 이 업도의 유지遺址를 찾는 데만 나는 많은 시간을 소비하지 않으면 안 되었다.

그 화려했던 업도는 후세 사람들에게 이렇게 철저하게 망각되고 있었다. 그래서 그런지 옛 업도는 이제 행정구역마저도 하북성과 하남성으로 나누어져 찢겨져 버렸다. 하북·하남 양성을 구획하는 자연적인 지형이 바로 아직도 말없이 흐르고 있는 한 줄기 강물인 장수다. 이 장수는 현재 동류하여 발해만으로 들어가고 있지만, 이곳이 수도로 정해졌던 시기에는 장수의 물줄기는 지금의 그것과 달랐다. 장수는 업도를 보호하듯 에워싸면서 북쪽 멀찌감치 흐르고 있었다고 기록되어 있다. 장수 남안에 거대한 도시가 형성되고 있었던 것이다. 조조는 궁전을 장수에 가깝게 건설하였지만, 동위·북제는 그보다 아래쪽에 궁전을 지었던 것만 다를 뿐이다. 현재 이름지어 부르는 '업도북성'과 '업도남성鄴都南城'이 그것이다. 현재 장수는 옛 북성 지역과 남성 지역 중간을 관통하여 흐르고 있다. 장수 위에 최근 건설된 콘크리트 다리가 이 두 곳을 간신히 연결시켜 주고 있을 뿐이다. 내가 그곳을 둘러보던 한 시간여 동안 그 다리 위로 다니는 차는 한 대도 보이지 않고, 간혹 경운기만이 요란한 소리를 내면서 옥수수밭 사이로 난 작은 길로 어디론가 사라지는 것이었다. 그러고는 대낮인데도 긴 정적이 다시 찾아들고 있었다. 장수교를 걸어가며 강줄기를 바라보니 양변에 켜켜이 쌓인 모래톱이 이곳 역사의 길이를 말해 주고 있는 듯했다.

물어 물어 찾아간 업도의 흔적은 삼대촌三臺村이라는 작은 마을 한 귀퉁이에 버려져 있었다. 몇 차례에 걸친 장수의 범람으로 업도와 관계된 거의 모든 것은 매몰되었다. 조조가 동작원銅雀園 서쪽에 세웠다던 빙정대·동작대·금호대의 화려함은 어디로 가버리고, 현재 지면상에는 금호대의 대기臺基 일부분이 남아 있을 뿐이다. 동서 약 70m, 남북 약 120m, 높이 9.5m남 - 8m 남짓북의 대기가 그것이다. 그래도 나와 같은 뒷사람들을 위해 삼대의 흔적만을 남겨 둔 것만이라도 다행으로 여겨야 할까. 대기 위에 1988년에 세워진 몇 채의 건물이 을씨년스럽게 손님을 대한다. 건물 앞에는 조각난 주춧돌 몇 개가 이리 저리 널려져 있다. 그 건물 앞에 서 있는 '업성유지鄴城遺址'라 쓴 시멘트 표지 탑이 건물들보다 더 우람하다. 그곳은 차라리 동네 아이들의 놀이터로서 안성맞춤이었다. 나를 태운 빵차가 도착하자 아랫도리를 온통 내놓고 소꿉 장난에 열중하던 애들은 이방인의 갑작스러운 출현에 눈이 휘둥그래지고, 아기를 업은 동네 아주머니도, 밭으로 일하러 나가던 아저씨도 무슨 큰 구경거리가 생긴 것처럼 금방 모여든다. 이렇게 외지인이, 그것도 더듬거리는 중국어를 하는 외국인이 그곳에 나타난 것이 그들에겐 정말 의외의 사건이었던 것이다. 그러더니 어느 여자가 느닷없이 영수증을 내밀면서 입장료라며 인민폐 30위안을 요

(상) 자현 북제 난릉왕 묘. 이 묘 근처에 산재한 116기의 묘들은 모두 동위·북제 시대의 것이다.
(하) 자현 북조묘군 표지판. 이 지역 일대에 산재한 묘들 가운데 하나가 조조의 이른바 '의총'인 것으로
알려졌지만, 1975~1977년에 걸친 발굴 결과 동위·북제 시대 묘들로 확인되었다.

구한다. 대에 오르니 20여 채 남짓의 삼대촌 마을 외에 눈에 들어오는
건 옥수수밭뿐이다. 남쪽으로 장수가 옛 업도의 영광을 아는 듯 모르
는 듯 유유히 흐르는 것이 눈에 들어온다.

　　정치·경제·문화의 중심지로서 370여 년간이나 영화를 누렸던
업도는 왜 이렇게 옥수수밭에 묻혀 있지 않으면 안 되었을까? 업도가
훼손된 것은 그곳을 근거지로 한 실력자가 패배했기 때문이다. 수隋나
라가 건국할 즈음인 580년 업도는 당시 실력자인 양견楊堅：후의 수나라
文帝의 지시로 불태워짐으로써 도시로서의 지위를 완전히 잃게 되었
다. 직접적인 원인은 양견의 찬탈을 반대하던 상주총관相州總管 울지형
尉遲逈이 이곳을 근거지로 해서 군사를 일으켰으나 실패로 끝났기 때
문이다. 승리자 양견은 이 업성을 불태우고 그곳 주민들을 남쪽 안양
으로 옮기라고 명령하였다. 서방의 북주北周와 화북 통일을 다투던 북
제가 망한 것이 577년이었으니 바로 3년 후의 일이다. 업도인은 망국
에다 반란측에 동조한 백성이라는 죄목을 다시 둘러쓰게 된 것이다.
만약 북제가 북주를 이겼다면 오늘날 업도의 모습은 매우 달라졌을지
도 모를 일이다. 북제가 망한 후 그와 경쟁 관계였던 북주의 수도 장안
으로 모든 교통선이 집결되었다. 수대에 만들어진 대운하大運河는 낙
양을 거쳐 장안으로 이어지게 되었고, 고구려 침략을 위해 개착한 영
제거永濟渠라는 운하마저 이전 수륙 교통의 중심지였던 업도를 거들떠
보지 않은 채 계성薊城：지금의 북경으로 곧장 치달리게 되었다.

　　북제 시대 업도의 영화는 낙양의 희생 위에 건설된 것이었다. 북
제의 창업자 고환高歡은 북위를 넘어뜨리고 수도를 낙양에서 업도로
옮기고534 대량의 인구를 업도로 이주시켰다. 낙양이 버려진 뒤 13
년, 낙양인의 한 사람인 양현지楊衒之는 낙양 부근에서 벌어진 전투에
참여했다가 다시 낙양을 둘러보는 기회를 가졌다547. 그는 낙양의 파
망을 다음과 같이 기술하고 있다양현지『낙양가람기洛陽伽藍記』原序.

성곽은 무너지고 궁실은 넘어지고 城郭崩毁 宮室傾覆

사원은 불타 버리고 묘탑은 폐허가 되었다 寺觀灰燼 廟塔丘墟

궁정 벽은 쑥으로 덮여 있고 거리는 가시덤불이 무성하다 墻被蒿艾 巷羅荊棘

들짐승은 무너진 계단에 구멍을 파 살고 있고 野獸穴於荒階

산새는 정원 수에 깃을 튼다 山鳥巢於庭樹

할 일 없는 애나 목동들은 옛 대로를 배회하고 游兒牧竪 于九逵

농부나 늙은이들은 궁성 문에서 기장을 베고 있다 農夫耕稼 藝黍于雙闕

'맥수의 탄식'은 은나라의

옛 터전을 돌아본 고인 箕子만의 것이 아니며 麥秀之感 非獨殷墟

'기장밭에서 느낀 서글픔'은

진실로 주나라의 멸망을 실감케 하는구나 黍離之悲 信哉周室

폐허가 된 고도 낙양의 모습을 바라보고 비감의 눈물을 감추지 못하던 양현지마저도 그 화려한 업도가 그렇게까지 다시 폐허로 변할 줄이야 어찌 짐작이나 했겠는가? "하늘은 되갚아 주기를 즐긴다[天道好還]"는 옛말이 있지만, 20년도 못 되어 또다시 그 파망의 설움을 업도인들이 되받을 줄이야 당시인 가운데 그 누가 예상이나 했겠는가? 하늘은 업도에 대해 결코 관대하지 않았다. 그 후 여러 차례 장수를 범람시켜 이전의 유적 대부분을 매몰시켜 버렸다. 하늘은 100평도 안 되는 삼대의 대기만을 후세까지 남겨 인간들이 남긴 역사를 되새길 수 있는 이정표로 역할할 수 있도록 허락했을 뿐이다. 황성 옛터는 그렇게 버려져 있었다. 그 광활한 평야의 옥수수밭에는 마침 한여름의 햇살을 받고 찰옥수수 알이 살쪄 가고 있었다. 업도의 파망으로부터 천 수백 년이 지난 어느 날, 이곳 업도를 찾아 먼 동방에서 온 어느 이방인이 또다시 '옥수수 수염이 시들어 가는 것을 바라보며 탄식'을 터뜨릴 수밖에 없는 업도, 그것은 차라리 하늘과 인간이 만들어 낸 삶의 진정한 페이소스 그것이었다.

업도가 영화를 누렸던 시절에는 그 관할 면적이 매우 넓었다. 경광철도 너머 태항산맥 동록東麓의 구릉 지대'서강西崗'이라 지칭된다에는 아직도 수많은 묘군 墓群이 널려져 있다. 이들 묘는 천 몇백 년 동안 이른바 '조조曹操의 의총疑冢'으로 알려져 왔다. 조조는 낙양에서 죽었지만, 이곳에 옮겨 묻히기를 바랐다. "치세治世의 능신能臣, 난세의 간웅奸雄"으로 평가되는 조조는 죽으면서 몇 가지 유령 遺令을 남겼다. 삼대에 대한 그의 사랑이 어떠하였던가를 느끼게 하는 대목이다. 첫째 동작대 위에 휘장을 치고 그 아래 8척 길이의 상 위에 아침 저녁 시간에 맞게 건육乾肉·건반乾飯을 차려 놓고, 매월 1일과 15일에 자기의 후비와 기녀伎女들이 모두 참가하는 가무를 열어 자기를 즐겁게 할 것이며, 둘째 자손들은 자주 동작대에 올라 그가 장면長眠하고 있는 서릉西陵:후에 高陵으로 개칭을 바라보라는 당부가 그것이다. 이 동작대 기녀고사는 후세 시인들에게 오랫동안 시의 소재로 되풀이 쓰여졌다는 점에서 조조는 역시 범인이 흉내낼 수 없는 탁월한 멋쟁이(?)로 인식되기도 했다. 한편 그는 자기의 묘에 봉분封墳을 절대 만들지 말 것이며, 자기를 장사 지낼 때에 72개의 가짜 무덤을 함께 만들라고 명령함으로써 후세 시인들로 하여금 역겨움을 느끼게 하는 간사함도 함께 지닌 사람이었다. 그리하여 만들어진 무덤들이 이른바 '조조의 72의총'이다. 후세 사람들의 도굴을 염려한 때문이었다. 조조의 이런 속임수에 대해 명대明代 어떤 시인은

간웅은 죽음에 이르러서도 여전히 사람을 속이니 奸雄至死尚欺人
의총이 장하가를 어지럽게 덮었도다 疑冢累累漳河濱

라 하여 조조의 행위를 비난했다. 한편, 송나라 때의 유응부兪應符라는

업도의 젖줄 장수. 여러 차례 물길이 바뀌었으나 업도 유지에서 크게 벗어나지 않았다.
모래톱이 있는 쪽이 삼대가 있던 업도북성 지역이다.

시인은 『의총』이라는 시에서

생전에 사람을 속여 한나라의 황통을 끊어 버리더니 生前欺人絶漢統

사후에까지도 사람을 속여 의총을 만들도다 死後欺人設疑冢

사람이 살아 있을 때는 꾀를 쓰지만 죽으면 곧 끝나는 법 人生用智死卽休

무덤으로 가는 길에 어찌 뾰족한 다른 방법이 있었겠는가 焉有餘道隴丘

사람들은 의총이라 말하지만 나는 의심하지 않네 人言疑冢我不疑

그대가 모르는 방법 나는 하나를 알고 있지 我有一法君未知

의총 일흔둘을 모두 다 파헤치면 盡發疑冢七十二

반드시 임금의 시체를 묻은 무덤 하나 있을지니 必有一冢葬君尸

라고 하여 조조가 아무리 속임수를 써도 소용이 없을 것이라고 장담
했다. 그러나 조조 특유의 간사함 때문인지, 아니면 위대함 때문인지
잘 알 수는 없지만, 아직도 조조의 무덤은 우리 앞에 그 모습을 드러내
지 않고 있다. 뿐만 아니라 1956년 하북성 인민정부는 대평원에 작은
산처럼 솟아 있는 고묘古墓들을 조조가 만든 의총으로 생각하여 '자현
칠십이의총磁縣七十二疑冢'이라 이름하여 하북성 성급문물보호단위省級
文物保護單位로 지정했다. 그러나 그들 고묘들은 조조 시대에 만든 것이
아니었다는 사실이 최근에 알려졌다. 1975년부터 1977년 사이의 발
굴로 인해 이제껏 '의총'으로 알려진 116개의 고묘가 동위·북제 시대
묘임이 확인되었기 때문이다. 1980년 하북성 인민정부는 부랴부랴 이
묘군을 '자현북조묘군磁縣北朝墓群'으로 개명하기에 이르렀다. 그 후 이
들 묘군은 1988년에 전국중점문물보호단위全國重點文物保護單位로 지정
되었다. 그러나 그런 지정이 업도의 설움을 달래는 일과는 아무런 관
계가 없다는 생각이 들었다.

　　성당盛唐 시인 잠삼岑參은 『등고업성登古鄴城』이라는 시에서

말에서 내려 업성에 올라가니 下馬登鄴城

성은 황폐하여 보이는 것 하나 없다 城空復何見

동풍이 타는(마른) 풀의 불꽃을 날려 東風吹野火

저녁녘이 비운전 터에 날아든다 暮入飛雲殿

성 남쪽에는 망운대가 남아 있고 城隅南對望陵臺

장수는 동쪽으로 흘러가 돌아오지 않는다 漳水東流不復回

무제(조조) 궁중의 사람들은 다 떠나갔는데 武帝宮中人去盡

해마다 봄빛은 누구를 위하여 다시 푸를 것인가 年年春色爲誰來

라고 업도를 돌아본 심정을 묘사했다. 잠삼이 업도를 찾았던 것은 만물이 소생을 준비하는 이른봄이었고, 지금보다는 옛 자취가 조금은 더 남아 있던 당나라 시대였다. 그럼에도 불구하고 시인은 인적 드문 이 고성을 바라보고 이렇게 감회에 젖었다. 인적 없는 고도가 후인에게 주는 가슴 저림에 계절이 다르다고 무슨 차이가 있으랴! 일찍이 견인堅忍의 절제를 익히지 못한 나는 장수가에서 그저 통곡하고 싶을 뿐이었다.

　　인간의 영욕성쇠榮辱盛衰의 순환을 뼈저리게 느끼게 하는 곳 업도, 조조의 속임수에 후세 사람들이 여전히 놀아나고 있는 곳, 이 업도는 옥수수밭 속에 자기의 진실을 감춘 채 오늘도 여전히 깊은 잠에 빠져 있었다. 기회가 된다면 월색月色이 창연한 가을 밤, 그 황성 옛터를 다시 찾아와 역사를 배우고 연구하는 의미를 다시 음미할 수 있기를 다짐하면서, 뒤돌아보고 또 뒤돌아보며 나는 그곳을 떠났다.

二

관도 전투의 진정한 승리자는
조조가 아니었다

◉ 관도 위치도

청렴하기 그지없는 인자仁者 백이伯夷는 아사餓死했고, 공자孔子의 제자 가운데 가장 현자賢者였던 안회顔回는 빈궁 속에 살다가 요절했다. 반면 날마다 무고한 백성을 죽이던 도척盜跖은 천수天數를 다하였다. 선악善惡이라는 인간의 윤리적 기준으로 측량되지 않는 천도天道, 아니 인간 역사의 실재적實在的 흐름에 당혹함을 금치 못하는 자는 비단 나뿐이 아닐 것이다. 누군가 '삼국지의 세계'에서는 두꺼운 얼굴과 검은 마음을 가진 이른바 '면후심흑面厚心黑'의 인간만이 영웅으로 행세할 수 있었다고 하였다. 유비가 그러하고 조조가 그러했다는 것이다. 그러나 갖은 수단과 방법을 동원하여 얻은 승리도 그것이 승리이기 때문에 칭송된다면, 인간 세계를 규율하는 최소한의 룰은 이미 무의미해질 것이다. 과연 이런 승리가 우리 인간 세상에서 무슨 의미를 갖는 것일까?

소설 『삼국지』에 나오는 몇 차례의 유명한 전쟁 가운데 당시 역사 전개 과정에서 가장 결정적인 의미를 갖는 관도官渡의 전투는 후흑厚黑의 인간들이 승리를 위해 짜낼 수 있는 모든 지혜를 다 동원한 싸움이었다. 이 전투에서 조조는 2만이라는 적은 병력으로 원소袁紹의 10만 대군을 격파한 것으로 유명하다. 술책과 농간으로 남을 속이고 괴롭히는 데는 중국 역사상 그 누구에게도 빠지지 않던 조조가 어리석고 고집스러운 원소를 이긴 것은 당연한 귀결일지 모른다. 그러나 그의 그런 승리가 진정 값진 것이라고 생각되지는 않는다. 그 후 그의 가문에 밀어닥친 골육骨肉 사이의 싸움, 단명 왕조로 끝난 위왕조魏王朝의 운명은 조조의 조행操行과 결코 무관한 것이 아닐 것이기 때문이다. 전쟁이란 적나라한 인간의 모습을 숨김없이 보여 주는 것이지만, 이 관도는 그 단조로운 지형地形과는 달리 나에게 많은 생각을 갖게 했다.

치열한 전투가 벌어졌던 관도는 전투 당시 황하 남안에 있던 작은 인공 운하였다. 이제 그 물길은 말라 버리고 단지 그 이름만이 남아 있을 뿐이다. 황하는 그 전투를 연상시킬 만한 모든 유적들을 쓸고 가 없애 버렸다. 관도에는 오직 끝없이 펼쳐진 평원 위에 옥수수만이 작열하는 칠월의 태양 아래 수염을 길게 늘어뜨리고 익어 가고 있었다.

소설 『삼국지』를 읽은 사람이라면 조조가 2만의 군대로 원소의 10만 대군을 격파한 유명한 관도 전투를 잘 알고 있을 것이다. 이 전투의 승리로 조조는 화북華北의 패자가 되어 후일 위나라를 세우는 데 결정적인 기반을 마련했다는 점에서 중국 역사상 중요한 전쟁의 하나로 알려져 있다. 뿐만 아니라 "적은 병력으로 수적으로 비교되지 않는 대군을 이긴[以少勝多]" 전쟁의 전형으로 중국인에게 기억되고 있다. 이 전투에서 승리를 거둔 자가 조조라는 것은 누구나 인정하는 사실이다. 그러나 나는 이 글에서 조조가 원소에게 이기기는 했지만 이 전투에서 얻은 알짜 전리품을 챙긴 사람은 따로 있었다는 점을 이야기하려 한다.

조조와 원소가 이 전투에서 처음으로 만나 싸운 것은 물론 아니었다. 두 사람은 젊은 시절부터 친구처럼 서로 어울리곤 했다. 그러나 둘은 항상 경쟁하던 사이였다. 두 사람 사이에 벌어진 일들을 돌아보면 '숙명의 라이벌'이라고 할 수 있을 정도로 둘의 인연은 질겼다.

원소?~202는 후한後漢 시대 명사를 많이 배출한 지역인 여남군汝南郡 출신으로, 증조부 원안袁安이 사도司徒가 된 후 4대에 걸쳐 다섯 명의 삼공三公：太尉·司徒·司空을 배출한 '사세오공四世五公'의 최고 명문에서 태어났다. 태어나자마자 아버지[袁成]가 사망했으나 숙부[袁隗]의 사랑을 받고 자랐다. 원소는 당당하고 위엄 있는 풍모를 지녔다고 한다. 조조155~220도 원소의 가문만큼은 아니라 하더라도 역시 권세가문 출신임에는 틀림이 없다. 패국沛國 초현譙縣 출신으로 전한 시대 개국공신이며 상국相國이었던 조참曹參의 자손이다. 환관이 후한 조정을 좌지우지하던 환제桓帝 시대 환관의 최고 관직인 중상시中常侍에 있었던 조등曹騰이 명목상 그의 조부인데, 그를 낳은 아버지 조숭曹嵩이 조등의 양자로 들어갔기 때문이다.

두 사람 다 남부러울 것 없는 가문 출신이지만, 젊은 시절 그들의

관도 전투지. 관도 번투가 일어났던 곳. 중국 하남성 정주시와 개봉시 중간에 위치한 중모현 동북에 있다.
옥수수와 채소밭이 끝없이 펼쳐져 있다.

행동은 한마디로 개차반이었다. "세 살 버릇 여든까지 간다"는 속담이
있지만 둘 다 그 버릇 개 못 주고 이 세상을 마친 사람들이다. 후한 말
에서 삼국三國~서진西晉~ 동진東晉 시대까지 살았던 유명 인사들의
에피소드를 모은 『세설신어世說新語』라는 책의 「가휼편假譎編」은 휼책譎
策과 농간으로 남을 속이고 괴롭힌 일들을 주로 적어 놓은 것인데, 이
편에 주연으로 등장하는 인물이 바로 조조이고, 조연은 원소라고 할
까? 총 13개의 에피소드 가운데 조조는 네 차례나 출연했고 원소도
두 차례나 등장한다. 여기서 일화 한 토막을 소개한다.

위 무제魏 武帝: 曹操는 소년 시절 원소와 유협游俠의 행동을 즐겨 했다. 어느 날 어느
집에 혼인 잔치가 벌어진다는 이야기를 듣고 그 집 정원에 몰래 숨어들었다가 밤이

으슥해지기를 기다려 마침내 "도둑이야!"라고 소리쳤다. 그러자 혼인식에 참석하였던 많은 사람들이 집 밖으로 뛰쳐나갔다. 이때 위 무제는 신부 방으로 쳐들어가 칼을 들이대고 신부를 겁탈했다. 그리고는 원소와 더불어 도망쳐 나왔는데, 잘못하여 탱자 덤불 속에 빠져들고 말았다. 위 무제는 먼저 빠져 나왔으나 원소는 종내 움직이지 못하였다. 위 무제는 이때 다시 "도둑이 여기 있다!"고 소리쳤다. 이에 놀란 원소는 스스로 황급히 뛰쳐나와 도망함으로써 화를 면할 수가 있었다.

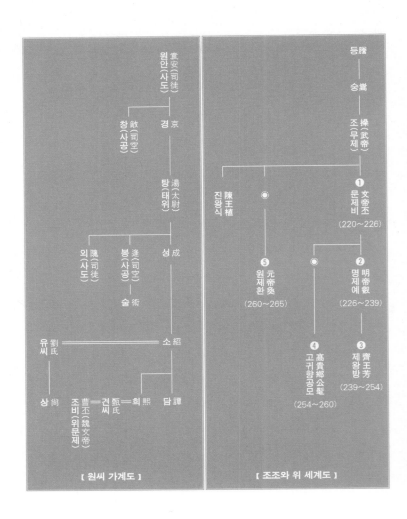

【 원씨 가계도 】

【 조조와 위 세계도 】

이 삽화를 통해서 보면 조조는 시쳇말로 '성폭력'을 저지른 주범이었고, 원소는 공범이었다. 대개 이런 짓을 하는 사람들이 그러하듯, 조조와 원소는 둘 다 그 밑에 몇 명의 조무래기 부하들을 거느리고 있는 조직 깡패組暴였던 것이다. 가문이나 권세가 좋았으므로 시골에서 무작정 상경하여 밥 먹기 위해 어쩔 수 없이 깡패의 세계에 투신한 것은 아니니, 한때 명동 거리를 누비던 '칠공자七公子' 정도에 비유할 수 있을까? 둘 사이는 위에서 소개한 것처럼 항상 우호적이지만은 않았다. 다시 같은 『세설신어』「가휼편」에 나오는 또 다른 이야기를 소개해 보자.

원소가 젊었을 때 밤에 사람을 보내 위 무제를 찔러 죽이려 했으나 칼이 조금 낮게 던져지는 바람에 빗나가 적중하지 못했다. 위 무제는 깊이 생각해 본 후 이번에는 칼이 조금 전보다 높이 날아오리라 확신하고 침대에 배를 대고 최대한 몸을 낮추고 누워 있었다. 과연 칼이 높이 날아왔다.

이 이야기는 조폭 세계에서 헤게모니를 장악하기 위한 양자간의 칼부림이었던 것 같다. 위에 인용한 두 가지 삽화를 가만히 따져 보면 조조와 원소는 통의 크기와 기지奇智 등에서 분명히 차이가 났던 것 같다. 조조는 같이 일을 나갔다가 궁지에 빠진 동료 원소를 끝까지 구하려는 협객 세계를 관통하는 기본적인 룰에 충실하려는 체하는 여유를 보였으나, 원소는 은밀하게 사람을 시켜 조조를 죽이려는 초조감을 감추지 못하고 있는 것이다. 원소의 이런 행동은 기사도(?)를 생명으로 하는 협객들의 행동거지라 할 수 없다. 이로 볼 때 양자간의 승부는 관도 전투를 들먹거리지 않더라도 일찍부터 이미 판결난 것이라는 생각이 든다. 내가 조조를 옹호하거나 그의 인격을 존중할 생각은 전혀 없으나 둘의 승패를 굳이 비교하자면 그렇다는 것이다.

조조의 비인간적인 측면은 세간에 잘 알려져 익히 아는 바이다. 한때 동탁董卓의 목을 베려다 실패한 후 고향인 초군으로 도망가던 중, 그의 아버지와 형제의 의를 맺고 지내던 여백사呂伯奢의 집을 찾아갔을 때의 일이다. 오랜만에 만난 친구의 아들을 접대하기 위하여 좋은 술을 구하러 나간 사이에 그 가족들은 조조를 위해 뒤뜰에서 돼지를 잡고 있었다. 가족들이 돼지 잡는 방법을 두고 나누던 이야기를 자기를 살해하려는 모의로 오해한 조조는 여백사의 여덟 식구를 몰살시키고 달아나다가 길에서 술을 사들고 돌아오는 여백사를 만나자 그마저 죽여 버린다. 후환을 미리 차단하기 위해서였다. 이런 짓을 하고도 그 죄를 조금도 의식하지 않았을 뿐만 아니라 그와 함께 동행하던 진궁陳宮에게 오히려 "내가 차라리 남을 저버릴지언정 남이 나를 저버리게 하지는 않게〔寧我負人 毋人負我〕"하기 위한 것이었다는 말로 자기의 살인 행위를 합리화한 위인이 바로 조조였다. 이 시대는 한마디로 '철판같이 두꺼운 얼굴과 뻔뻔스러움의 극치를 달리는 검은 마음〔面厚心黑〕'이 합작된 인간만이 천하를 종횡하며 이른바 영웅으로 행세하던 시절이었다.

정치학자 최명崔明 교수는 『소설이 아닌 삼국지』라는 책에서 형용할 수 없는 흑심과 뻔뻔스러움이 엮어 낸 역사가 바로 "삼국지의 세계"라 규정하였다. 지당한 지적이다. 사실 나관중이 그렇게 인자한 자로 묘사한 유비도 그 점에선 별로 나을 것이 없는 위인이었다. 그래서 사회비평가 이종오李宗吾. 1879~1944는 그의 저서 『후흑학厚黑學』에서 유비를 의리도 지조도 없이 끊임없이 변신하는 기회주의자로 규정한 바 있다.

유비의 장기는 얼굴이 두꺼운 데 있으니 조조에게 의지하다가 여포에게 붙고, 여포에게 의탁하다가 슬적 손권과 결탁하고, 다시 원소의 품에 안기는 등 동서 여기저기 찾아다니지 않은 집이 없고, 다른 사람의 을 밑에 기탁하면서도 부끄러워하지 않을 뿐만 아니라 평생 울기를 잘한다. …… 해결하기 어려운 일을 만나게 되면 그 사람 앞에서 한바탕 통곡하여 어려운 극면을 유리하게 전환시킨다. 그래서 당시인들은 "유비의 강산은 모두 그의 울음으로 얻어진 것"이라 하였으니, 이 사람 역시 능력 있는 영웅임에는 틀림이 없다. 유비는 두꺼운 얼굴[厚]로, 조조는 검은 마음[黑]으로 서로 쌍벽을 이룬다. 두 사람은 서로를 칭찬하면서 원소 등 여러 군웅을 낮추어 본다. 그래서 조조가 "천하 영웅은 오직 그대와 나 조조뿐이다"라 한 것이다.

사실 나관중은 조조를 깎아내리기 위해서 유비를 착한 사람으로 대비시킴으로써 극적 효과를 거둔 것뿐이다. 요즈음 TV 사극史劇 작가들이 그러한 것처럼……. 그러면 조조는 태어나면서부터 그런 인간이었던가, 아니면 시대가 그를 그렇게 만든 것인가? 손성孫盛의 『이동잡어異同雜語』라는 책에 실려 있는 이야기는 우리에게 익히 알려진 내용이다.

조조는 일찍이 허자장許子將:許劭을 찾아가서 "나는 어떤 사람이오?"라고 물었다. 자장이 대답하지 않으니 조조는 고집스럽게 되물었다. 자장이 "그대는 치세의 능신[治世之能臣]이 아니면 난세의 간웅이오[亂世之奸雄]"라고 했다. 태조太祖:조조는 크게 웃었다.

위와 같은 손성의 지적에 의하면, 조조라는 사람으로 대표되는 인간상은 그 시대의 산물인 것처럼 느껴진다. "정치는 그 나라 사람들의 수준을 극명하게 대변한다"는 말이 있다. 2000년 여름 총리직을 사임한 P씨는 "공직자는 진퇴를 분명히 해야 한다"며 결연히 사표를 던졌지만, 그를 그 자리에서 물러나게 한 것은 여론이었지 그 자신의 결단이 결코 아니었다. 최장수 총리 기록을 위해 뛰었던 L씨는 그 직을 유지하기 위해서 당을 몇 차례나 바꾸었다. 시대는 지났지만 "만인지상 일인지하 萬人之上 一人之下"라는 소위 재상의 인간됨이 그 정도밖에 안 되는 나라에 산다는 것은 우리 민초들의 불행임에 틀림없지만 민초 역시 그 책임에서 벗어날 수 없다. 이처럼 아직도 우리 주위에는 위장한 도덕군자들이 너무도 많다. 그것은 우리 역사에서 정당한 단죄斷罪나 과거 청산 등 마땅히 치러야 할 과정을 제대로 거쳐 본 적이 없기 때문이다. 어디 우리나라뿐이랴! 더 우리를 당혹케 하는 것은 하늘, 즉 천도天道가 있느냐 없느냐는 문제다. 단죄나 청산의 주체인 사람의 수준이야 그렇다 하더라도 광명정대 光明正大해야 할 하늘은 그동안 무얼 했단 말인가?

노자는 『도덕경 道德經』79장에서 "하늘의 도란 특별히 친하게 여기는 사람은 없지만 언제나 착한 사람의 편이 된다〔天道無親常與善人〕"고 하였다. 그러나 그 말이 실제 세상의 현실과 다름은 삼척동자도 다 안다. 비견한 예로 우리의 문제로 돌아가 보자. 성공한 쿠데타도 처벌할 수 있다는 저간의 판결은 수단과 방법을 가리지 않고 정권을 잡으면 끝난다는 통념을 거부한 것이다. 그러나 쿠데타로 정권을 잡고 갖은 방법으로 천문학적인 돈을 모은 J씨는 추징금으로 선고받은 2205억 원 가운데 아직도 1892억여 원을 미납하고 있고, N씨는 2628억여 원 가운데 884억여 원을 미납하고 있는데도 잊을 만하면 국가의 원로라고 청와대로 초대되어 극진히 대접받고 외국에 행차할 때는 수십 명을 대동하는 모습이 대중매체에 클로즈업된다. 우리나라 국민만큼 과거를 잘 잊는 사람들도 없다는 것은 누구나 다 인정하는 사실이지만, 그래도 하늘마저 이런 점에 대해 일절 언급이 없는 점에 대해서는 나도 정말 헷갈린다. 어찌 나만 그럴소냐! 역사의 아버지 사마천 司馬遷도 "나도 몹시 헷갈린다. 이른바 하늘의 도道처라는 것이 옳은 것인지 아닌지?〔余甚惑焉 儻所謂天道 是耶非耶〕"라 하지 않았던가! 그래서 그는 "공자가 『춘추春秋』를 짓자 난신적자亂臣賊子들이 두려워했다"는 말만 믿고 하늘이 상벌하지 않는 자들을 글로써라도 포폄裵貶하기 위해 궁형宮刑 이라는 참기 어려운 치욕을 감내하면서 『사기史記』를 쓰려 하지 않았던가.

이제까지 이 글의 주제를 잊어버리고 딴소리만 했으니 내가 너무 흥분했던가 보다. 독자 여러분께서 내가 결코 까닭 없이 흥분한 것이 아니었음을 양해해 줄 것이라 생각한다. 이제 관도의 전투 이야기로 돌아가자.

조조나 원소는 모두 철이 들자 사람이 달라졌다. 원소는 20세에 복양濮陽의 현장縣長으로 취임하고부터는 청렴하다는 평가를 받았고, 조조도 20세에 효렴孝廉에 추천되어 관계에 진출한 후 유능한 관리로 활약한다. 30세에 제남국濟南國의 상相으로 승진한 조조는 뇌물이 횡행하고 독직 사건이 빈번했던 영내의 관료 8할을 면직시켰고 백성을 괴롭히는 제사를 엄금하는 등 지방관으로서 눈부신 활약을 펼쳤다. "사람은 열 번 변한다"고 하지만, 그가 죽을 때까지 취한 행동을 따져 보면 그것도 헛말이다. 사람이 달라진 것이 아니고 정치판 사람들이 흔히 연출하는 자작 변신극일 뿐이다.

후한 영제靈帝가 죽자 대장군 하진何進과 원소는 궁정 내의 환관을 일소할 계획을 세우고 동탁董卓 등 지방의 유력 무장들을 불렀다. 그러나 그 계획이 누설되는 바람에 하진은 동탁이 도착하기 전에 환관에게 살해되고 말았다. 궁중이 혼란에 빠지자, 원소는 이 틈을 타 환관 2000여 명을 살해해 버렸다. 막강한 군사력을 보유한 동탁은 상경하자마자 소제少帝를 폐하여 홍농왕弘農王으로 강등시키고 진류왕陳留王을 황제로 세웠으니 이자가 바로 후한 마지막 황제인 헌제獻帝다. 원소는 겉으로는 동탁에게 복종하는 척하다 기회를 틈타 기주冀州로 도망한 후 동탁 토벌 동맹군을 결성했다. 한편 동탁이 조조를 표기교위

驍騎校尉에 임명하려 했으나 조조는 이름을 바꾸고는 도망쳐 고향으로 돌아갔다. 고향으로 돌아온 조조는 가재家財를 흩어 병을 모아 군사를 일으켰다. 이처럼 각처에서 일어난 군웅들이 함께 모여 합의로 반동탁군인 관동군關東軍을 결성하고 그 맹주로 원소를, 분무장군奮武將軍으로 조조를 추대한 것이 190년의 일이다. 그러나 진말秦末의 반진反秦 제후 연합군이 그랬듯이 군웅들의 축록逐鹿: 황제위를 획득하기 위한 경쟁이 치열하게 전개되었다. 원소는 동탁이 서쪽 장안으로 도망간 후 황하 중·하류 이북 지방에서 대소 군벌과 호족들을 복종시켜 당시 막강의 실력을 자랑하는 최대 군벌로 군림하기 시작했다.

이런 와중에 조조는 황건적의 잔여 세력인 소위 청주병靑州兵을 바탕으로 서주徐州의 도겸陶謙, 회남淮南의 원술袁術, 완성宛城의 장수張繡, 그리고 동탁을 살해한 여포呂布 등의 대소 군벌을 물리치고 황하의 중류와 하류 일대에 걸친 광대한 지역을 확보하면서 급속하게 세력을 확장해 나갔다. 특히 196년 헌제를 낙양으로 맞이하게 됨으로써 새로운 전기를 맞게 된다. 헌제는 황제로서의 실질은 사실상 사라진 지 오래지만, "썩어도 준치"라고 이름값은 그런 대로 할 수 있었기 때문이다. 조조는 낙양이 황폐해졌다는 이유로 헌제를 받들고 자기의 새로운 근거지인 허창許昌으로 천도하여 대장군大將軍이 된다. 이때 원소도 헌제로부터 태위로 임명되었지만 조조보다 지위가 낮았기 때문에 거부하였다. 한편 손책孫策이 죽고 손권孫權이 그 뒤를 잇자 배후에 있는 강동江東:江南을 안정시켜야만 북방에 있는 제후 세력을 소멸시킬 수 있다는 계산 아래 헌제에게 손권을 파로장군破虜將軍으로 봉하고 회계태수會稽太守를 겸직시키도록 조종하였다. 이렇게 "천자를 끼고 제후를 호령[挾天子以令諸侯]"하면서 급속하게 세력을 확장해 가는 조조를 가만히 앉아서 보고만 있을 원소가 아니었다.

원소는 199년 그의 적수의 한 사람인 유주幽州의 공손찬公孫瓚을

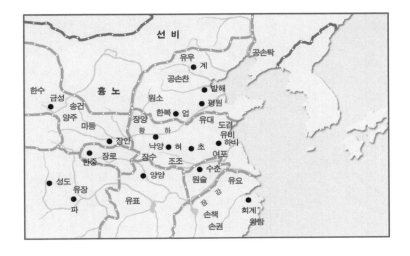

군웅 할거도. 후한 말 관도 전투 이전. 특히 '황건의 난' 이후는 군웅 할거의 시대가 전개되었다.
화북 지역의 패권을 잡기 위해서 원소와 조조는 전쟁을 벌일 수박에 없었다.

멸망시키고 황하 이북의 광대한 땅을 수중에 넣었다. 당시 기주목冀州
牧으로 업성鄴城에 주둔한 원소는 큰아들 담譚을 청주靑州자사에, 가운
데 아들 희熙를 유주幽州자사에, 외조카(外甥)인 고간高幹을 병주목幷州
牧으로 임명하였다. 그리고는 심배審配·봉기逢紀가 앞장서 군사를 이
끌도록 하고, 전풍田豊·순심荀諶·허유許攸를 참모로 삼고, 안량顔良·
문추文醜 두 맹장과 저수沮受를 군사軍師로 하는 10만 정예 부대와 1만
의 기병을 갖추었다. 화북의 통일을 위해서는 허창에 근거지를 둔 조
조 세력을 넘어뜨리는 일이 가장 큰 과제로 남아 있었다.

　이제 양자의 대결은 시간 문제였다. 이들 사이에 화북의 패권을
두고 2년여에 걸쳐 혈투가 벌어진 싸움이 바로 유명한 '관도 전투'였
다. 당시 조조군이 처한 입장은 매우 어려웠다. 원소 대군말고도 또 하

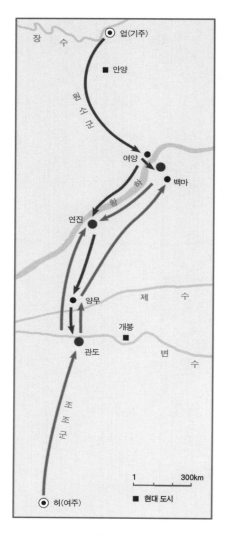

관도 전투도

나 해결해야 할 세력이 바로 동방에 있던 유비였다. 유비가 원소와 힘을 합쳐 쳐들어올 가능성이 있었기 때문이었다. 이러한 양면수적兩面受敵의 위험을 제거하기 위하여 조조는 200년 정월 원소가 아직 진군하지 않았을 때를 틈타 신속하게 부대를 이끌고 서주徐州를 쳐서 유비를 격파하려 했다. 조조가 유비를 치러 갔을 때 원소의 모사인 전풍이 허창을 칠 좋은 기회라면서 조조의 후로를 습격할 것을 건의했다. 그러나 원소는 아들이 병이 났다는 등의 이유로 출병하지 않았다. 조조는 하비성下邳城 : 현 徐州市 睢寧縣을 공략하여 유비의 대장 관우關羽를 생포했다. 조조는 사로잡힌 관우를 상빈上賓으로 대접하고 중용하였다. 유비는 패주하여 원소에게 투신하고 장비는 입산하니 도원桃源에서 결의 형제한 세 사람이 각각 헤어지게 된 것이다. 조조로선 후고지우後顧之憂를 없앴다는 큰 성과를 거둔 셈이다. 조조가 관도로 돌아오고 난 후에야 원소는 비로소 여러 장수를 모아 허창을 치는 것이 어떠하냐고 의논시키니 전풍은 이미 형세가 변했다며 원소에게 후에 기회를 잡을 것을 건의했다. 그러자, 원소는 전풍이 군심軍心을 동요시켰다는 이유로 감옥에 가두었다.

원소는 200년 2월 저수를 감군監軍으로

하여 10만 대군을 이끌고 그의 근거지 업성을 출발했다. 황하 북안인 여양黎陽 : 현 하남성 浚縣까지 도착한 원소는 황하를 건너 백마白馬 : 현재 하남성 滑縣와 연진延津을 손에 넣고 관도를 탈취하여 허창을 함락할 계획을 세웠다. 위기에 처한 조조는 곽가郭嘉와 순욱荀彧 두 모사와 의논했다. 이들은 당시의 형세와 피아 쌍방의 정황 등을 참작한 끝에 방어책으로 일관하기로 결정하고 그 해 8월 주력 부대를 관도 일대에 포진시키고 원소를 기다렸다. 원소는 여양에서 먼저 곽도郭圖와 안량을 파견하여 백마를 침으로써 관도에 있는 조조를 유인하려 했다. 관도는 서로는 낙양, 동으로는 개봉으로 연결되는 노선상에 위치하여 전략적인 요충이었고 허창에서 80여km 200리 거리에 불과하여 그 목구멍咽喉과 같은 곳이었다. 북대문北大門에 해당하는 관도를 잃으면 허창은 그 방어선을 잃는 것이 되는 셈이었다.

　　원소는 먼저 대장 안량을 파견하여 남으로 황하를 건너 백마를 포위했다. 백마의 포위를 풀기 위해 조조는 순유荀攸가 제시한 소위 '성동격서聲東擊西'의 위장 전법을 구사했다. 먼저 연진으로 북상하여 황하를 건너 원소의 후방을 치는 것처럼 함으로써 원소가 군 일부를 연진으로 향하도록 한 뒤 조조는 기병을 이끌고 바로 백마를 기습한 것이다. 이때 관우가 단기單騎로 적중에 들어가 안량을 한 칼로 쳐서 죽이니 주장을 잃은 원소군은 갑자기 와해되었다. 이로써 조조군은 백마의 포위를 풀 수 있게 되었다. 원소군은 조조군과 대적한 첫 전투에서 안량을 잃고 2차 전투에서 명장 문추를 잃었다. 이 두 전투에서 두 장수를 벤 조조군의 장수가 바로 관우였다.

　　원소의 군은 수적으로는 많았으나 원소 자신이 교만한 나머지 부하의 계책을 잘 받아들이지 않았다. 저수가 원소에게 "우리 군은 비록 많으나 용맹함이 조조의 군대만 못합니다. 조조의 군대는 양식이 적은 반면 우리는 풍족합니다. 그러니 조조군은 나가 싸우는 것이 유리하고 우리는 병력을 움직이지 않고 견고하게 지키는 것이 유리합니다. 곧 조조군에게 양식이 없어지면 싸우지 않고도 이길 수가 있습니다"라고 건의했으나 원소는 이를 듣지 않고 출병시키려 했다. 그러자 군사軍師인 허유가 다시 말했다. "조조는 그의 전 병력을 동원하여 관도에 포진하고 있으므로 그의 후방은 텅 빈 상태로 있습니다. 지금 병력을 나누어 주야를 가리지 않고 달려가 200리 밖에 있는 허창을 습격한다면 반드시 성공할 것입니다"라고 했다. 그러나 원소는 여전히 병력과 군량의 우세함만을 믿고 이 계책도 물리쳤다.

원소군과 조조군은 반년 동안이나 대치했으나 승부가 나지 않았다. 초조한 쪽은 군량이 부족한 조조측이었다. 이럴 즈음 허유가 자신의 계책들이 받아들여지지 않자, 원소를 떠나 조조 진영으로 몸을 의탁해 왔다. 조조측으로서는 천군만마를 얻은 것이나 다름없었다. 허유는 조조에게 "원소의 군은 막강합니다. 조공께서는 어떤 계책으로 대처하시겠습니까?"라고 물었다. 조조는 허유를 믿지 못하고 1년은 버틸 수 있다고 거짓으로 대답했다. 허유가 조조에게 "원소를 물리치고 싶은 생각이 없는 것 같습니다"고 말하자, 그제서야 조조는 "사실은 한 달 정도의 군량밖에 없습니다. 어떻게 하면 좋을지 가르쳐 주십시오"라고 했다. 이에 허유는 원소의 군량미가 쌓여 있는 오소烏巢:현 하남성 延津縣를 기습할 것을 권하면서, "만약 기습에 성공한다면 3일이 못 가서 원소를 패배시킬 수 있을 것입니다"라고 단언했다.

조조가 오소를 습격한다는 정보를 입수한 원소는 구원할 병력을 극소수만 보내고, 대신 주력 부대에 조조의 관도 진지를 공격하라는 명령을 내렸다. 원소군이 조조의 진지를 공격했으나 조조군은 방비만 할 뿐 나와 싸우지 않았다. 동서양을 막론하고 근대 이전 화포가 출현하기 이전의 전투에서는 성안에서 방어만 하는 적을 공격할 뾰족한 방법이 없다. 아무리 강한 공격을 해도 쉽게 승부가 나지 않는 것이 당연했다. 그 사이에 조조군은 오소를 습격하여 원소군의 군량을 모두 불태워 버렸다. 오소가 불탔다는 소식을 접한 원소군은 크게 동요하여 제1선에서 군을 지휘하던 장합張郃 등이 조조에게 항복했다. 이 틈을 타 조조군은 총공격을 감행했다. 원소군은 크게 패하여 10만의 군사 가운데 7만 명 이상이 전사하고 원소는 800여 기병의 호위를 받아 겨우 목숨을 보전해서는 북으로 도망쳤다.

관도 전투에서 승리한 조조는 군량 부족 등으로 장기간에 걸친 전쟁을 계속할 수 없다고 생각하고 대신 남방의 유표를 공격하려 했다. 그러나 계속 원씨를 쳐야 한다는 순욱의 주장에 따라 201년 4월 황하를 건너 북상하여 창정倉亭 : 현 하남성 南樂의 전투에서 또다시 원소의 군을 깨뜨렸다. 원소는 업성으로 돌아가고, 조조는 허창으로 개선했다. 조조에게 대패한 충격으로 원소는 202년 4월 병이 나 피를 토하고는 5월에 사망했다. 이렇게 관도 전투가 끝나면서, 조조와 원소와의 긴 경쟁도 막을 내렸다. 조조에게는 뒷마무리만 남았을 뿐이다.

원소가 죽고 나서 당연히 그 후계자는 관도 전투 이래 행동을 같이했던 큰아들 원담袁譚이 되는 것으로 보였지만, 뜻밖에도 막내아들인 원상袁尚이 그를 대신했다. 원소는 죽으면서까지도 자기가 패배한 원인이 어디에 있었는가를 잘 알지 못한 것이다. 원소는 일찍부터 원상을 좋아했다. 이런 일에는 항상 그렇듯이 애첩이 개입되어 있게 마련이다. 원상이 후계자가 되고부터 원소의 부하들은 양분되었다. 심배·봉기逢紀 등은 원상측에, 신평辛評·곽도 등은 원담측에 가담했다. 혈육 사이에 내분이 생기면 타인보다 더 잔인하고 추잡해지는 법이다. 둘 사이의 내분이 심화되자, 결국 원담은 조조 편에 서게 되었다. 204년 5월 조조는 내분에 빠진 업성을 공격하여 8월에 함락시켰다. 그 후 조조는 위약違約을 문제삼아 기주에 있던 원담을 죽였다. 정치적 승리자가 취하는 통상적인 수순을 밟은 것이다. 일종의 '팽烹'이다.

원소의 남은 두 아들인 원희와 원상은 노합하老哈河와 대릉하大凌河 유역에 거주하던 소수 민족인 선비鮮卑 · 오환烏桓과 손을 잡고 재기를 도모하려 했다. 그러나 때는 너무 늦었다. 그 넓은 땅도, 훌륭한 모사도, 용맹한 장군도, 인심도 다 원씨를 떠나 버린 후였다. 조조는 원씨의 잔존 세력을 일소하기 위해 207년 5월 북방 원정군을 출발시켜 오환의 근거지인 유성柳城 : 현재 요녕성 朝陽市 南郊을 공격했다. 여기서 패한 원씨 형제는 요동태수 공손강公孫康의 근거지로 피신했으나 공손강은 두 형제의 목을 베어 조조에게 바쳤다. 이로써 조조는 화북 통일 작업에 종지부를 찍었다.

내가 관도 전투에 관심을 갖게 된 것은 『삼국지』와 전혀 상관이 없는 남북조 말기 사람인 안지추顔之推가 쓴 『안씨가훈顔氏家訓』에 나오는 한 구절을 읽으면서부터였다. 그는 남조 양梁나라에서 벼슬살이를 시작한 이후, 망국으로 인해 남북으로 다섯 왕조를 전전하면서 변화다극한 난세를 고뇌 속에 보내면서 앞으로 자기가 살아온 만큼이나 어지러운 세상을 또다시 살아가야만 하는 자손들에게 뼈저린 충고를 남겼다. 그가 자손, 아니 바로 우리들에게 들려주는 충고 가운데 지식인이라면 이렇게 행동해서는 안 된다고 지적한 표본이 된 자가 바로 이 관도 전투에 참여했던 진림陳琳 : 孔璋이라는 문인이었다.

진공장을 보면, 원소 밑에 있을 때는 글을 지을 때 조조를 승냥이와 이리(豺狼)라고 부르더니 위魏에 있을 때는 격문을 지을 때 원소를 뱀과 살무사(蛇虺)라 지칭했다. 이는 시군時君이 명한 바 있어서 스스로 마음대로 할 수 없는 것으로 바로 문인의 거환巨患이다. 마땅히 조용히 그 입장을 삭이는 일에 힘쓸진저.

안지추는 여기서 거창하게 지식인의 지조 같은 덕목을 이야기하자는 것이 아니었다. 지식인은 그가 모시는 주군의 특정 목적에 의해 자기의 의지와 상관없이 구사되는 경우가 많다. 국가도 정권도 언제 어떻게 바뀔지 그 어느 누구도 장담하지 못하는 난세를 살아가는 지식인은 가능하면 생명을 위협할 덫에서 한 발짝이라도 멀리 떨어져 있는 것이 생명을 보전하고 가문을 단절시키지 않고 이어갈 수 있는 처세의 요체라는 것이다. 진림은 원래 하진 밑에서 주부主簿라는 관직에 있던 자였는데, 하진이 환관을 주살하려 할 때 태후의 편을 들다가 하진의 미움을 사 기주에 있던 원소에게 몸을 기탁했다. 그 후 원소의 막부에서 문장을 담당하던 그는 200년 2월 원소의 남정군에 종군하면서 원소를 위하여 조조를 토벌하자는 격문을 쓰지 않으면 안 되었다. 명문장가로 알려진 진림은 격문에서 조조와 그의 아버지, 할아버지까지 3대를 사정없이 모욕했다. 그것을 읽은 조조는 너무도 분한 나머지 모골이 송연하여 식은땀을 흘렸을 정도였다고 한다.

원소가 패하자 기주를 함락시킨 조조는 진림을 붙잡았다. 조조는 그에게 큰 책망은 하지 않고 "경이 옛날 원소를 위하여 글을 써보낼 때, 나의 죄상을 까발린 것은 상관하지 않겠지만 어째서 위로 아버지와 할아버지에게까지 그렇게 심한 욕을 하였단 말인가?"라고 힐난했다. 진림은 "화살촉이 시위에 있으면 쏠 수밖에 없는 것입니다"라고 대답했다. 활에 장전된 화살촉처럼 시키면 그대로 할 수밖에 없는 문인의 애환을 말한 것이다. 좌우에서는 그를 죽이라고 권했으나 조조는 그 재주를 아껴 더 이상 죄를 묻지 않았다. 진림은 후에 '건안칠자'의 한 사람으로 활약하면서 글을 쓰거나 격문을 지을 때마다 초고가 완성되면 조조에게 먼저 보여 주었다고 한다. 조조는 일찍이 두풍頭風이 있었는데, 누워서 진림의 글을 읽다가 기뻐 일어나며 "이 글이 내 병을 낫게 했다"며 몇 차례나 후사했다고 한다.

이 대목에서 우리는 조조의 인재 지상주의 임용 철학을 읽을 수 있다. 조행操行에 약간의 문제가 있어도 능력이 있으면 문죄하지 않는

(상) 관도 전투 기념관. 기념관이라기보다 가설 무대와 같다. 벽면에 전투도가 그려져 있는 것이 고작이다. 입장료가 아까웠다.
(하) 관도교촌 풍경. 관도교촌 사람들은 관도 전투 따위는 별로 기억하고 있지 않았다. 황하의 잦은 범람으로 그 유적지가
사라진 지 이미 오래였기 때문이리라.

그의 유재唯才 사상은 다음 이야기에서도 드러난다. 즉, 조조는 관도 전투가 끝났을 때 원소가 다 챙겨 가지 못하고 남기고 떠난 도서안건 圖書案件 중에서 한 묶음의 서신을 발견하게 되었다. 그것은 다름아닌 조조 진영에 있던 사람들의 편지들로 조조가 곤궁에 처해 있었을 때 몰래 원소에게 보낸 비밀 편지(密信)들이었다. 당시 어떤 사람은 이런 행위야말로 투항에 해당하는 것이므로 엄중하게 조사하여 그 당사자 를 가려내어 죽여야 한다고 주장했다. 그러나 조조는 그 조사를 중지 시키고 "원소의 강력함에는 나 역시 앞날을 보장할 수 없었는데 하물 며 다른 사람들이랴!" 하며 이들 편지를 모두 태워 없애도록 하고 일 절 추궁하지 않았다. 이것이 바로 유명한 '분소밀신焚燒密信' 사건이다.

조조의 이와 같은 행동과 달리, 원소는 자신의 일가 친척 외에는 다른 사람들을 신용하지 않았다. 큰아들 원담을 청주자사로, 가운데 아들 원희를 유주자사로, 생질인 고간을 병주목으로 임명하는 등 그 일문의 사람들로 지방을 지키게 한 것을 보고 저수는 "반드시 화의 시 작이 될 것이다"라며 간언했지만 원소는 듣지 않았다. 고래로 친인척 단속 못하는 정치가치고 유종의 미를 거둔 사람은 드물다. 뿐만 아니 라 재능 있는 인물을 시기하고 무엇이든 혼자서 결정한 것이 조조와 의 경쟁에서 참패한 근본 원인 중 하나였다. 그러나 "머리는 빌릴 수 있지만, 건강은 빌릴 수 없다"며 용인用人의 중요성만을 강조한 뒤 조 깅에만 매달리던 전 대통령 K씨가 결국 우리를 IMF라는 구렁텅이로 밀어넣었던 것은 무엇으로 설명할까? 용인에도 고도의 두뇌가 필요 한 것이 아니던가?

화북 통일, 아니 천하 통일의 분수령이 되었던 전투의 현장이었 던 관도는 지금 어떤 모습을 하고 있을까? 여행 안내서에는 다음과 같 이 기록되어 있다. 관도라는 지명은 기원전 361년 전국 시대 위나라 혜왕惠王이 만든 인공 운하(일명 古鴻溝)인 관도수에서 비롯된 것이다. 관도는 현재 정주시鄭州市 산하 중모현中牟縣 소속으로 정주와 개봉 사이를 잇는 정변공로鄭汴公路를 정주에서 출발하여 동으로 33km 정도 달리면 도달하게 된다. 중모는 황하의 중류와 하류의 경계선이 되는 도화욕桃花峪 동남에 위치한 광활한 평야 지대다. 이곳은 원래 예주豫州에 속하였고, 삼국 시대에는 하남군河南郡에 속했다. 중모대미中牟大米와 마늘[白皮大蒜], 씨 없는 수박[無籽西瓜] 등이 주산이다. 관도는 중모현성 동북 2.5km 지점에 있는 관도교촌官渡橋村 근방이다. 관도라는 이름을 생성시킨 관도수라는 강은 원래 이 지역을 흐르고 있어서 그 위로 다리가 놓이고 마을 이름도 여기에서 유래되었다. 청나라 초기에 편찬된 『중모현지中牟縣志』에는 "강을 따라 언덕이 연이어 있는 것은 바로 조조가 쌓은 보루의 흔적[沿河崗阜綿亘 當是曹壘遺址]"이라 하였지만, 관도수는 이미 명나라 시대에 말라 버렸다고 한다. 관도교촌에서 서북 8km 지점에 곽장藋庄이라는 마을의 서북편 밭 가운데 높이 3m의 구릉이 있는데, 이곳 주민들은 이것을 '원소강袁紹崗'이라 부르고 있으니 원소의 본영 유지임을 알 수 있다.

1991년 2월 나는 개봉 지역을 답사하고 정주를 거쳐 낙양으로 가는 길에 관도를 한번 스쳐 지나간 적이 있다. 관심이 각기 다른 30여 명이 함께 여행하는 길이라 관도 자체를 둘러볼 계제가 아니었다. 아쉽지만 후일을 기약할 수밖에 없었는데, 문득 8년여의 세월이 지났다. 관도의 전투 현장을 답사하겠다는 생각으로 나는 1999년 여름 한국위진수당사학회 회원들과 함께 정주를 출발하여 관도에 도착했다.

'왕사망망往事茫茫'이라던가, 지나간 일들은 멀고 아득하게 마련이다. 특히 관도의 흔적은 더욱 그러하다. 이 지역이 바로 황하의 상습적인 궤결潰決 지역이라 그 전투로부터 1800여 년이 지난 지금 옛날의 흔적, 아니 관도라는 지명이라도 남아 있다는 것마저 가상할 정도다. 특히 전투 당시 황하는 백마의 북동으로 흐르고 있었지만 여러 차례 황하의 범람으로 하도가 바뀌어 남쪽으로 몇십 리 이동하다 보니 원래 황하 남안에 있던 백마·연진 두 곳은 현재 황하 북안에 위치해 있다. 지금의 관도는 비옥한 평야만이 펼쳐져 있어서 이곳이 왜 싸움터가 되어야만 했는지 이해가 잘 가지 않는다. 돈독 오른 중국인들도 황톳물이 수백 번 휩쓸고 지나가 버린 이곳에서 농사 짓는 것 외는 할 만한 일이 별로 없는 것 같았다. 관도교촌이 끝나는 지점에 '관도지전유지官渡之戰遺址'라고 쓴 팻말이 있고, 그곳에서 쭉 뻗은 길로 1km 정도 달려가면 옥수수밭 속에 콘크리트 건물 하나가 서 있다. 관도 전투 기념관이다. 그러나 건물 벽면에 당시 전투도를 그려 놓은 것이 고작이고 유적도 유물도 없다. 당초 건물 안에 무엇이 있는지 알 수 없어 들어가 보기는 했으나 입장료가 너무 아깝다. 황하를 탓했으면 했지 이곳 사람들을 탓할 일은 아니다. 관도에는 옛 전장의 흔적은 감추어진 채 7월의 강렬한 태양만이 옥수수밭 위에 작열하고 있을 뿐이었다.

이렇게 옛 싸움터의 많은 유적들은 그 모습을 감추었지만, 이 부근 몇몇 마을 이름은 아직도 그 옛날 관도의 전투를 떠올리게 한다. 관도교촌에서 1km 떨어진 지점에 위치한 원소의 전진기지였던 수궤촌水潰村 : 당시의 臨櫃坡 사이에 있는 작은 마을 축록영逐鹿營은 원소와 조조가 이곳에서 한 마리의 사슴〔天下〕을 얻으려 다투었던 일이 그 이름에 그대로 표현되어 있다. 또 가로하賈魯河 북안北岸, 사철 푸른 송림이 우거진 곳이 바로 조조군이 원소군을 대파한 진지의 하나였다. 이곳에 말을 타고 전투를 지휘하는 조조의 동상〔曹公臺〕을 세움으로써 사람들에게 그의 승리를 확인해 주고 있다. 관도교촌 동쪽 끝에 있는 관도 소학교 아이들이 학교 옆 수박밭에서 관도 전투 때 썼던 것으로 보이는 녹슬고 낡은 화살촉을 주워 나무 토막에 붙여서 장난감으로 가지고 놀기도 한다는 여행기를 읽은 적이 있다. 관도 전투라는 것이 까마득한 옛날의 일이지만 이곳 주민들은 여전히 그것과 연관짓고 살고 있는 것이다. 그것은 아마도 『삼국지』 때문이리라.

관도 전투에서 원소는 패한 반면, 조조는 승리를 거두었다. 그렇다면 조조가 얻은 것은 과연 무엇이었던가? 이 문제와 관련하여 『세설신어』의 한 대목을 또다시 인용해 보자.

위나라 견후甄后는 총명하고 자색이 예뻤다. 원래 원희袁熙의 처가 되어 매우 사랑을 받고 있었다. 조공曹公 : 曹操이 업군鄴郡을 도륙하자마자 견후를 불러오라고 급히 명령했다. 좌우 신하들이 "오관중랑五官中郎 : 曹丕께서 이미 데리고 가버렸습니다"라고 하자, 조공은 "금년 적을 격파한 것은 바로 그놈을 위한 것이었구먼!"이라고 탄식했다.

위 문장이 실려 있는 『세설신어』의 「혹닉편惑溺編」은 사랑에 빠져 제정신을 차리지 못한 사람들의 이야기를 모아 놓은 것이다. 사랑에는 국경도 체면도 없다고들 하지만, 부자가 한 여자를 두고 벌인 이런 경쟁은 사실 아름다운 풍경이라 할 수는 없다. 이 문제의 여인은 원소가 일찍이 그의 가운데 아들인 원희를 위하여 맞아들였던 견씨라는 여인이었다. 견씨는 여러 가지 면에서 비범하고 재색이 뛰어난 여인이었다. 그녀는 한의 태보太保 견감甄甘의 후예로 대대로 2천 석즉 太守을 배출하던 가문에서 태어났다. 세 살 때 아버지를 여의었지만 집안 사정은 그런 대로 괜찮아 쌓아 둔 곡식이 있었다. 천하가 전란에 휩싸이고 기근이 들자, 견씨는 어머니를 설득하여 집에 쌓아 둔 곡식을 친족과 향리의 주민들에게 풀어 칭송을 받았다고 기록되어 있다. 문제는 그녀의 이런 선행 때문이 아니라 재색이 비범했다는 데 있었다. 원희가 유주幽州 : 현재의 북경자사로 임지에 가 있을 때 그녀는 업성에 남아서 원소의 부인 유씨劉氏를 봉양하던 중 관도 전투 결과 기주가 조조의 손아귀에 들어가자 이렇게 조씨 부자의 집중적인 구애의 표적이

조조 동상. 조조군이 원소군을 대파한 진지였던 축록영 마을에 세워진 조조의 동상이 있는 조공대의 모습.
그 전투의 마지막 승리자가 누구였는가를 여실히 말해 주고 있다.

된 것이다. 수많은 시간과 생명을 희생시키고 승리를 거둔 관도 전투
의 최대 전리품이 다름아닌 견씨였다니, 정말 남자들이란 단순하기
짝이 없다는 생각을 금할 수 없다. 여하튼 그녀를 차지한 자는 그 전쟁
에서 앞장서 목숨을 걸고 지휘했던 조조가 아니라 그를 따라다니기만
했던 아들 조비였다. 견씨만이 아니었다. "사슴을 쫓는 자는 토끼를
돌아보지 않는다[逐鹿者不顧兎]"는 말처럼 황제위를 쟁취하기 위해 수많
은 비난을 감수하지 않으면 안 되었던 행위를 한 조조에게 주어진 것
은 위왕魏王이라는 칭호뿐이었다. 천상천하 유아독존의 황제위를 차
지한 자는 바로 그에게서 미인 견씨를 낚아채 간 아들 조비, 그 녀석이
었다. 그러고 보니 20년간 고생만 한 조조가 얻은 것은 별로 없어 보
인다. 지게 품팔이로 아비가 번 돈으로 아들은 벤츠 타고 다니는 것이

다반사인 세상 아닌가? 또 자식 이기는 부모 없는 것이 고금의 법도가 아니던가?

　　이제 축록을 위해서 조조가 흘린 피와 땀의 흔적을 추적해 보자. 고래로 나라가 바뀔 때에는 정주征誅와 선양禪讓 두 가지 방법이 있었다. 권력 있는 신하가 나라를 탈취하는 것을 '찬시篡弑'라고 칭하는데, 고래로 이 말을 듣는 것을 누구나 두려워하였기 때문에 감히 이 방법을 쓰려 하지 않았다. 왕망王莽은 주공周公이 성왕成王을 보좌한 고사를 핑계로 섭정하다가 황권을 쟁취했다. 조조도 한의 천하를 자기 것으로 하고 싶었으나 찬시라는 이름을 뒤집어쓰지 않으려고 노력했다. 이에 선양의 형식을 빌려 천하를 탈취하려 했던 것이다.

　　조조는 208년 삼공이 폐지된 후 신설된 승상에 취임하고부터 점차 자파의 관료나 군인으로 조정을 채워 갔다. 그의 아들 조비는 211년 오관중랑장이 되어 자기의 관속을 임의로 채용하는 등 실제 부승상이 되었다. 212년 조조가 업성으로 돌아오니 그곳이 사실상 정청政廳의 소재지가 되었다. 같은 해 한 고조 시대 소하蕭何의 고사에 따라 찬배불명贊拜不名 : 임금 앞에 朝見 行禮時 엎할 때 그 이름을 부르지 않는 것, 입조불추入朝不趨 : 군주 앞에서 경의를 표하고 급히 가는 것이 통례이지만 그렇지 않아도 좋다는 것, 검리상전劍履上殿 : 검과 군화를 신고 殿上에 들어갈 수 있는 것의 예우가 주어졌다. 213년 5월에는 영역이 이미 크게 확대되어 군사적으로나 경제적으로 막대한 힘을 가진 기주 관내의 10군으로 위국魏國이 성립되자 조조는 위공魏公이 되었다. 이때 조조는 한나라로부터 특별한 공신에게 주어지는 물건인 구석九錫 : 車馬·衣服·樂器·朱戶·納陛·虎賁·斧鉞·弓矢·秬鬯을 받게 된다. 조조는 '세 번 사양〔三讓〕'한 후 신하들의 권진으로 마지못해 수령하는 제스처를 취했다. 7월에 위국의 사직과 종묘를 세우고 헌제는 조조의 세 딸을 귀인으로 삼는다. 가운데 딸은 후에215 황후가 되고, 막내딸은 성년이 될 때까지 위국에 대기했

(상) 유수대. 현재 하남성 허창 서남 교외에 남아 있는 유수대는 후한 마지막 황제인 헌제가 하늘에 제사를 지냈던 곳으로 전해진다.
(하) 수선대 유적. 수선대는 조조의 아들 조비가 후한 헌제로부터 제위를 선양받았던 제단이다. 낙양으로부터 15km 남방에 위치하고 있다. 허창시 인민정부가 1988년에 세운 '수선대'란 표지가 파손된 채 나동그라져 있다.

다. 한과 위가 이렇게 친족 관계를 맺은 것은 순이 요 임금의 2녀를 취한 것과 같이 장래 행해질 정권 이양이 폭력에 의한 것이 아니고 친연에 의한 것이라는 구실을 삼기 위한 것이었다. 216년 5월 헌제는 조조를 위공에서 위왕으로 승격시켰다. 조조는 세 차례나 사양하는 상서를 올린 후 수락했다. 217년 4월에는 위왕에게 천자의 정기旌旗를 세우도록 했으며, 출입할 때 경필警蹕:먼저 앞에서 소리지르는 것을 허락했다. 10월에는 십류十旒의 면류관을 쓰고 금근차金根車를 타고 육마六馬를 몰고 오시부차五時副車를 마련하게 하며 오관중랑장인 조비를 위태자로 했다.

후세의 예로 볼 때 조조는 수 개월이면 어려움 없이 황제위에 즉위할 수 있는 단계에까지 갔었다. 그러나 220년 정월 23일 병으로 사망할 때까지 그가 천자에 오를 수 없게 한 객관적인 정세의 흐름이 있었다. 관우가 형주로 진출한데다 유비가 한중을 넘보고 있었고, 손권도 불온한 태도를 보이고 있었으며, 헌제의 근신들이 허창에서 병변을 일으켰기 때문이다. 아직 인심이 한나라에 있다는 것을 보여 주는 정국의 흐름이다. 이에 조조는 사마의의 계략에 따라 오나라와 연맹하여 그 군대로 하여금 관우를 협격하도록 하니, 219년 11월 형주를 탈환하고 220년 정월 관우의 목이 그 앞으로 보내져 왔다.

하늘은 끝내 조조에게 천자의 자리를 허락하지는 않았다. 그나마 하늘이 망나니 조조에게 내린 벌칙이던가? 그가 죽자 태자 조비가 승상에 취임하고 아버지가 진행하다 남겨 놓은 찬탈 과정의 마지막 부분을 처리하였다. 아무리 점유율이 높아도 골을 넣지 못하면 아무 소용이 없는 것이니 조비야말로 유능한 스트라이커인 셈이다. 아비 조조는 어시스트라 할까? 조비가 선양이라는 형식을 통해 새수璽綬를 받고 황제에 즉위한 것은 그해 12월 29일이었지만, 그에 앞서 헌제는 황제위를 넘기는 조서 및 책서冊書를 세 번이나 내렸는데도 조비는 모두

표를 올려 사양하고 새수를 다시 돌려보냈다. 뿐만 아니라 신하들이 황제위에 오를 것을 권한 것이 열 번이나 되었는데 조비는 모두 영을 내려 사양하였다. 공경들이 허창의 남방, 번양繁陽:현재 繁城에 단壇:受禪臺을 만들고 아뢰니 그제서야 비로소 즉위하였다. 이런 과정은 모두 거짓에서 나온 것이지만, 이처럼 조비가 감히 황제위를 받으려 하지 아니한 것은 아직 '읍양揖讓의 유풍'이 있었기 때문이었으니 전 대통령 J씨보다는 한결 양심적이었다 할 것이다.

갈족羯族 출신으로 오호십육국 시대 후조後趙를 창업한 석륵石勒은 "조조와 사마의 부자는 남의 고아와 과부를 속이고 호려서 천하를 취한 자"라고 매도한 바 있다. 그러나 두 사람의 공과功過가 같다고 할 수는 없다. 조씨는 한나라의 조명이 거의 끊어진 이후에 군사를 일으켜 힘써 정벌하고 국가를 경영하여 한의 조명을 20여 년이나 늘린 연후에야 한을 대신했다. 그러나 서진西晉을 세운 사마씨는 위나라가 아직 쇠하지 않았는데도 기회를 틈타 대권을 훔쳐 한 황제를 폐하고 한 황제를 죽이고 그 제위를 찬탈했기 때문이다.

황제위의 쟁탈을 양위讓位로 포장하는 이른바 선양의 형식은 왕망에서부터 시작되었지만, 정형화된 형식으로 굳어진 것은 역시 조조부터였다. 위나라가 이런 국면을 개창한 후 700~800년간 십수 왕조가 창업할 때마다 이 선양 형식을 채용하였다. 이렇게 후세 왕조가 정권 교체시 선양 형식을 취하긴 했지만, 그 과정을 보면 점차 걸리는 시간이 단축되고, 탈권자의 행위가 더욱 뻔뻔해지고 있음을 느끼게 된다. 앞서 보았듯이 이런 선양 과정에서는 항상 실력자의 거듭된 고사固辭라는 절차가 따르게 마련이다. 사실 직위나 작위가 주어질 때마다 고사를 거듭하지만 전 대통령 J씨가 그랬듯이 실제로는 자기 스스로 계급장을 다는 것이니 요 임금이 순 임금에게, 순이 우禹 임금에게 위를 넘기는 이른바 '진선양眞禪讓'과 달리, 이런 사기극을 '선양극禪讓

劓 혹은 '가선양假禪讓'이라 한다. 조조는 헌제를 모셔와 실제로 정권을 장악한 200년부터 그가 죽은 220년까지 20년 동안이나 이런 조작극을 연출하는 지루한 세월을 보냈다. 1980년 J씨가 소장에서 중장을 거쳐 대장으로, 다시 대통령까지 되는 데 1년이 채 안 걸린 것을 생각하면 너무나 긴 세월이었다. 조비가 헌제에게서 황제위를 선양받은 이후 사마씨의 서진의 경우나 동진 시대 안제安帝에게서 선양을 받은 환현桓玄까지 전 황제를 내쫓되 죽이지는 않았다. 그러나 유유劉裕가 송宋나라를 세우면서 동진의 공제恭帝를 죽인 이후, 남제南齊 · 양梁 · 진陳과 북제北齊 · 북주北周 · 수隋나라가 제위帝位를 차지하면서 모두 전 황제를 죽인 것은 점차 그 과정이 살벌하게 변한 까닭이다.

조조는 분명 관도의 전투에서 원소를 패사시키고 승리를 거두었다. 그에게 상당한 전리품이 돌아간 것도 사실이다. 그러나 그의 생애가 반드시 성공적이었다고 결론짓기는 힘들다. 그가 죽은 후 추상 같은 역사적 심판이 그를 기다리고 있었기 때문이다. 어제의 승리자가 오늘의 승리자가 꼭 되란 법은 없는 것이다. 원래 평가란 그 평가 하는 시대의 성격에 따라 달라지게 마련이다. 그는 오늘도 수많은 학자들의 검증의 대상이 되고 있고, 아직도 그에 대한 평가는 분분하다. 중국 역사상 조조만큼 그 평가가 엇갈리는 사람도 드물지만, 그가 훌륭한 인간이었다고 생각하는 사람은 별로 없는 것 같다.

물론 인간이 인간을 평가하는 것은 결코 쉬운 일이 아니다. 모든 면이 노출되어 있는 사람들, 특히 정치인을 평가하는 것은 더욱 그렇다. 인간이 다같이 공유하는 욕망과 가장假裝을 그들에게만 청교도처럼 절제하라고 요구하는 것은 잘못이다.

따라서 부패한 정치판에 일관되게 개혁을 외쳐 신선감을 주었던 젊은 정치인들이 술자리에서 탈선한 행위를 두고 세상에서 말이 많았다. 사실 그들에게만 유독 근신하기를 바란다는 것은 우리들의 과도

한 희망일지도 모른다. 주위에는 "사람만이 희망이다"라는 외침을 아직도 참말이라고 믿고 있는 사람들이 있지만, 나는 당초 그들에게 크게 기대하지 않았다. 다 그런 것은 아니지만 그들 일부의 행태를 살펴보면 지난날이 그랬고, 지금 하고 있는 짓들이 그러하고, 또 앞으로도 그러할 것이기 때문이다. 그들에게는 권력만이 운동 목표였다는 것도, 알맹이보다 껍데기의 목소리가 크다는 사실도 익히 알면서 민초들이 늘상 그래 왔던 것처럼 나도 한때는 그들에게 속았을 뿐이다. 서로 때문은 사람들끼리 얽히고 설켜 사는 것이 이 세상이라 치부해 버리기엔 아직 아쉬움이 많다. 그들을 평가할 입장에 있지 않은 나는 가급적 언급을 삼간 채 그저 그들의 행동들이 낱낱이 기록되기를 바랄 따름이다. 옳고 그른 것을 판단하는 것은 우리들 세대만의 소임도 권리도 아니기 때문이다.

제갈량이 농사를
지은 까닭은?

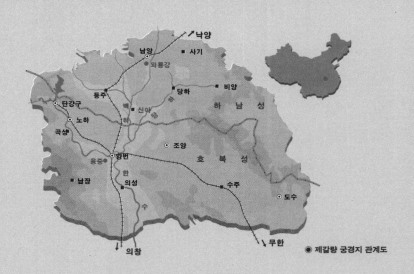

● 제갈량 궁경지 관계도

우리나라 서점가에서 『성경』 다음으로 많은 판매 부수를 올린 『삼국지』. 우리들 누구나 그 책 속에 나오는 영웅호걸의 일거수일투족에 새가슴을 졸이던 한 시절을 거쳤을 것이다. 나도 유비·조조·제갈량이 다른 나라 사람이라는 사실을 한동안 모르고 지냈다. 특히 제갈량의 진충보국盡忠保國의 정신은 고등학교 2학년의 어린 가슴을 때렸다. 그 시절 외웠던 "군사를 내어 가 이기지 못하고 몸이 먼저 죽으니 길이 영웅으로 하여금 눈물이 옷깃에 가득케 하노라〔出師未捷身先死 長使英雄淚滿襟〕"는 두보杜甫의 시, 「촉나라 재상〔蜀相〕」을 아직도 외고 있는 것을 보면 내가 평생 직업으로 이 시대 역사를 택한 것도 그 나름의 연유가 있었던 것임을 새삼 느끼게 된다.

제갈량을 역사적 인물로 등장시킨 계기였던 '삼고초려三顧草廬'의 현장을 두 번이나 다녀왔지만, 역사의 진실은 나에게 쉽게 그 얼굴을 내밀지 않고 있었다. 장삿속에 정신 팔린 사람들이 만들어 낸 위장품들이 그 현장을 어지럽게 덮고 있었다. 사람이 죽으면 이름을 남기고 호랑이는 가죽을 남기는 법인데, 그 이름 저렇게 드높으니 제갈량은 진실로 행복한 사람이다. 그러나 그 이름을 팔아 잇속을 챙길 목적으로 그 살던 집과 소일 삼아 짓던 남새밭터마저 위조하기에 부산하니 그가 이 세상에 남긴 역사적 진실은 더욱 가려지고 있었다.

제갈량과 농사, 별로 어울리지 않는 관계다. 제갈량이 한때 농사를 지은 것은 분명하지만, 그는 농사일에 크게 관심을 두지 않았다. 그는 당시 양양襄陽 근방에 살고 있던 인사들과 어울려 경세서經世書를 읽고 토론하는 세미나에 참석하는 일에 몰두하느라 집에 붙어 있을 시간이 별로 없었던 사람이었다. 그가 10년간 몸소 농사를 지었다지만 농사일은 부업 정도도 아니었다. 그런데도 중국 역사학계에서는 그가 몸소 농사 지은 곳이 어디였느냐에 대한 논쟁〔躬耕地論爭〕으로 소란하다. 그렇게 쓸모 있는 일 같지는 않다.

20세기 우리나라에서 출판된 책 가운데 가장 많이 팔린 것이 이문열의 『삼국지』라는 보도를 본 적이 있다. 1988년에 출판된 이 책은 10년간 자그마치 1130만 부가 팔렸고 10년간의 인세만도 40억 원쯤 된다는 것이다. 우리에게 『삼국지』란 도대체 무엇인가? 20년간 가장 많은 독자를 확보한 인기 작가인 이문열 때문인가? 그러나 그의 대표작 『젊은 날의 초상』 등이 각 100만 부가 팔린 데 비해, 그의 전공이라고 할 수 없는 『삼국지』는 1000만 부가 넘게 팔렸다니 그야말로 가공할 판매 부수다. 이런 판매량 뒤에는 대학 입학 시험에 논술이 중요해지면서 그 바람을 타고 청소년의 필독서처럼 되었다는 시류의 덕분도 있을 것이다. 또 이문열의 독특한 문체, 즉 설화적인 『삼국지』에 소설적인 그리고 비평을 가미한 그의 능력에 기인하는 바가 없는 것은 아니다. 하지만 그런 것들을 감안하더라도 팔려도 너무 많이 팔렸다. 평생 큰돈 구경 한번 제대로 해보지 못한 나로서는 이문열에게 내 전공을 빼앗긴 피해 의식에 젖어들곤 한다. 흡사 섯다판에 곁다리로 끼여든 친구에게 전재산을 모두 빼앗긴 사람이 느끼는 것처럼 괘씸하기 짝이 없다. 봉급이라곤 병아리 눈물만큼 주어 마누라 덕으로 겨우 생계를 유지해 가는 허울뿐인 서울대 교수직을 집어던지고 나의 전공을 찾아 당장 『박한제 삼국지』를 쓰고 싶으나 가만히 따져 보니 그럴 시기가 아닌 것이 분명한 것 같아 참기로 했다. 사람에게는 운때라는 것이 있는 법이다. 거작 『박종화 삼국지』가 나온 지 20년 만에 『이문열 삼국지』가 나와 10년간이나 그 인기를 누리고 있는데, 가만 따져 보니 그 터울이 20년인 것 같은 생각이 든다. 독자들이 『이문열 삼국지』에 식상할 시기가 대강 내가 교수직에서 정년할 즈음인 것 같으니…….

　『삼국지』란 원래 서진西晉 시대 역사가인 진수陳壽, 233~297가 쓴 위·촉·오 삼국의 역사서다. 일반 독자들이 주로 접하는 책은 진수의

남양 와룡강의 패방. 제갈량이 '누워 있는 용'처럼 초야에 묻혀 있던 언덕이라는 뜻을 지닌 이곳에는
제갈량의 사적과 관련 있는 건물과 비석이 즐비하다.

정사正史 『삼국지』가 아니다. 그 책이 나온 지 1천 년이 지난 14세기
중엽, 원말元末~명초明初의 소설가인 나관중羅貫中이 쓴 『삼국지연의
三國志演義』가 그것이다. 연의란 '의의를 풀어 낸다'는 뜻으로 역사적 사
실과 그 의미를 이야기 형식으로 풀어 쓴 것을 말한다. 정사 『삼국지』
를 읽지 않고 『삼국지연의』만을 읽은 독자들은 유비와 관우·장비 그
리고 제갈량이 이 시대 역사를 만들어 간 주역으로 인식할 가능성이
많다. 사실 우리나라뿐만 아니라 근래 조조에 대한 재평가 운동이 일
어나면서 그 평가가 약간 달라지긴 했지만, 중국에서도 그렇게 생각
하는 사람이 여전히 많다. 이런 현상은 나관중의 『삼국지연의』가 정사
『삼국지』보다 사람들에게 훨씬 많이 읽혔다는 이야기일 터이지만, 정
작 나관중은 어느 시대 사람이라는 것 외에는 그 생애마저 구체적으

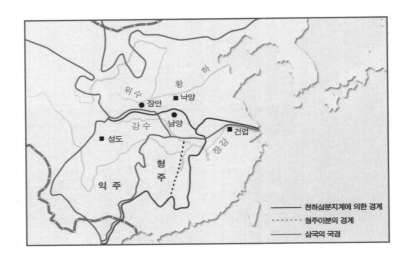

천하삼분지계 개념도.

로 알려져 있지 않은, 즉 베일에 가려진 인물이다. 이 책을 써냄으로써 원저자인 진수보다도 많은 독자를 후세에 확보하기는 했지만, 그 책을 내 인세로 돈을 많이 벌었다는 이야기는 들어 본 적이 없다. 『삼국지』로 횡재한 사람은 아마 이문열 한 사람뿐이 아닌가 한다.

　　『삼국지』의 배경이 된 삼국 시대는 통일 왕조였던 후한後漢 왕조가 황건적黃巾賊의 난으로 혼란에 빠지자, 각처에서 일어난 군벌들이 이 세상에 하나밖에 없는 황제 자리를 쟁취하기 위해 온갖 지혜를 동원하여 경쟁을 벌였던 영웅의 시대였다. 『삼국지』 하면 독자들이 느끼는 몇 차례의 모멘트가 있다. 유비와 관우·장비가 의형제를 맺는 도원결의桃園結義, 조조군이 원소의 대군을 격파한 관도지전官渡之戰, 유비가 제갈량을 찾은 삼고초려三顧草廬, 4만의 오·촉 연합군이 80만의 조조군을 괴멸시킨 적벽대전赤壁大戰, 사마의司馬懿의 계책에 의한 맥성麥城에서의 관우의 죽음, 제갈량의 만류에도 불구하고 관우의 원수를 갚기 위해 유비가 치른 이릉지전夷陵之戰, 백제성白帝城에서의 유비의 죽음과 유촉遺囑, 제갈량의 북정北征과 출사표出師表 그리고 오장원五丈原에서의 그의 죽음 등이 그것이다. 그 가운데 삼고초려는 오랫동안 인재 초빙의 전형적인 방식으로 회자되어 온 말로 지금도 상용되고 있다.

관도 전투 이후 원소를 떠났던 유비는 지금의 하남인 여남汝南에서 조조에게 다시 패한 후, AD 201년 같은 집안 출신이며 명망가인 형주荊州 군벌 유표劉表에게 투신했다. 유표는 내심 유비를 경계하여 형주의 북쪽 요충지인 신야新野로 보내 조조에게 대항하는 최전선의 방어를 맡도록 했다. 남양南陽에서 70km 떨어진 신야는 남양 분지의 남부로, 당시 형주 세력권에 속해 있었다. 마침 조조가 원소의 잔존 세력을 소멸시키기 위해 북방 쪽에 신경을 쓰고 있었으므로 남하하여 형주를 공격할 여유가 없었던 것이 유비에게는 다행이었다. 유비는 그 기회를 놓치지 않고 신야에서 널리 인재를 모으고 군용을 가다듬는 등 정권 건립 준비에 박차를 가했다. 관우·장비와 같은 날쌘 장수는 확보하였으나 지략이 풍부한 참모가 절실한 시점이었다. 그 곁에 있던 모사의 한 사람인 서서徐庶가 제갈량을 추천하였다. 그는 제갈량을 얻는다는 것은 주周나라가 여상呂尙 : 太公望을 얻고 한漢나라가 장량張良을 얻는 것이나 다름없는 일이라고 하였다. 또 양양의 명사인 사마휘司馬徽도 제갈량은 춘추전국 시대 제齊 환공桓公을 보조하여 패업을 이룬 관중管仲과 연燕 소왕昭王을 도와 강국 제나라를 물리친 악의樂毅보다 더 뛰어나 굳이 견준다면 "흥주興周 8백 년의 강자아姜子牙 : 呂尙 太公望와 왕한旺漢 4백 년의 장자방張子房 : 張良"이라 하였다. 모두들 제갈량은 쉽게 얻을 수 있는 인재가 아니어서 그냥 부른다고 해 마냥 올 사람이 아니니, 공손하게 친히 가서 청해야 할 것이라고 충고했다.

제갈량181 ~ 234의 자는 공명孔明으로 원래 산동 낭야군琅琊郡 양도현陽都縣 사람이다. 어려서 아버지[諸葛珪]와 어머니를 잃고 숙부[諸葛玄]를 따라 형주 지역으로 피난와 있었다. 17세 되던 해에 숙부가 죽자 몇 채의 초려草廬 : 茅廬를 짓고는 농사를 짓는 한편 친구와 만나 교류하면서 천하사를 두고 담론하고 있었다.

유비가 제갈량이라는 당대 최고의 전략가를 얻기 위해 관우·장비를 대동하고 세 차례나 그의 초려를 방문한 것은 유명한 이야기지만, 제갈량은 유비의 예우에 감동한 나머지 그를 위해 목숨을 바칠 것을 약속하고 천하통일을 위한 계책대책을 제시한다. 이 대책을 '융중대隆中對' 혹은 '초려대草廬對'라 한다. 그 내용은 다음과 같다.

동탁이 낙양에 진격해 들어온 이후 천하 군웅이 각처에서 일어나 그 세력 범위가 주州와 군郡에 걸쳐 있는 자만 셀 수 없이 많습니다. 조조를 원소에 비교하면 명망도 낮고 병력도 적지만 결국 원소를 타파한 것은 그의 지모 때문이었습니다. 지금처럼 조조가 백만의 무리를 거느리고 '천자를 끼고 제후를 호령하면[挾天子而令諸侯]' 그와 다툴 만한 사람이 없습니다. 손권은 장강의 천험天險에 기대어 있은 지 3대가 지났으니 백성들이 그에게 귀부하고 있고 재사들도 그가 힘을 발휘할 것을 믿고 있습니다. 따라서 그와 연합하는 것은 가능하지만, 그를 타파하기는 어렵습니다. 형주의 지세는 험요하여 북에는 한수漢水가 있고, 남으로 남해와 통하고, 동으로 오회吳會와 연결되어 있으며, 서로는 파촉巴蜀에 도달할 수가 있으니 이곳은 군대를 일으킬 만한 지방입니다. 그러나 형주의 주장 유표는 이 지방을 지키지 못하고 있습니다. 이는 하늘이 이 지방을 장군에게 주는 것이니 유표를 대신해서 이 땅을 차지하십시오. 또 익주益州는 이수난공易守難攻의 천연 요새이고 토지가 비옥하여 물산이 풍부하니 이전부터 '하늘이 내린 곳간이 있는 곳[天府之國]'이라는 칭호가 있었습니다. 한 고조高祖 유방劉邦이 이곳을 근거로 하여 끝내 천하통일의 대업을 이룩했습니다. 장군께서 만약 형주를 선점하시게 되면 이곳을 바탕으로 유장劉璋의 익주를 취하고 힘써 정치를 하여 국력을 충실히 한 연후에 손권과 연합하고, 서남 각 민족과 결호結好한 연후에 시기를 기다려 중원으로 나아가면 통일 천하의 대업을 성취할 수가 있을 것입니다.

즉 북방은 조조에게 양보하여 천시天時를 차지하게 두고, 남방은 손권에게 양보하여 지리地利를 차지하게 하며, 유비는 인화人和로써 형주를 취하고 뒤에 서천西川 : 益州을 취하여 저 조조 · 손권과 더불어 정족鼎足의 형세를 이룬 연후에 때를 기다려 중원을 도모할 것을 주장한 것이다. 유비는 그의 대책을 듣고 그 내용이 투명 · 철저한 것에 감탄하면서 자기를 도와 천하통일의 대업을 완성시킬 수 있도록 해달라고 간절히 부탁했다. 제갈량은 유비의 간곡한 부탁에 감격한 나머지 "장군께서 이다지 나를 대우해 주니 적은 힘이나마 다하여 장군을 돕겠습니다" 하고 산을 나와 유비를 따라 신야에 도착했다.

당시 제갈량이 몸소 농사를 지으며 은거하고 살았던 '초려'가 있던 곳이 어딘가 하는 것, 즉 궁경지躬耕地 문제가 현재 중국 사학계에서는 중요한 논쟁거리로 되어 있다. 사실 이 논쟁은 일찍이 원대元代부터 시작된 것으로, 최근에 비롯된 것은 물론 아니다. 그러나 최근 들어이 논쟁은 더욱 격렬해지고 있다. 논쟁의 초점이 되는 곳은 현재 하남성 남양시南陽市 와룡강臥龍崗의 무후사武侯祠와 호북성 양번襄樊의 고융중古隆中이다. 즉 궁경지가 당시 행정구역상으로 남양군 소재지인 완현宛縣 : 현재 남양시 서남인가, 아니면 남양군 등현鄧縣 융중隆中 : 현재 양번시 양양 융중인가의 문제인 것이다.

남양은 현재 하남성 서남부에 위치하여 호북湖北 · 섬서陝西 두 성과 접경하고 있다. 독산옥獨山玉의 명산지로서 전국 4대 명옥 산지로 유명하다. 남양시는 완성宛城이라 칭해지기도 하며, 진 · 한 시대 이후 남양군의 중심 도시였다. 후한 창업주 유수劉秀가 여기서 병사를 일으

(좌) 제갈량 동상. 양번 고융중에 세워져 있다.
(우) 양번 고융중의 패방. 패방 뒤편 골짜기와 언덕에는
제갈량 사적과 관련된 건물과 비석이 많이 세워져 있다.

키고 낙양에 도읍을 정한 이후 남양은 남도南都 혹은 제향帝鄕으로 칭해졌으며, 당시 상업과 문화가 최고로 번성하여 전국 2대 중심 도시의 하나였다. 남양의 와룡강은 당대에 무후사가 세워진 이후 많은 사람들이 찾는 명승지가 되었다. 반면 현재 호북성 북서부에 위치한 양번은 장강 최대 지류인 한수漢水 혹은 沔水 : 북방인들은 한수를 면수라 부르고, 남방인들은 한수라 부른다. 혹은 삼국 이전에는 면수라 불렸고, 삼국 이후에는 한수라 칭하는 경우가 많다의 중류에 위치하여 강 남쪽의 양양襄陽과 북쪽의 번성樊城 이름을 한 자씩 따서 합쳐 만들어진 고도다. 남서쪽에는 산이 있고, 북동쪽에는 넓은 평야가 펼쳐져 있어서 예로부터 남북 교통의 중요한 길목으로, 병가필쟁兵家必爭의 땅이었다.

    중국 학계에서 벌어지고 있는 논쟁의 전개 상황에 무지했던 필자는 1995년 호북성 양번에서 열린 '중국위진남북조사 국제학술토론회'에 참석했을 때, 뜻하지 않은 일을 접하게 되었다. 국제학술토론회

라고 해도 중국·한국·일본 학자들이 참석자의 대부분을 차지하기 때문에 중국 학자 4명과 일본 학자 2명 그리고 필자가 이 문제를 두고 이른바 '기자회견'이라는 것을 하게 된 것이다. 이 회견은 당시 거시적 행사로서 국제회의를 마련한 양번시측에 의해 다분히 의도된 것이었다. 「양번일보襄樊日報」와 호북TV방송(湖北電視臺) 양번분국의 기자들로부터 필자는 제갈량의 궁경지가 어디라고 생각하느냐는 민감한 질문을 받게 되었다. 대부분의 학자들이 모두 양번의 융중이 제갈량의 궁경지라는 주장에 찬동하고 나섰다. 평소 이런 조작된 분위기를 보면 갑자기 불끈하는 고약한 버릇을 가진 필자는 주최측이나 기자들이 예상하던 것과는 전혀 다른 방향의 답변을 했던 것이다.

"제갈량의 궁경지가 어딘가가 뭐 그리 중요한가…… 그 진위는 잘 살펴보아야 할 일이지만, 중국인들이 역사적 진실에 의거하지 않고 지역적 이기심이나 자존심에 근거하여 학자들을 동원하여 견강부

회식으로 해석하려는 태도는 좀 곤란하다는 것이 본인의 입장이다."

기자들의 의아해하는 얼굴은 물론이거니와 당시 이 국제학술회의를 주최한 양양사범전문학원현재는 양변대학의 삼국사 전문가인 Y교수의 난감해하는 모습이 나를 당황케 했다.

그날 저녁 텔레비전 뉴스에서 다른 학자들의 인터뷰는 방영되었으나 내 얼굴은 나타나지 않았다. 아울러 다음날 「양변일보」에도 필자의 발언은 소개되지 않았다. 더 기막힌 것은 고용중 앞에서 찍은 전체 촬영에서도 나는 완전히 찬밥 신세가 된 것이다. 몇 차례 국제학술회의에 참석할 때마다 한국 대표로 지정하고는 가슴에 꽃을 달아 주고 제일 앞줄 의자에 앉히던 대접은 사라지고 일반 참석자와 같이 제일 뒷줄에 서 있어야만 했다. 그것이 괘씸죄를 범한 나에 대한 의도된 보복은 아니었다 하더라도, 내가 그들에겐 굳이 챙겨서 대접할 만한 가치 있는 존재가 아니었던 것만은 분명했다.

사실 나는 당시 이 문제에 관심을 가져 본 바도 없었던 데다, 최근 논문을 작성하면서 중국인들이 사리에 맞지 않는 이유를 대면서 역사상의 유명한 인사를 특정 지역과 억지로 연관시키려는 작태를 발견하고는 고소를 금치 못하고 있었다. 중국에서 벌어지고 있는 이런 현상을 '명인 효과[名人效應]'라 한다. 근래 개혁·개방 이후 경제가 급속히 발전하면서 나름으로 관광업[旅游業]이 흥성하다 보니 기존에 있던 특정 명사들과 연관된 명승 고적지를 정사正史 혹은 야사野史, 필기소설筆記小說 혹은 민간전설民間傳說 등에 근거해서 연결시키려는 시도가 각처에서 벌어지고 있다. 최근 열기를 띠는 논쟁만을 열거해도 '편작전국 시대 名醫의 본적이 어디인가 하는 논쟁[扁鵲籍貫之爭]', '동윤삼국 시대 蜀人으로 北征時 제갈량이 추천한 자의 옛집이 어디인가 하는 논쟁[董允故居之爭]', '서시春秋 越의 미인으로 吳王 夫差의 寵姬의 고향이 어디인가 하는 논쟁[西施故里之爭]', '방연전국 시대의 兵家이 잡혀서 자살한 지점이 어디인가 하는 논쟁(搞龐涓地點之爭)[1] 등이 그것들이다.

　나는 2000년 1월 21~23일 양번과 남양 두 지역을 방문하게 되었다. 제갈량 고거에 대한 나의 '이고초려二顧草廬'인 셈이다. 북경에서 출발하여 무한~형주로 남향하던 나는 형주를 답사한 후 방향을 북쪽으로 틀었다. 전날 묵었던 형주빈관에서 일어나 창문을 열어 보니 함박눈이 쏟아지고 있었다. 형주~양번 길에도 무한~형주에서의 그것처럼 우리나라 금호고속 소속의 호화 버스인 한광고속漢光高速 버스를 탔다. 장거리 버스 여행을 하다 보면 괜히 화장실 걱정을 하는 나인데, 이 버스에는 상냥한 안내양과 화장실이 있는 것이 특히 나를 안심시켰던 것이다. 동행한 세 제자와 눈길을 뚫고 가는 길은 유비가 제갈량을 찾아 이고초려를 했던 날의 날씨와 흡사한 것 같았다. 과연 초려에는 『삼국지연의』의 표현처럼 "매섭게 추운 날씨에 붉은 구름이 하늘을 덮더니 몇 마장을 못 가서 홀연 삭풍이 늠름凜凜하며 서설瑞雪이 비비霏霏하여 잠깐 사이에 산은 옥족玉簇 같고 숲은 흡사 은장銀粧 같다"던 표현대로일까? 유비가 관우와 장비를 대동하고 간 것처럼, 나도 동학의 제자를 대동하고 갔으니 외형상으로 보면 흡사하나 내 위치를 유비와 견줄 수 없고, 대동자 중에 여학생도 한 명 있었으니 그런 비유는 당치도 않은 것이다. 다만 "하늘도 차고 땅은 얼어붙는데 군사軍師로 쓰지 못할 한낱 쓸데없는 사람을 찾아보러 먼 길을 간단 말이오? 얼른 신야로 돌아가서 풍설이나 피하십시다"라 하던 장비의 항의가 제자들로부터 튀어나오지 않은 것이 다행이라면 다행이었다. 다만 궁경지 논쟁에 대한 나의 결론이 도출되기 위해서는 어쩐지 한 번 더 와야삼고초려 되지 않을까 하는 의구심이 드는 것은 나의 장기인 '억지 짜맞추기' 버릇에서 나온 것인지도 모르겠다.

　제갈량이 농사를 지은 것은 17세부터 27세까지의 10년간197~207이었다. 제갈량은 그의 「출사표」에서 "신은 본래 평민으로 남양에

제갈량의 궁경지. 양번 고융중에 있다.
비양에는 '궁경농무躬耕隴畝'가 새겨져 있다. 뒤에 보이는 밭이 궁경지다.

서 몸소 논밭을 갈고[臣本布衣 躬耕于南陽]"라고 썼다. 남양 와룡강 무후사
가 그의 고거 및 궁경지라는 주장은 여기에 근거한 것이다. 그러나 이
문제를 다룬 사료로서 가장 오래된 것이 서진西晉 왕은王隱이 지은 『촉
기蜀記』와 동진 습착치習鑿齒가 쓴 『한진춘추漢晉春秋』후한 광무제부터 서진
민제까지 281년간의 역사서. 54권. 청대에 일부분이 수습되었다 등인데, 이들은
약간 다른 내용을 싣고 있다.

　　『촉기』에는 "진 영흥304~306 중에 진남장군 유홍이 융중에 이르
러 제갈량의 고택을 보았는데 …… 면수 북쪽에 ……[晉 永興中 鎭南將軍劉
弘至隆中 觀亮故宅 …… 於沔水之陽]" 운운하고 있고, 『한진춘추』에는 "제갈량
의 집은 남양의 등현으로 양양성의 서쪽 20리에 있고 그 지역을 융중이
라 한다[亮家于南陽之鄧縣 在襄陽城西二十里 號曰隆中]"고 기재되어 있다. 6세

육각정. 제갈량이 사용하던 우물터. 그러나 물은 없었다.
고융중에 있는 육각정 바로 뒷편에 명나라 양양왕의 묘가 있다. 만약 이곳이 제갈량의 진짜 사적지였다면
명나라 때 이곳에 묘를 쓰지 않았을 것이다.

기 초에 편찬된 지리서인 『수경주水經注』 권28 '면수沔水' 조에서도 "면
수는 다시 동쪽으로 흘러 융중을 통과하여 공명의 옛집 북쪽을 거쳐
간다〔沔水又東逕隆中 歷孔明舊宅北〕"고 되어 있고, 『자치통감資治通鑑』 권165
에도 "옛날 낭야 제갈량이 양양 융중에 우거하고 있었다〔初 瑯琊諸葛亮寓
居襄陽隆中〕"고 되어 있다. 이것들을 정리하면 제갈량 사후 50여 년 후인
서진 시대부터 송나라 초기에 이르는 시기에 쓰여진 사서에는 제갈량
의 궁경지가 양양의 융중이고, 그곳은 행정적으로 당시 남양군 등현
에 속해 있었다고 되어 있는 것이다.

　　우리가 양번 시외버스 터미널에 도착했을 때도 눈은 여전히 그치
지 않고 있었다. 융중은 양양 서쪽 13km 지점의 조용한 산 속에 있다.
양번대학의 교문과 융중의 패방牌坊은 길을 사이에 두고 대각선으로

마주 보고 있다. 양번대학 학술교류중심學術交流中心에 짐을 풀고는 Y교수에게 전화를 하니 반색했다. 북경의 역사연구소 L씨가 우리가 이곳에 올 것이라고 미리 전화해 주었단다. 9시 40분 형주발 고속버스를 탔지만 이곳에 도착하니 벌써 날이 어둡다. Y교수는 이곳에서 머무르는 동안 모든 일정은 자기에게 맡기란다. 내년이면 60세 정년을 맞는 노교수의 이런 대접에 우리는 황송하여 말렸으나 별수가 없었다. 이튿날 오전 학교에서 내준 미니 버스로 시내 관광을 끝낸 후, 오후에 융중을 답사하게 되었다. 융중 입구에 세워진 패방에는 '고융중古隆中'이라는 세 글자가 커다랗게 세로로 새겨져 있고 그 아래로 두보의 시구가 가로로 문 양편에 새겨져 있다. 내가 고등학생 시절 사용했던 국어교과서에 실린 『두시언해』 중 「촉나라 재상」의 일부분이라 옛 고등학교 시절이 문득 떠올라 읊조려 본다.

세 번 돌아봄을 어지러이 함은 천하를 위하여 헤아림이니　三顧頻煩天下計
두 조를 결침은 늙은 신하의 마음이로다　兩朝開濟老臣心

　　이곳에는 소위 『융중 10경』이라는 것이 있다. 양번대학 관광학과〔旅游系〕를 졸업한 Y교수의 제자인 W양이 가이드〔導游〕가 되어 우리를 안내하고 Y교수가 보충 설명을 곁들였다. 제갈량은 유비의 부름을 받기 전에 이 산 속에 틀어박혀 있었기 때문에 이 지역의 명사인 방덕공이 그를 '와룡臥龍'이라 불렀는데, 명대에 세워진 초려비에는 전면에 '초려', 후면에 '와룡처臥龍處'라는 큰 글씨가 쓰여져 있다. 즉 제갈량이 거주했던 곳이라는 의미다.
　　습착치가 쓴 『양양기襄陽記』에 나오는 제갈량의 집 우물인 육각정六角井도 있다. 그리고 궁경전躬耕田 옆에 궁경정躬耕亭이 세워져 있는데, 그 정자 안에는 청 강희康熙, 1662～1722 시기에 세워진 비가 있다.

이 비에는 "제갈량의 궁경전은 160무畝였는데 현재는 약 20무만 보전되고 있다"고 쓰여 있다. Y교수는 실제로 제갈량의 궁경지가 현재 양번대학 부지일 것이라고 확신을 갖고 말한다. 1995년 학회에 참석했을 때는 9월 초순이었는데, 당시 40년 만에 찾아온 늦더위에 흐르는 땀을 주체하지 못하여 가이드의 설명보다 그늘만을 찾던 때와 달리, 이번에는 제대로 공부한 셈이었다.

양번에 온 목적은 달성하였으니 다음 방문지는 남양이다. 양번에서 남양은 열차로 두 시간 거리지만, 버스로는 세 시간 가량 걸린단다. Y교수가 굳이 동행하겠다고 나섰다. 북경 L씨와 통화했을 때, 요즈음 '차비 車匪 : 차를 노려 금품을 뜯는 비적'가 득실거리니 아무래도 동행하는 것이 좋겠다고 말하더라는 것이다. 사실 우리는 형주에서 양번으로 오는 길에 차비를 만났다. 양번 시역市城에 들어서자마자 차가 몇십 대 밀려 있었다. 알고 보니 앞서 가던 어떤 차가 횡단하던 동네 사람 두 명을 치고 달아났다고 한다. 유족은 시신 옆에서 울고 있고 정체를 알 수 없는 사람들이 길을 가로막고 지나가는 모든 차로부터 통행세를 징수하고 있었다. 시간은 지체되었지만 이런 중국 현실을 목격하게 된 것은 새로운 경험이었다. 남양으로 가면서 실제 이용한 차량은 버스가 아니라 열차였다는 점에서 Y교수의 배려가 반드시 우리의 안전과 직결된 것만은 아니라는 생각이 들었지만, Y교수가 베풀어 준 깊은 후의에 감사해 마지않는 우리로서는 어떤 의심도 할 수 없는 노릇이다. 필자의 결론에 영향력을 발휘하려는 그의 집요함이라고 하면 지나친 독단일까. Y교수와 함께 8시 50분발 열차를 타고 남양역에 도착하니 10시 50분이었다. 남양 와룡강 무후사 박물관 Z관장과 젊은 여자 복무원이 차를 갖고 대기하고 있었다. Z관장은 이미 두 차례나 만난 적이 있는 구면이다. 중국인은 잘 알다시피 먹는 것이 가장 우선이다. "궁경지도 식후경"인 셈이다.

와룡강은 남양시 옛 성내에서 서쪽으로 4km 떨어진 곳에 위치해 있지만 지금은 시내 번화가로 변해 있다. 남양 와룡강의 유적도 제갈량 고사에 나오는 그대로 복원해 두고 있어서 양양 융중의 모습과 크게 다를 바 없었다. 산문山門에는 '천고인룡千古人龍'이라는 편액이 걸려 있다. '한소열황제삼고처漢昭烈皇帝三顧處'라고 쓴 석문을 지나면 소나무와 측백나무로 뒤덮인 건축물들이 즐비하다. 대배전大拜殿·초려草廬·삼고당三顧堂 등 소위 '와룡10경'이다. 무후사 건물 안팎으로 편액扁額:가로로 거는 액자과 영련楹聯:기둥에 붙이는 글씨첩들이 그득하다. 눈에 띄는 것은 벽면에 붙어 있는 300개가 넘는 비석편들이다. 대부분 제갈량의 공적을 기념하기 위해 쓰여진 글들이다. 간혹 이곳이 제갈량의 궁경지임을 나타내는 글도 있다.

특히 눈에 띄는 것은 송나라의 민족 영웅 악비岳飛, 1103~1142가 이곳 무후사에서 눈물을 흘리며 썼다던 전후 두 개의 출사표에 대한 제발문題跋文이다. 당시 북방 이민족인 금金나라가 침입하여 국가가 존망의 위기에 봉착했을 때, 악비는 군대를 이끌고 분전하여 이 지역 양양과 신야 등 6군을 회복하였다. 그런데 조정에서는 화의파和議派 진회秦檜 등의 무리가 주전파主戰派 악비의 군사 행동을 막으려고 그에게 누명을 씌웠다. 악비는 이런 상황을 제갈량이 여섯 번이나 기산祁山으로 나아가서 위군을 공격하여 연전연승하고 있는데 오히려 후주 유선의 터무니없는 의심을 받고 승리를 눈앞에 둔 채 퇴군하게 됨으로써 촉한이 중원 땅을 회복할 수 없는 천추의 한을 남기게 된 것과 같은 심정이었다고 생각한 것이다. 악비는 제갈량의 두 출사표 말미에 당시의 심경을 토로하며, 울분을 참지 못하고 다시 "우리의 산하를 돌려다오〔還我河山〕"란 커다란 글씨를 써서 후세에 남겼던 것이다. 남양에서는 이 출사표와 악비의 제발문 등을 들어 이쪽이 궁경지의 본가라고 주장하는 것이다.

Z관장은 "박 선생은 역사학자로서 객관적 입장에 서주기를 바란다"는 말로 나를 압박했다. 참관이 끝나자 다과가 준비된 응접실에 안내되었다. Z관장이 책을 세 권 내놓는다. 그 가운데 두 권은 이미 Z관장이 서명하여 나에게 준 책이어서 내 연구실에 소장되어 있다. 양변으로 돌아오는 차 안에서 Y교수에게 이미 두 책을 소장하고 있다고 했더니 자기에게 달라고 했다. 확실하게 단정할 수는 없지만 서로가 상대편에서 출판한 책을 보지 않고, 또 서로 교환하지도 않는 것이 아닌가 하는 느낌을 받았다. 응접실에서 나를 사이에 두고 두 사람 사이에 논쟁이 벌어졌다. 나중에는 학문 외적인 것으로까지 옮아갔다. 최근 대부분의 학자들이 양변 융중을 궁경지로 보는 현실을 부정할 수 없는 Z관장은 호북성이 최근 들어 경제발전으로 성세省勢가 부유해지자 학자들을 돈으로 매수하고 있다고 했다. 논쟁이 뜨거워지면 언쟁이 되고, 더 심하면 욕설이 오가는 법이다. Y교수는 우리와 함께 가면서 "양측은 관점은 다르나 관계는 좋은 편이다"고 했는데, 나의 뜻하지 않은 방문으로 이들 양측의 관계가 나빠져서는 안 된다는 생각이 들어 토론을 중지시켰다. 역시 궁경지 문제는 양측이 양보하기 힘든 문제인 것만은 사실인 듯했다.

남양측은 왕은의 『촉기』와 『한진춘추』 등의 사료는 믿을 만한 것이 아니라고 주장한다. 『수경주』는 믿을 수 있는 전적이지만, 그것도 삼고초려의 시대로부터 3세기가 지난 시대에 나온 자료여서 관련 부분을 그대로 믿어서는 안 된다는 것이다. 남양설의 주된 논거가 되는 것은 주로 이백李白·두보杜甫·유우석劉禹錫 등 당대 시인들의 시 속에 나오는 제갈량의 10년 은거지에 대한 기술이다. 예컨대 유우석의「누실명陋室銘」에 "남양에는 제갈의 집이 있고 서촉에는 자운〔揚雄〕의 정자가 있다〔南陽諸葛廬 西蜀子雲亭〕"고 한 것을 볼 때, 남양이야말로 제갈량의 궁경지라는 것이다. 그러나 사료보다 시와 같은 문학 작품을 중시하는 것은 좀 궁색하다는 느낌이 든다. 남양측의 주장 가운데 그런 대로 설득력 있는 논거는 현재의 융중이 후한 말 당시에는 남양군 등현에 속하지 않았다는 주장이다. 즉, 현재의 융중은 한수 이남에 있지만 진한 시대 남양군은 한수 이북에 있었기 때문에 당시 남양군 등현에 속할 수 없다는 것이다. 이에 대해 양양측에서는 강이란 항상 흐름이 바뀌는 것이라는 반론을 제기했지만, 사실 양양설의 가장 큰 약점은 여기에 있다.

후한 시대 남양군은 매우 큰 군이었지만, 당시 남양군의 대부분의 영역은 면수 이북에 있었다. 공교롭게도 현재의 융중은 면수_{한수} 이남에 위치해 있다. 군郡이나 주州 등 지역 구분의 경계를 산이나 강 등 자연적인 것으로 삼는 것은 일반적인 현상이다. 따라서 융중이 후한대의 남양군 등현에 속했다는 주장을 쉽게 받아들일 수 없는 것도 사실이다. 그래서 남양 와룡강의 무후사에는 면수를 경계로 남양군과 남군을 나눈 지도를 만들고 현재의 융중을 남양군이 아닌 남군에 소속시키고 있다.

이 궁경지 문제를 두고 여러 차례 학술회의가 열렸는데, 그 가운데 저명한 역사지리학자이며 『중국역사지도집』의 편찬자인 상해 복단대학 담기양譚其驤 교수가 내린 결론은 우리의 관심을 끈다.

제갈량이 남양군 등현의 융중에서 몸소 농사를 지었으니 그곳은 양양성 서쪽 20리에 있었다. 북주 시대에 들어 등현을 없앴다. 이후에 융중은 마침내 양양에 속하게 되었다.—1990년 3월 담기양

諸葛亮躬耕於南陽郡鄧縣之隆中在襄陽城西二十里北周省鄧縣此後隆中途屬襄陽 - 1990年 3月 譚其驤.

담기양은 현재의 융중은 북주 시대까지는 남양군 등현에 속했지만 이후 등현이 없어지고부터 양양현에 속하게 되었다고 정리한 것이

제갈량 평전 | 지혜

92

후한 시대 남양군과 남군의 경계도. 밀랍으로 만들어진 이 지도는
현재 양번(양양)에 위치하고 있는 융중이 후한 시대에는 남양군 소속이 아니라 남군이었음을 나타내고 있다.

다. 양양양번 융중에는 위와 같은 문구를 새긴 큰 비를 세워 두고 있다.

제갈량의 궁경지를 둘러싸고 논쟁이 시작된 것은 원元나라 때부터였다. 육조六朝에서 당唐·송宋까지의 사료 가운데 남양이 궁경지라고 보는 것은 하나도 없다. 현재의 남양 시내가 와룡강, 즉 남양 완현宛縣이었다는 주장이 나온 것은 원나라에 들어서『남양현지 南陽縣志』및『남양부지 南陽府志』가 출간되면서부터였다. 원나라에 이르러 이런 논쟁이 일어나기 시작한 것은 그 나름으로 이유가 있다. 북방 이민족의 침략으로 화북 땅을 빼앗기고 강남에 우거했던 남송의 입장이 촉한과 비슷하게 된 것을 계기로 주회朱熹를 비롯한 이학가들이 촉한을 존숭하고 아울러 제갈량을 유가 이상 정치의 모럴인 왕도를 실행한 하·은·주 삼대三代의 명상 부열傳說과 강태공에 비견하는 과정과 연관되

諸葛亮躬耕於南陽郡
鄧縣之隆中在襄陽城
西二十里漢境晋省鄧縣此
後隆中遂屬襄陽
一九九〇年二月譚其驤

궁경지에 대한 담기양 선생의 해석비. 양번 융중에 세워져 있는 이 비석은 저명한 역사지리학자 담기양이 쓴 것으로 현재의 융중 지역이 북주 시대 이전에는 남양군에 속했으나 그 후 양양, 즉 양번에 속하게 되었다고 해석하고 있다.

고 있는 것이다. 이때부터 제갈량의 활동 무대가 된 곳에 사당이 생기게 되고, 이 과정에서 양양·남양 두 곳에 궁경지 유적이 만들어지게 된 것이다. 특히 제갈량이 「출사표」에서 "남양에서 몸소 농사를 지었다"고 하였지, '남양 등현 융중'이라는 구체적 언급이 없는 점이 궁경지로서 남양이 출현하게 된 사유다.

양번측의 주장은 남양측에 비해 구체적이다. 제갈량의 궁경 10년 동안 사귀었던 사우師友, 예컨대 서서·최주평崔州平·석광원石廣元·방통龐統·마량馬良 및 사마휘司馬徽·방덕공龐德公·황승언黃承彦 등이 양양 혹은 양양 지구에서 활약했던 인사들이고, 제갈량 본인은 양양의 명사인 황승언의 추녀로 이름난 딸을 아내로 삼았고, 큰딸은 양양의 대족大族 괴기蒯祺의 아내가 되었으며, 둘째딸은 방덕공의 아들 산민山民의 아내가 되었던 것은 잘 알려진 사실이다. 만약 제갈량이 현재 남양, 즉 당시 완현에서 몸소 농사짓고 있었다면 양양과의 거리는 120km나 되는데 그 거리는 보행을 했을 경우 3일, 왕복하는데 6일혹자의 주장은 4일이 걸린다는 계산이다. 친구를 만나고 구학求學을 위해 6일이나 걸리는 길을 오고 간다는 것은 여간 고된 일이 아닌데, 이렇게 빈번하게 접촉했다는 것은 이치에 맞지 않다는 것이다. 또 유비가 있었던 신야에서 제갈량이 있던 양양의 융중까지는 약 60km로 그 거리가 그리 멀지 않지만 신야에서 남양까지는 70km로 먼 곳이라 하루에 왕복하기가 어려운 거리다. 또 당시 남양은 장수張繡·조조·유표가 여러 차례 전투를 치른 지역이었는데, 이런 정황 하에서 제갈량이 한가로이 농사나 짓고 있을 수 있겠는가라는 의문을 제기하고 있다.

현재 중국 역사학계 대부분의 학자들이 양양의 융중을 궁경지로 보고 있다는 점은 남양측에게는 치명적이다. 곽말약郭沫若이 쓴『중국사고中國史稿』북경, 인민출판사, 1979를 제외한 대부분의 개설서에서도 양번 융중이 제갈량의 궁경지였다고 쓰여 있다. 뿐만 아니라 중국 국무원의 건설부 및 문화부가 비준·공포한 문건國發 1986-104호 및 1994년 4호도 양번 혹은 융중을 '중점문화명성重點文化名城' 내지 '중점국가급중점명승구重點國家級重點名勝區'로 지정하고 있다. 남양측에 가장 아픈 부분은 같은 하남성에 속해 있는 정주대학 G교수와 하남대학의 Z교수 등 사학계의 두 원로가 양번측에 가담하고 있다는 사실이다. 이와 같이 학계 및 국가기관에서 양번 쪽 손을 들어 주고 있는 것이 필자가 현재까지 파악한 대체적 경향이다.

그러나 제갈량의 궁경지가 양양 융중이라는 것도 문제가 없는 것은 아니다. 필자의 오랜 친구인 북경사대 C교수의 주장은 다음과 같다. 이 문제에 관한 가장 오래된 사료인『삼국지』「제갈량전」주에 인용된 왕은의『촉기』에 나오는 이홍이 편찬한 「제갈승상고택갈표諸葛丞相故宅碣表」에서는 제갈량의 고택을 "면지양沔之陽"으로 쓰고 있다. 고전의 용례로 볼 때, 양陽이란 '강의 북쪽, 산의 남쪽[水之北 山之南]'으로 보아야 하기 때문에 면수 이남에 위치한 현재의 융중은 고택의 위치로서 부적당하다는 것이다. 또 당대에 편찬된 지리서인『원화군현도지元和郡縣圖志』권21 襄陽縣條에는 면수 대신 양양현 서쪽 11리에 있는 만산萬

山을 등현과 양양의 분계선으로 잡고 있다. 명 만력 시기에 나온 『양양현지』에도 "만산 서쪽 한수 이북은 남양 등현의 관할이다〔萬山以西 漢水以北爲南陽鄧縣所轄〕"라고 쓰여 있다. 그런데 습착치가 "양양성 서쪽 20리에 융중이 있다"고 했으니, 당시의 융중은 면수 이북의 어느 지점으로 보아야 한다. 이렇게 되면 현재의 융중이 궁경지일 수는 없다. 그렇다고 남양의 와룡강이 궁경지라는 것은 물론 아니다. 다시 말하면 현재의 양번시 경내라는 것은 확실하지만 현재의 융중은 아니라는 것이다. 현재의 융중은 강희 연간에 만들어진 것이어서 더욱 그렇다. 사실 필자에게도 이 해석이 설득력 있어 보인다. 융중에 가면 명나라 양양왕襄陽王 주첨선朱瞻墡의 묘가 경내 육각정 바로 뒤에 있는데, 그곳이 만약 제갈량의 궁경지였다면 그곳에 묘를 쓰지는 않았을 것이라는 생각이 들기 때문이다.

앞에서도 말했지만 이 '궁경지 논쟁'은 별로 생산적이지 못하다. 그러나 중국 사람들에게는 뜨거운 감자임에 틀림없다. 청대 호북 사람인 고가형顧嘉蘅이 남양 지부知府로 취임하자, 어떤 사람이 그에게 "공명이 은거한 곳이 양양이냐, 아니면 남양이냐"고 물었다. 그러자, 고가형은

마음은 조정에 둘 뿐,
본래 선주·후주를 구별하지 않았으니 心在朝廷 原無論先主後主
이름이 천하에 드높으니
양양이냐 남양이냐를 굳이 따질 필요가 있겠는가 名高天下 何必辨襄陽南陽

라고 대답했다. 그의 응대는 이렇게 절묘했다. 이 글귀를 남양 와룡강 무후사 앞에는 걸어 둔 반면, 양번 융중에는 걸려 있지 않은 것이 이 논쟁에서 우열의 현주소다.

제갈량은 중국인, 아니 우리들에게 무엇인가? 그는 왜 10년이나 농사를 지었는가? 1991년 여름방학 때 나는 당시 대학생 연수단 인솔 교수의 한 사람으로 중국에 다녀왔다. 귀국 길에 북경 남부 비 내리는 남원南苑 비행장에서 산동성 위해威海로 가는 프로펠러 비행기가 이륙 할 수 있게 비가 그치기를 하루 종일 기다린 적이 있다. 그 비행장 대 합실에서 단 한 장밖에 남지 않은 제갈량 초상화를 두고 같이 동행한 시내 K대 교수와 서로 사겠다고 작은 실랑이를 벌인 적이 있다. 전공 을 이유로 나에게 양보하라고 했지만, 그는 중학교 시절 제갈량의 「출 사표」를 읽고 얼마나 울었는지 모른다면서 나에게 양보하기를 강요하 였다. 결국 내가 포기하고 말았지만, 제갈량은 중국인뿐만 아니라 우 리들의 가슴속에 이렇게 강한 찌꺼기로 남아 있다.

우리가 이렇게 제갈량에 매료된 것은 사실 송대 이후 역사가나 소설가들에 의한 과대포장에 기인하는 바가 크다. 물론 제갈량의 군 사 전략가로서의 탁월한 능력, 혹은 흔히 평가되듯 "하·은·주 삼대 이후 가장 위대한 재상[三代下一人]"으로서의 면모가 전혀 사실과 어긋 난다고 주장하는 것은 아니다. 사실 작금 그 열기를 더해 가고 있는 궁 경지 논쟁도 따지고 보면 허상을 뒤쫓고 있는 기분이다. '제갈량의 고 거' 정도면 몰라도 굳이 '궁경'이라는 용어를 사용하는 것도 본말이 전 도된 감이 없지 않다. 그가 유명해진 것이 몸소 농사를 지었기 때문은 아닐 것이다. 그러니 그가 농사를 어디서 지었는가가 그렇게 중요할 이유가 없는 것이다. 그가 농사를 지었던 것은 일종의 '위장 취업'이었 다. 즉 강태공이 낚시에 관심이 있었다기보다 현실 정치에 더 관심을 두었던 것처럼, 그도 농사에 관심을 둔 것이 아니었다. 그는 양양 근방 에 살고 있던 인사들과 어울려 천하사를 다룬 책을 읽고 토론하는 세 미나에 참석하기 위해 집에 붙어 있을 시간이 별로 없었던 사람이었 다. 삼고초려도 어쩌면 그의 바쁜 일정으로 집을 비워 두었기 때문에

제갈량의 영련. 남양 와룡강 제갈량전에 걸려 있다.
청나라 때 남양 지부로 부임해 온 호북 출신 고가형의 글귀는 궁경지 논쟁의 소모성을 잘 말해 주고 있다.

생겨난 일인지도 모른다.

　　47세의 유비가 제갈량을 만난 것은 제갈량이 27세 때의 일이었다. 제갈량은 날이 개면 농사 짓고, 비가 오면 글을 읽는(晴耕雨讀) 생활을 10년이나 했지만 그렇다고 농사를 주업으로 삼았던 사람도 아니었고, 은거를 최상의 생활 태도로 삼는 은사隱士와도 거리가 먼 사람이었다. 공명은 은거한 것이 아니라 각지의 정보를 모으고 분석하며 혼란한 정치를 어떻게 하면 극복할 수 있는가를 연구하면서 자기의 생각을 의탁할 수 있는 주군을 찾고 있었다. 농사일로 생활을 꾸리면서 고금의 서적을 읽고 선배를 방문해 이야기를 듣고 뜻이 맞는 친구와 서로 의견을 주고받으며 자신의 길을 모색하고 있었던 것이다. 제갈량이 스스로 남양 야인南陽野人이라 자칭했지만, 그도 정치에 입문하기 전에는 요즈음의 '재야 인사'처럼 평생 정치에 발을 들여놓지 않을 사람처럼 처신했을 뿐이다.

　그는 결코 도연명陶淵明처럼 강호에 병이 깊은 사람도 아니었다. 유비가 제갈량을 찾아 두 번째 갔을 때, 초려에서 흘러나온 소년동생〔諸葛均〕이 부른 노래의 가사 내용은 다음과 같다.

들에 나가 몸소 밭을 갈고 躬耕於隴畝兮

……

가만히 때가 이르기를 기다리는도다 以待天時

　그는 분명 때를 기다리고 있었다. 그는 자기를 써줄 사람이 언젠가 나타날 것이라는 확신을 갖고 있었다. 그리고 유비가 그를 찾을 것이라는 것쯤은 알고 있었을 것이다. 사실 유비가 삼고초려했을 때 제갈량은 낮잠을 즐기다가 깨어나

큰 꿈을 누가 먼저 깨을 것인지 大夢誰先覺

평생 내 스스로 알고 있노라 平生我自知

초당에 봄잠이 족한데 草堂春睡足

창 밖에 해는 길기도 하구만 窓外日遲遲

이라 하였다. 별 능력은 없으면서 착하기만 한 유비가 세 번이나 찾아온 것이 부담스러웠던 것이다. 그래서 일부러 봄잠에 빠졌고, 잠에서 깨어나서도 의관을 정제한답시고 몇 시간을 보냈던 것이다. 그런데도 돌아가지 않는 유비를 택하지 않을 수 없었던 그의 넋두리인 셈이다. 그는 유비의 삼고초려에 "량이 오래 전야에 파묻혀 지내서 세사에 게으른 터라 존명을 받들지 못하겠습니다"라고 능청을 부리지만, 유비

이상의 사람이 그를 찾을 것이라는 확신을 갖지 못하고 있었다.

제갈량은 유비에게 견마지로犬馬之勞를 다할 것을 약속하고 나서면서도 "비록 나 없는 후라도 네 게을리 말고 논밭을 잘 거두거라. 공을 이루어 유황숙劉皇叔의 은혜를 갚는 대로 내 다시 돌아올까 한다"고 하면서 전업 농사꾼처럼 위장했다.

사실 『삼국지연의』에서 발원된 유비와 제갈량의 아름다운 군신 관계, 그리고 그의 탁월한 책략 등에는 과대포장된 면이 적지 않다. 우선 그 스토리의 절정인 삼고초려도 그들만의 가화佳話가 아니었다. 유표가 방덕공을 초빙하려고 몇 차례나 찾아갔으나 결국 탄식하면서 물러난 것이나, 손책孫策이 장굉張紘을 여러 차례 방문한 끝에 초빙한 것이 그 예다.

융중대의 천하삼분의 계책도 일찍이 괴통蒯通이 제왕齊王 한신韓信에게 진언한 내용 그대로다. 즉, 초와 한이 둘로 나누어 다투는 마당에 한신이 독립하면 천하는 솥의 세 발처럼 서 있게 되면서 어느 누구도 먼저 움직이기 어려운 형세가 될 것이며, 하늘이 주는데도 취하지 않으면 도리어 재앙을 받을 것이라고 하였다. 그러나 한신은 그 말을 듣지 않았다『史記』淮陰侯列傳고 한다. 만약 한신이 괴통의 말을 따랐다면 토사구팽兎死狗烹의 신세가 되지 않았을지도 모른다. 융중대의 내용도 당시 명사들의 정세 분석에서 이미 공론화된 것이었으니 노숙魯肅이 손권을 만났을 때도 이것을 건의한 사실이 있다.

유비가 죽음에 임하여 어린 아들 유선劉禪을 부탁하면서 여의치 않으면 그대가 그 자리를 차지해도 좋다고 한 것은 유비와 제갈량 사이에만 일어난 일이 아니었다. 이미 도겸이나 유표가 유비에게 비슷한 당부를 했고, 손견孫堅도 장소張昭에게 똑같은 말을 하였다.

사실 당시 유비 쪽이 더 다급했던 것은 부정할 수 없는 사실이다. 조조에게 쫓기는 신세가 되어 형주 유표에게 몸을 의탁한 그는 이미 나이 47세였다. 50을 목전에 둔 이 시기를 이렇게 빌붙어 일없이 빈둥 거리며 밥만 축내고 덧없이 살아가기에는 하루하루가 너무 아까운 시절이었다. 말을 타지 않아 군살이 붙어 버린 자기의 허벅지를 바라보니 탄식 髀肉之嘆이 저절로 나오지 않을 수 없었다. 멀지 않은 거리에 있었던 제갈량이 유비의 그런 사정을 모를 리 없었을 것이다. 특히 관우와 장비 같은 훌륭한 장군은 확보하였으나 자기와 같은 유능한 참모를 구하지 못한 유비의 약점과 마음을 정확하게 파악하고 있었을 것이다. 제갈량이 유비의 마음을 더 초조하게 만듦으로써 자신의 가치를 높이려 했던 결과가 이른바 삼고초려다.

하지만, 제갈량도 여유 부릴 처지는 아니었다. 흥정의 경우 세 번 이상 튕기는 것은 무례하고 또 성공 가능성도 없는 법이다. 사실 유비는 두 번째 방문부터 관우와 장비의 불평을 듣고 있어 마음이 흔들리고 있었다. 두 번째 방문 때 장비는 "그까짓 촌놈에게 무얼 형님이 몸소 가보려고 그러오. 아무나 하나 보내서 불러오면 그만일걸" 하며 제갈량을 비하하고 있다. 삼고초려에 나서려 하자, 관우도 "형님께서 몸소 두 번이나 찾아갔으니 그 예가 지나치게 후하다 하겠는데, 종시 몸을 피하고 만나 보려고 하지 않는 모양이 그가 허명만 있을 뿐이지 실학이 없는 까닭이 아닐까 생각됩니다" 하고 불평한다. 유비는 불평하는 관우에게 "옛적 제 환공은 동곽東郭의 야인野人을 보려 할 때도 다섯 번이나 찾아가 겨우 한 번 만났는데, 하물며 공명 같은 대현大賢을 찾아보는 것이랴" 하고 말했다. 아무리 인내심 있는 유비라 하더라도 그 이상의 인내는 기대하기 힘든 형편이었다.

제갈량도 10년이나 전공을 찾지 못하고 농사를 짓고 있었지 않았던가? 『위략』이라는 책에는 공명이 유비를 만나러 갔다고 기록되어 있다. 그것이 사실이 아니라 하더라도 제갈량도 마냥 여유를 부릴 입장만은 아니었다는 것을 말해 준다. 제갈량을 당시 '와룡' 혹은 '복룡'

제갈량의 묘. 섬서성 한중시 정군산에 있다. 제갈량은 진령산맥 너머 오장원에서 사망한 후 이곳으로 옮겨와 묻혔다.
'한승상제갈무후지묘'라는 비석이 묘 앞에 서 있다.

이라 지칭한 것은 금세라도 하늘에 오를 수 있지만 때를 기다리며 못에 가라앉아 있는 용이란 뜻이다. 하늘을 날아 구름을 일으켜 비를 내려야 진정한 용이지, 그렇지 못하면 뱀[凡夫]과 다를 바 없는 것이다.

그가 유비를 만나지 않았더라면 평생 가난뱅이 농사꾼으로 그쳤을지도 모를 일이다. 농사에 능력이 없는 사람이기 때문이다. 두 사람의 만남은 한쪽의 짝사랑으로 이루어진 것이 아니었다. 서로의 필요에 의해 만났으니 그들의 만남은 필연이었다. 그래서 이들의 만남을 고기가 물을 만났다는 의미의 '수어지교水魚之交'라 한 것이다.

제갈량이 그의 주전공이랄 수 없는 농사를 10년이나 지은 까닭은 이렇게 깊은 뜻이 숨어 있었다. 작금 많은 사람의 관심을 끌어들여 그 열기를 더해 가고 있는 궁경지 논쟁이라는 것도 제갈량이 쳐놓은 계략에 빠진 때문이 아닌가 하는 생각을 지울 수 없다. 어떤 때는 전공으로 밥을 먹고 기회가 닿으면 부전공으로 돈은 버는 자가 진짜 유능한 사람이 아닐까? 이문열이 그러했던 것처럼…….

구름의 남쪽 땅〔雲南〕에서 만난

맹획孟獲의 후예들

◉ 제갈량 남정 관계도

제갈량의 칠종칠금七縱七擒! 삼척동자도 아는 이 유명한 고사의 현장 운남성雲南省. 그 불모不毛의 땅에 '남만南蠻'이라는 야만인이 살고 있었다고 전해지고 있다. 그러나 그곳은 결코 불모의 땅이 아니었다. 일년 내내 뭇 꽃들이 그 아름다움을 자랑하는 봄만이 계속되는 '봄의 도시〔春城〕'가 그곳의 중심에 있었고, 어디를 가나 푸른 채소가 넉넉하게 자라고 있었다. 그곳에 살고 있는 소수민족들은 한때 야만인으로 치부되었던 먼 조상들이 살면서 가꾸어 왔던 그 땅에서 그들 고유의 전통을 지켜 가려고 애쓰고 있었다. 한족적인 것이 아니라고 해서 야만적이라 어느 누가 말할 수 있단 말인가.

제갈량은 역시 복받은 사람이라는 것을 운남 여행에서도 새삼 확인하고 돌아왔다. 중국 역사상 제갈량만큼 세월과 더불어 칭송의 도가 더해 가는 인물이 있을까? 중국 어디를 가나 제갈량은 그곳에 있었다. 그러나 가만히 따져 보면 그가 항상 정의의 사도였던 것은 아니다. 또 그의 남방 정벌〔南征〕이라는 것도 결코 정당한 것으로 포장되어서는 안 되는 것이었다.

칠종칠금의 고사도 그의 영웅 만들기 과정에서 생겨난 말이었다. 역사상 정의의 전쟁이란 존재하기 힘들다. 단지 강자와 약자 간의 싸움만이 있어 왔을 뿐이다. 역사가들은 항상 강자의 편을 들기에 급급했다. 그래서 소위 '남만'의 수령 맹획孟獲은 그 실체와 달리 영웅 제갈량에 대비되어 무참하게 희화戲化되었던 것일 뿐이다.

중국에서 가장 많은 수의, 그리고 가장 많은 종류의 소수민족이 살고 있는 운남성. 그들이 여전히 그곳을 지키고 있기 때문에 운남은 아직 때묻지 않은 곳일 수 있었다. 중국은 소수민족 우대라는 겉치레 민족 정책에서 벗어나야 옳다. 그들의 순결성과 정체성을 유지할 수 있도록 소수민족 지구의 한족 식민과 소수민족 소개疎開 정책은 재고되어야 한다. 그것이 소위 '중화민족'의 진정한 공생·공존의 길이다. 바다 같은 호수 이해洱海를 곁에 둔 대리고성大理古城에서 만난 백족白族 아가씨의 해맑은 눈망울이 자꾸만 눈앞에 어른거린다. 그녀의 얼굴에 탐욕의 그늘이 드리워지지 않기를……

중 국에는 아직도 55개의 소수민족이 그 민족명을 내걸고 살고 있다. 91%가 넘는 한족漢族도 90여 민족들의 합체라면 중국 대륙이야말로 각종 민족들을 녹여 하나로 만들어 버리는 거대한 용광 로라 할 수 있다. 속단할 수 없지만, 현재 남아 있는 소수민족들도 언 젠가는 한족화할지도 모른다.

필자는 지금까지 위진남북조와 수·당 시대의 역사를 민족사적인 관점에서 주로 연구해 왔다. 그리하여 학계에 연구 가설로 제출한 것 이 '호한체제胡漢體制'와 '교구체제僑舊體制'다. 이 시대는 중국사상 민 족 이동의 시대이고, 민족 이동의 결과 북방에서는 이주민인 호족과 본지인인 한족 간의 갈등과 통합 관계호한 문제가, 남방에서는 북방에 서 피난온 한족 교민僑民과 토착 구인舊人 간의 갈등 통합 관계교구 문제 가 이 시대 역사를 규정하는 가장 큰 변수였다고 보는 것이다. 뿐만 아 니라 세계 제국인 대당제국大唐帝國의 출현도 바로 이런 민족 간의 융 합 과정을 거쳐 형성된 것이라고 필자는 보고 있다. 이런 필자의 주장 은 그동안 중국 등 외국 학계에서 주로 논의되었다. 최근 일본의 한 중 견 학자가 필자의 가설 가운데, 특히 교구 체제 문제에 대해 장문의 논 문을 발표했다. 그 요지는 남방, 즉 동진東晉-남조南朝의 역사 전개에 서는 교구 간의 문제뿐만 아니라 소위 '만이蠻夷'와 한족 간의 문제만 한 문제도 함께 고려해야 한다는 주장이었다. 당연한 이야기다. 필자는 그동안 호한 간의 문제를 연구하는 데 주로 힘과 시간을 소비해 왔기 때문에 남방에서의 소위 '이한夷漢' 혹은 '만한蠻漢'의 문제에 대해서는 소홀하게 취급해 왔던 것이 사실이다. 그래서인지 지금까지의 답사 여행도 장강 북쪽 지역을 중심으로 다녀왔다. 이제 북방 호족과 전혀 다른 모습의 만이 지역에도 관심을 돌려야 할 때가 된 것이다.

필자가 그 첫 여행지로 운남을 잡은 것은 나름의 이유가 있다. 첫 째, 이곳은 뭐니 뭐니 해도 역사상 가장 많은 종류의 이른바 '소수민

곤명호 원경. '곤명'은 원래 이 호수를 중심으로 살던 민족인 '곤명이'에서 이름을 얻은 것이지만
역사책에는 곤명호란 이름보다 '전지'로 더 잘 알려져 있다. 호수 옆에 곤명 시가가 그림같이 펼쳐져 있다.

족'이 살았고, 아직도 가장 많은 수의 소수민족이 살고 있기 때문이다.
중국 55개 소수민족 가운데 22개의 민족이 대대로 살아온 삶의 터전
이 바로 이곳이다. 1996년 통계에 따르면 운남성에는 25개 민족이 살
고 있으며, 그중 15개 민족은 운남성에만 살고 있다. 운남 총인구
4000만 명 가운데 3분의 1인 1355만 명이 소수민족이다. 그런 까닭에
18세기 청나라가 소위 '개토귀류改土歸流'의 조치를 통하여 중앙의 관
료[流官]를 파견하여 직접 통치를 시행하기 전까지만 해도 이곳에는 소
수민족들의 자치 체제인 '토사제土司制'가 행해지고 있었다. 다시 말하
자면 18세기까지만 해도 이 지역에서는 중국적인 군현 지배가 거의
불가능했다는 이야기다. 현재 운남성에는 8개의 소수민족 자치주가
있다.

제갈량상. 명나라 장풍이 그린 이 그림은 현재 대만 고궁박물원에 소장되어 있다.

둘째, 이곳은 『삼국지연의』에 나오는 제갈량의 소위 "친히 스스로 남을 정벌하는[親自南征]" 과정에서 나타난 '칠종칠금'의 고사가 펼쳐진 역사의 현장이다. 제갈량이 신기에 가까운 병법을 펴 남만의 맹획을 일곱 번 잡았으나 일곱 번 풀어 주어 그에게서 마음에서 우러나는 진정한 항복을 받아 냈던 부분은 필자로 하여금 한때 밤잠을 설치게 한 명장면의 하나이기도 하였다.

이곳으로의 여행을 필자는 여러 차례 계획한 바 있다. 첫 번째는 1996년 1년 동안 중국에 머물면서 떠날 채비를 거의 마쳤으나 마침 운남의 대리大理 · 여강麗江 지역에 지진이 일어나 연일 텔레비전 뉴스 첫머리를 장식하였던 탓에 결국 포기하고 말았다. 두 번째는 그해 8월 사천 답사 후 운남을 찾으려는데, 마침 성도成都와 곤명昆明을 연결하는 성곤선成昆線이 홍수로 두 군데나 끊어져 버려서 다시 포기하고 말았다. 운남으로의 여행은 역시 성도에서 출발하는 성곤선 열차를 타고 가야 제격이다. 첩첩 험한 산중을 뚫고 가는 이 열차는 427개의 터널과 653개의 다리를 거치는, 중국에서도 보기 드문 난코스다. 그래서 중국에서 발간되는 『열차 교통 지도집』 표지에는 어김없이 성곤선의 풍경이 나오게 마련이다. 성도에서 곤명까지 급행[特快] 열차로도 24시간이나 걸리는 이 철로는 바로 제갈량이 맹획을 잡기 위해 대군을 이끌고 갔던 그 길 위에 부설된 것이다.

운남은 그렇게 필자를 받아들이기를 꺼리고 있었다. 필자는 필자답지 않게 2002년 2월 중순 'L관광' 투어팀의 일원이 되어 운남에 가게 되었다. '구름의 남쪽'이라는 아름다운 이름을 가진 운남! 제주~상해~남경~무한을 거쳐 운남성 경내에 들어서자, 기체가 마구 흔들렸다. 해발 2000m의 운귀고원雲貴高原에는 흘러가는 구름마저 산마루에 걸려 겹겹으로 포개져 있었기 때문이리라.

운남성이 하나의 지역 단위로 성립된 것은 1253년 쿠빌라이가 대리국大理國을 멸망시킨 후 1275년 원나라가 이 지역에 '운남행중서성雲南行中書省'을 두면서부터다. 이후 원元·명明·청清 왕조를 거치며 운남이라는 이름은 지금에 이르고 있다. 이 지역을 중국인들은 진한 시대 이래 '서남이西南夷'로, 위진남북조 시대에 들어서는 '남중南中' 혹은 '영주寧州'라 불렀다. 사실 운남의 가장 오랜 이름은 '전滇'이었다. 전이란 현재 운남성의 수도 곤명昆明 서쪽에 있는 곤명호昆明湖의 옛 이름인 전지滇池에서 비롯된 것이다. 지금도 운남을 지역적으로 전중滇中·전북·전남·전동·전서 등으로 나누고 있다. 운남 최초의 왕국이었던 전국滇國은 기원전 339년에 세워져 200년간 독립을 유지했다. 『사기』 「서남이열전」에 "비옥한 평지가 수천 리나 펼쳐져 있다"고 기술되어 있듯이, 전국은 부국이었다. 그러나 이 지역에 외부 세력이 힘

춘성 쿤밍시 풍경. 일년 내내 꽃과 녹색의 물결이 끊이지 않는 아름다운 봄의 도시 쿤밍을 그래서 '춘성'이라 부른다.

을 뻗치기 시작한 것은 사천 서부 성도 평원을 중심으로 굴기한 촉국蜀國과 호남·호북성 일대의 강대국으로 등장한 초국楚國이었다. 먼저 촉국은 그들의 남부 지역에 위치한 전국에서 축산품과 노예를 획득하려 했다. 또 초국도 서부로 세력 확장을 시도하여 위왕威王. 기원전 339~329 시기에 장교庄蹻를 파견하여 양자강을 따라 거슬러 올라가 야랑夜郎 : 현 貴州省 銅梓縣을 정벌하고 전지에까지 진출하고는 전왕을 위협하여 초나라로 귀속시켰다. 그 후 진秦나라 때 상알常頞이 오척도五尺道를 뚫고 그곳에 관리를 파견했으나 곧 나라가 망하는 바람에 오래 지속되지는 않았다. 한나라 초기에는 이 지역은 방기되고 있었다.

중원 한족이 운남을 본격적으로 경영의 대상으로 삼기 시작한 것은 전한 무제 시기의 일이었다. 『사기』와 『한서』의 「서남이전」을 종합해 보면 다음과 같다. 기원전 122년 이른바 실크로드를 열었던 장건張騫이 서역 지역을 사행한 후 돌아와 사행 도중 대하大夏 : 아프가니스탄국에서 동남 신독국身毒國 : 인도을 거쳐 수입된 촉蜀의 포布와 공卭 : 현 사천 西昌縣의 죽竹과 장杖을 보았다는 사실을 무제에게 보고했다. 그러면서 대하는 한나라의 서남에 있고 중국을 사모하고 있으나, 유목 흉노가 그 길을 막고 있으므로 촉과 신독국을 경과하는 것이 가장 가깝고 유리하며 위험하지 않으니 그곳으로 길을 여는 것이 좋겠다는 의견을 제시했다. 무제는 장건의 건의를 받아들여 대하에 이르는 새로운 통로를 열기 위해 왕연우王然于 등을 서남이에 보내 신독국으로 가는 길을 구하려 했다. 그러나 당시 전왕 당강嘗羌이 길을 막아 1년여 동안 머물렀으나 신독국으로 통하는 길을 끝내 확보하지 못하고 돌아왔다. 그 후 남월南越의 반란을 진압하고는 그 위세를 몰아 다시 전왕을 입조하도록 권하는 사신을 파견했다. 그러나 전왕은 듣지 않았다. 무제는 마침내 파촉병을 위주로 한 군사를 일으켜 전국으로 쳐들어가게 하니, 마침내 전왕이 항복해 그곳에 익주군益州郡을 두었다. 그러나 완전한 군현제 실시는 어려워 전왕에게 전왕왕인滇王王印을 주며 그곳 주민을 그대로 다스리게 했다. 이상이 대강의 경과다. 곤명 근교 석채산石寨山 유적에서 당시 무제가 전왕을 봉한 것으로 보이는 금인이 출토되었다. 이때 처음으로 중국 판도에 들어가게 되었다고 기록되어 있지만, 운남 지역을 완전히 복속시킨 것은 물론 아니었다.

이 과정에서 중원에서 운남으로 가는 길이 몇 가닥 뚫리게 되었다. 그 가운데 사천 성도에서 공래邛崍를 거쳐 서창西昌을 지나 장강 상류인 금사강金沙江을 건너 운남의 영인永仁~대요大姚~상운祥雲~대리로 통하는 길이 가장 잘 알려진 길이다. 이 길을 진·한 시대에는 '영관도靈關道'라 했고, 당대에는 '청계로淸溪路'라 했다. 또 하나의 길은 성도에서 의빈宜賓을 거쳐 운남의 염진鹽津~소통昭通~선위宣威~곡정曲靖~마룡馬龍~심전尋甸~곤명~녹풍祿豊~초웅楚雄~대리로 이어지는 도로로, 진·한 시대에는 오척도五尺道, 당대에는 석문도石門道라 했다. 이 두 길이 대리에서 합쳐져 영평永平을 지나 난창강瀾滄江을 건너 보산保山~등충騰沖을 거쳐 서남아시아 및 유럽 각국으로 연결되는데, 이 간선도로를 '촉-신독도' 혹은 속칭 '서남 비단길[西南絲綢之路]'이라 한다.

공부도 좋지만 너무 오래 그것에 몰두하다 보면 지루해지는 법이다. 잠깐 쉬어 가기로 하자. 운남성의 수도 곤명은 원래 이 지역에 살던 민족인 '곤명이昆明夷'에서 그 이름을 얻은 것이다. 전한 무제가 이 지역을 정벌하기 위해 수도 장안 근방에 거대한 인공 호수 '곤명지'를 만들어 서남이 정벌에 필수적인 수전水戰을 훈련시킨 것은 유명한 이야기지만, 그 호수의 이름도 바로 이것에서 유래했다. 곤명은 일년 내내 기온에 큰 변화가 없고 항상 봄기운이 감돌아 꽃이 끊이지 않고 핀다. 일년 내내 꽃과 녹색의 물결이 끊이지 않는 아름다운 봄의 도시 곤명을 그래서 '춘성春城'이라 부른다. 어느 시인은 "꽃 하나 지지 않았는

데 꽃 하나 다시 피고 사계절 꽃이 피어, 핀 꽃이 끊이질 않구나〔一花未
謝 一花開 四季花開 開不絶〕”라고 칭송했다. 1999년 5월 1일부터 10월 30일
까지 180일 동안 ‘국제원예박람회’가 곤명에서 열렸다. “봄의 도시 어
디에나 꽃이 흩날리지 않는 곳이 없다〔春城無處不飛花〕”는 대형 광고판이
우람하다. 2002년 4～5월 우리나라 안면도에서 꽃 박람회가 약 한 달
간 열렸다. 그 열린 기간의 길이만 보아도 그곳이 얼마나 꽃이 자라기
에 적당한 곳인가를 짐작할 수 있다.

꽃만이 아니다. 곤명시 서남쪽, 해발 1886m의 고원 위에 남북
40km, 동서 8km, 면적 340km²의 중국에서 여섯 번째로 큰 담수호淡
水湖인 곤명호가 그림같이 펼쳐져 있다. 호수 서편의 서산공원西山公園
에 올라 천 길 깎아지른 듯한 절벽, 용문龍門에서 작은 배들이 그림같
이 움직이는 곤명호를 바라보노라면 금방 신선이 된 듯한 착각에 빠
지고 말 것이다. 삼청각三淸閣에서 용문의 정상 달천각達天閣까지 바위
를 뚫고 낸 1333개의 돌계단은 청나라 중기 1781년부터 72년간의 공
사 끝에 완공된 것이다. 아마도 이 길이 없었다면 곤명호의 아름다운
풍경은 그 빛을 잃고 말았을 것이다. 곤명호는 그 아름다움뿐만 아니
라 젖줄이 되어 광활한 평야를 이루니 이 일대를 ‘고원강남高原江南’이
라 한다. 장안의 곤명지는 이제 흔적조차 찾을 길 없고, 북경 이화원
앞의·곤명호도 사이비인 것을 이곳에 오면 금방 알 수 있다. 이 호수는
중국뿐만 아니라 세계 항해사에서 불멸의 업적을 남긴 명대의 대항해
가 정화鄭和를 키워 냈다. 어린 시절 이 곤명호의 남쪽 자락에 위치한
그의 고향 곤양진昆陽鎭에서 바다 같은 호수를 바라보면서 그는 대양
을 향한 꿈을 키웠던 것이다.

제갈량의 칠종칠금을 이해하기 위해서는 운남의 역사지리적 환
경을 먼저 살피지 않으면 안 된다. 운남은 흔히 ‘사천의 뒤뜰〔後院〕’이
라고 한다. 사천과 운남 간에는 민족적·물산적·지형적으로 깊은 연

곤명호. 서산공원에서 바라본 장면이다. 남북 40km, 동서 8km, 면적 340km² 의 호수는
중국에서 여섯 번째로 큰 담수호다.

관이 있기 때문이다. 중국 고대 서남 지역, 즉 감숙·사천·운남〔隴 · 蜀 ·
滇〕에는 주로 저족氐族과 강족羌族이 널리 분포하고 있었다. 서남이라
는 것도 이 저·강족의 일부다. 따라서 후세 부견苻堅의 전진前秦 왕조
에서 보이듯, 이 세 지역이 하나의 정치 세력 단위로 등장할 가능성을
보인 것도 그 때문이다. 특히 농·촉·전 가운데 촉과 전은 상호 의존
관계가 더 깊다. 운남성은 전국 시대부터 재부財富 지역으로 알려져 왔
다. 물산이 풍부하기로는 사천도 중국 어느 지역에 빠지지 않지만, 사
천만 가지고는 천하를 호령하기는커녕 하나의 나라로 자립하는 것도
쉽지 않았다. 사천만을 영역으로 했던 촉한이나 오대의 후촉後蜀 등이
그러했다. 유비가 사천巴·蜀과 한중을 묶어서 촉한을 건립했지만, 위
와 오나라에 비해 그 물산은 훨씬 모자란 상태였다. 남중 정벌은 바로
남중을 촉한의 병원兵源과 부세賦稅의 중요 기지로 만드는 데 목적이
있었다.

서산공원의 용문. 청나라 때 어느 스님이 서산 절벽 사이로 뚫기 시작한 1333개의 돌계단 중간 지점에 위치한 용문은 보기만 해도 아찔하다.

또 하나는 지정학적인 문제다. 장강 상류인 사천을 가지지 못한 중원 왕조는 장강 하류 지역에 취약점이 생긴다. 강물은 아래로 흐른다. 상류에서 하류 지역을 공격하는 것이 하류에서 상류 지역을 공격하는 것보다 훨씬 쉽다. 호북·호남 지역에 기반을 둔 세력이 운남을 넘보는 것은 운남이 사천보다 장강 상류에 위치해 있기 때문이다. 즉, 사천이 운남을 자기 편으로 끌어들이지 않으면 그들의 상류지세上流之勢도 아무 쓸모 없게 되는 것이다.

제갈량의 남중 정벌은 일찍부터 계산된 것이었다. 제갈량이 유비에게 제시한 소위 '융중 대책'의 주 요점은 험요한 형주와 익주를 확보하고, "서쪽으로 제융과 화합하며[西和諸戎]" "남으로 이월을 진무하고[南撫夷越]" "밖으로 손권과 결호하며[外結好孫權]" "안으로 정치를 정비한[內修政理]" 후에 북벌하여 중원을 탈취한다는 것이었다.

삼국이 정립하기 직전, 조조는 북방을 통일하여 "천자를 끼고 제후들을 호령하고[挾天子以令諸侯]" 있었고, 오의 손권은 "강동에 근거를 둔 지 이미 3대나 지났으며 나라도 험요하고 백성도 귀부하고[據有江東 已歷三世 國險而民附]" 있었다. 이처럼 위나라와 오나라는 입국의 기초를 이미 다졌으나, 적벽 대전 후 유비는 무릉·장사 등 4군을 차지하면서 형주목荊州牧을 자칭하고 있는 정도였다. 210년 유장劉璋은 유비에게 촉으로 들어오기[入蜀]를 청하고는 협력하여 장로張魯의 한중으로 진격하려 했다. 그러나 유비는 입촉 후 214년 유장을 몰아내고 사천을 차지한다.

사천에 들어온 유비는 익주와 동주東州와 형초荊楚 세력을 주축으로 촉한 왕조를 세운 후, 익주자사 관하의 월수越嶲·장가牂牁·익주·영창永昌 4군 안에 있는 소수민족을 안정시켜 그 세력권 안에 편입시키려 했다. 그 가운데 남중의 소수민족을 이끌고 있는 대성大姓:대체로 漢族의 유력자의 설득은 순조롭지 않았다. '대성'이란 진나라 말 동란 시기에 흘러들어온 유민과 한대 서남도를 개척할 때 파견되었던 한인들의 후예가 이 지역에 남아 지방 세력으로 성장한 자들을 말한다.

후한 말에는 지금의 운남성 곤명·곡정·소통 지구의 대부분과 보산保山 지역과 귀주성 경내에 소위 '대성' 세력들이 지배적 지위를 유지하고 있었다. 그들은 이수夷帥:夷族의 귀족 분자와 함께 서남이의 지방 세력으로 성장해 있었다. 당시 중국 내지에는 군벌이 할거하고 있었는데, 먼저 유언劉焉 부자가 서남이 지구, 즉 익주·장가·월수·영창군 등 남부 변경 군현에 관리를 파견하여 그 지배 권역을 확대하려 했다. 또 연이어 촉한을 세운 유비도 그러했다. 그러나 이곳의 대성·이수들은 당시 전국이 군웅의 할거 형세로 변화해 가는 정국에 민감한 반응을 보이기 시작했다.

옹개雍闓와 맹획은 익주군에 근거를 두고 있었고, 주제朱提:현 昭通의 대성 주포朱褒는 장가군 태수의 신분으로 장가군을 장악하고 있었다. 월수군은 '수대수曳大帥 : 曳族의 수령' 고정高定 : 高定元의 세력 범위였고, 여개呂凱와 일부 한족 관리들은 전서滇西의 영창군을 중심으로 삼고 있었다. "이제 천하가 가마솥의 발처럼 대립하여 정삭正朔이 셋이나 되니 원방에 사는 우리들은 어디로 귀속해야 할지 황당할 따름이다"라고 한 옹개의 말은 당시 남중 지방 세력들의 분위기를 잘 대변한 것이다. 결국 이들은 오[投吳]와 촉[投蜀] 두 파로 분열되는 양상을 보였다. 옹개는 당시 반촉反蜀 활동을 벌인 대성·이수 중 가장 세력이 컸다. 유비는 촉한 정권을 세운 후 바로 익주자사직을 회복시키고 바로 남중 각군의 통치를 개시했다. 먼저 남중 경략을 위해 등방鄧方을 내항도독庲降都督 겸 주제태수로 임명하여 남창南昌 : 현 鎭雄에 진주시키려 했다. 그러나 남중 세력의 저지로 진경滇境에 들어갈 수 없게 되었다. 남중의 중추 세력인 옹개는 촉한을 효과적으로 제지하고 자기 세력을 공고히 하기 위해 멀리 손권의 오와 통하려 하였다. 오나라의 힘을 빌려 촉한을 견제하기 위해서였다. 교주交州에 있는 오나라 관리들과 연락하니, 오나라측도 당시 촉한과 형주 문제로 화의 관계가 깨어진 때라 옹개의 연맹 제의를 기꺼이 받아들였다. 오나라는 이전의 교지交趾 태수를 지낸 사섭士燮을 시켜 옹개와 연맹을 맺으니, 옹개는 곧 익주군 태수 정앙正昂을 죽이고 유비가 파견한 태수 장예張裔를 잡아 손권에게로 압송하였다. 손권은 옹개를 영창태수로 임명하여 본격적으로 남중 통제에 나섰다. 옹개를 태수로 임명한 것은 그가 영창군을 탈취·장악하는 것을 도와서 오나라의 기반을 확대시키기를 바랐기 때문이다. 221년 황제를 칭한 유비는 마침 촉에 투항해 온 이회李恢를 등방대신 내항도독으로 임명하여 남중으로 다시 파견했다. 이회는 평이平夷 : 현 貴州 畢節까지 진주했으나 전중滇中 지역에는 접근하지 못했다. 오나라는 다시 유장劉璋의 아들 유천劉闡을 익주자사로 임명했다. 이는 이회와 대치시킴과 동시에 파촉 지역을 뺏어 촉한 정권을 소멸시키겠다는 의미를 담고 있었다.

　삼국 초기 남중 지역의 혼란은 이처럼 오와 촉의 대립이 빚어낸 결과였다. 남중의 대표인 옹개의 '투오投吳'는 촉한에는 치명적인 것이었다. 223년 유비는 오나라를 공격하다 실패하고, 철군 도중 영안永安 백제성白帝城에서 숨을 거둔다.

　유비 사후 유선劉禪이 왕위를 잇자, 제갈량이 보정輔政의 형식으로 나라를 이끌게 되었다. 하지만 촉한은 형주도 잃고 "군주는 어리고 백성들은 나라를 믿지 못하는[主少國疑]" 위기에 빠져 있었다. 촉한의 이런 우환으로 남고南顧의 틈이 없음을 안 남중의 대성·이수들은 이를 계기로 공개적으로 촉한에 반대하며 분열 할거를 외치기 시작했다. 옹개는 오나라로부터 영창태수로 임명된 후 영창으로 진격하자는 기치를 내걸었고, 고정은 촉한의 월수태수 초황焦璜을 살해하고 왕을 칭하면서 반기를 들었다. 그런가 하면 주포는 장가군에서 반란을 일으켰다. 오직 영창군의 군승郡丞 여개만이 옹개에 항거하며 촉한에 동조하고 있었을 뿐이다.

　촉한측이 이 반란을 제대로 처리하지 못한다면 한나라 왕실[漢室]의 부흥은커녕, 위·오와 같이 삼국으로 '정족鼎足'의 상태를 유지하는 것조차 불가능할 게 뻔했다. 그러나 당시 촉한의 형편상 대규모 출병을 하기는 힘든 상황이었다. 대규모 군대를 출병시킬 경우 단기간에 승리를 거두어야 하는데, 남중은 길이 멀고 험하기 때문에 누구도 장담할 수 없었던 것이다. 전쟁 기간이 길어지면 오나라가 형주로부터 서진할 것이고, 위나라도 한중을 탈취한 후 남하할 것이 뻔했다. 제갈량은 이른바 '남중의 반란'에 신중하게 대처하지 않으면 안 되었다.

　제갈량은 먼저 등지鄧芝를 오나라에 파견하여 동맹 관계를 회복시킴으로써 옹개와 손권의 관계를 끊게 하고, 건위犍爲태수 이엄李儼과 여개를 통해 옹개를 회유·설득하였다. 또 주포와 고원 등에게도

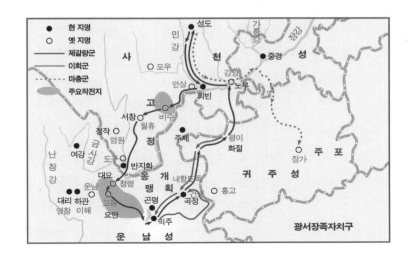

제갈량의 남중 정벌도. 제갈량과 맹획의 '칠종칠금' 고사로 잘 알려진 이 전쟁은
제갈량의 북벌을 위한 후방 기지 확보책의 일환으로 진행된 것이었다.

전쟁을 택할 경우 불리하다는 점을 설명하였다. 남중 세력을 촉한의
뒷마당으로 삼되, 가급적 전쟁을 피하여 국력의 소모를 최대한 막는
것이 가장 유효한 방책이었기 때문이다. 이것은 일찍이 제갈량이 유
비에게 제시했던 방책인 '화무和撫:西和諸戎 南撫夷越' 정책의 일환이다.
제갈량은 남중에 반란이 일어난 후 3년 동안 군비를 비축하고 오나라
와 다시 연맹 관계를 회복하는 한편 위나라와의 전선에도 잠시 큰일
이 없자, 225년 친정 길에 나섰다.

  사료들에 흩어져 나타난 제갈량의 소위 '남정南征' 일정을 요약하
면 다음과 같다. "춘春:3월 출병, 하夏 5월 노수瀘水:金沙江를 건너[渡瀘],
추秋:9월에 마침내 4군을 평정하고[遂平四郡] 12월 성도로 돌아오다[亮
還成都]"가 그것이다. 남정의 군사 노선은 3로였다. 동로를 통해 마충馬

忠이 동남으로 주포를 공격하고, 중로이전 唐蒙이 만든 案道를 통해 내항 도독 이회가 옹개와 맹획이 있는 건녕建寧:현 운남 曲靖 일대으로 향하며, 서로를 통해서는 제갈량 자신이 주력군을 이끌고 월수의 고정을 먼저 진공하는 방법을 택했다. 제갈량은 "무릇 용병하는 법에는 마음을 굴복시키는 것이 으뜸이며 성을 쳐서 항복받는 것은 가장 치졸한 것이며, 마음을 공격하는 것이 으뜸이며 병사로 공격하는 것이 치졸한 것이 되나니[夫用兵之道 攻心爲上 攻城爲下 心戰爲上 兵戰爲下] 원컨대 승상께서는 다만 그 마음을 항복받아 심복케 하소서"라고 한 마속馬謖의 건의를 받아들여 남정의 주된 작전 방침으로 삼았다. 공심攻心을 통해 '화무'를 도모하겠다는 것이다.

당시 고정은 모우旄牛:현 사천 漢源 · 비수卑水:현 사천 昭黨 · 정작定筰:현 사천 鹽源 세 지역에 보루를 쌓고 대비하고 있었다. 제갈량은 안상安上:현 사천 屛山을 거쳐 비수로 진공했는데, 옹개와 맹획은 월수로부터 영창으로 진격하기 위해 이미 강을 건너 월수군 영역 안에 들어와 있었다. 제갈량의 첫 작전은 의외로 쉽게 풀렸다. 옹개가 돌연 고정의 부곡部曲에게 살해되어 남중 반란군 사이에 균열이 생기면서 반란군이 혼란에 빠졌던 것이다. 촉군은 이 기회를 이용하여 고정을 살해했다. 지휘자를 잃은 맹획은 하는 수 없이 옹개를 대신하여 왕이 되어 부대를 수습하고는 노수를 건너 당랑堂狼:현 운남 會澤을 거쳐 건녕으로 후퇴하고는 전열을 재정비했다. 5월 제갈량은 노수를 건너 맹획을 추격하였다. 이때 건녕을 향해 진격하던 이회는 평이를 거쳐 건녕에 이르던 도중, 그곳 반란 부대에게 곤명에서 일시 포위되었다. 이회는 마침내 그 포위망을 뚫고 남으로 반강盤江 일대에서 작전을 벌여 제갈량군과 만났다. 마충은 장가를 함락시켰다.

이제 남은 가장 큰 세력은 맹획이었다. 제갈량이 남중 지역의 군사작전 중 일곱 차례 맹획을 사로잡았다가 풀어 주면서 다시 도발할 수 있도록 허락했다는 고사가 유명한 '칠종칠금'이다. 그를 심복시켜 다시는 반란을 일으킬 생각을 갖지 않도록 한다는, 바로 마음을 공격 하는 작전의 일환이다. 제갈량이 군사작전을 끝내고 전지에 도착하니 남중은 완전히 평정되었다.

이상이 제갈량이 감행한 남정에 관한 대강의 내용이지만, 제갈량 이 승리를 거둔 데는 그의 탁월한 재능도 물론 작용했겠지만 사실 과 대포장된 면이 적지 않다. 남중 반란 세력의 허약과 고립성도 문제였 다. 그들은 각 족의 적극적인 지지를 얻지 못하고 있었다. 대성과 이수 사이의 모순과 갈등이 촉한에 유리하게 작용한 것이다. 예컨대 주포 는 원래 주제의 대성으로 장가군을 근거로 반란하여 옹개가 오나라에 투신하여 보호를 받는 데 의지하여 장가군을 통치하였지만, 이것은 장가군의 대성예컨대 龍·傅·董·謝氏들과 이수예컨대 濟火들의 이익을 침 범하는 결과를 낳았다. 이들(濟火)이 촉한군에게 도로를 트고, 군량을 주며 영접한 것도 그런 모순 관계 때문이었다. 결국 주포는 고립무원 의 상황에서 마충에게 격파당하고 말았다. 당초 옹개도 익주군을 기 반으로 반란을 일으켰지만, 투촉파 이회 등과 적대 관계에 있었기 때 문에 익주군 이족夷族들은 옹개를 따르지 않았다. 옹개는 이처럼 반란 시작 때부터 이족의 반대에 봉착하고 있었다. 그는 손권에 의해 영창 태수로 제수되었으나 영창군 대성 여개의 강고한 반대를 받았다. 여 개는 운남 지역의 지리에 익숙하지 않은 제갈량에게 '평만지장도平蠻 指掌圖'를 주면서 적극 그를 도왔다.

반란의 수괴 옹개가 전동·전중 지역으로부터 그 세력을 전서로 확장하려면 반드시 이해洱海:현 大理 지구를 먼저 점령한 후 영창군으 로 진입해야 하는데, 당시 이해 지구를 통치하는 대성인 용우龍佑의 이 익을 침범하게 되었다. 옹개는 전동으로부터 고정이 근거하고 있는 월수로 진입한 후 다시 영창군으로 진입하는 방법을 택하지 않으면 안 되었다. 그런데 옹개가 월수로부터 영창으로 진입하게 되면 고정과 이해 관계가 충돌하게 되어 있었다. 옹개가 피살된 이유도 바로 거기에 있었다. 옹개의 피살 원인에 대해서는 사서에 별다른 기록이 없다. 다만 『삼국지연의』에서는 제갈량의 교묘한 이간책에 의해 살해된 것으로 되어 있지만, 옹개가 월수에 진입한 후 이해 충돌로 양 군영 사이에 일어난 혼전 중 피살되었다고 보는 것이 옳다.

『삼국지연의』에 의해 널리 소개된 '칠종칠금'의 고사는 소설 형식으로 각색되어 사실과는 다른 점이 많다. 이 문제를 다룬 사서로는 정사 『삼국지』와 동진 시대 상거常據가 편찬한 『화양국지華陽國志』의 「남중지南中志」, 그리고 당나라 시대 번작樊綽이 편찬한 『만서蠻書』가 전부다. 그러나 이들의 기록은 매우 간단하다. 특히 『삼국지』에는 후주後主·여개·양홍楊洪·마량馬良·이회 등의 열전에 흩어져 있을 뿐이다. 인구에 회자되는 이 사건을 주도한 제갈량의 열전에는 "건흥建興 3년225 춘 제갈량이 무리를 이끌고 남정에 나섰고 그해 가을 모두 평정했다. 그곳으로부터 군사자금〔軍資〕이 나오게 되어 나라가 부요富饒하게 되었다. 이에 군사를 정비하여 대거大擧:北伐를 기다렸다"가 전부다. 227년 북벌을 위해 출정할 때 쓴 「전출사표」에 "5월에 노수를 건너 깊이 불모의 땅에 들어갔다〔五月 渡瀘 深入不毛〕"고 되어 있을 뿐이다. 정작 '칠종칠금'이란 말은 동진 시대 역사가 습착치가 저술한 『한진춘추』에 비로소 나온다. 즉, "칠종칠금의 전략을 구사하여 맹획의 심복을 받고 전지에 이르러 남중이 완전 평정되었다"고 되어 있다.

위와 같은 영성한 자료를 가지고 당시 전투 지점을 확인하는 것은 매우 어려운 일이다. 이번 운남 기행이 답사가 아닌 여행사 '투어'로 변한 데에도 이런 지리적 불확실성이 작용한 점이 적지 않다. 사실 딱 부러지게 어디라고 말할 수 없는 까닭으로, 중국인들의 제갈량과 인연 대기 경쟁에서 나타난 위조 사적들이 각처에 즐비하기 때문이다. 필자는 이 '남정' 문제와 제법 인연이 있는 사람이다. 이미 20년 가까운 세월이 지난 일이지만, 「촉한의 남이南夷 경영」이라는 논문을 논평하기 위해 내 생애 최초로 약정 토론자로 나선 적이 있었기 때문이다. 그때를 회상하면 세월의 빠름을 실감하기도 하지만, 그 논문의 발표자에게 본의 아니게 누를 끼친 것 같아 지금도 마음이 편하지 않다.

남중 반란의 원인이 과연 어디에 있었는가가 사실 문제다. 잘 알다시피 사료는 모두 중국측에서 쓴 것이다. 역사 공부를 하면서 항상 느끼는 것이지만 필봉筆鋒보다 더 무서운 살상 무기는 없다. 필자는 이것을 '문자의 폭력'이라 부르지만, 중원 왕조와 이른바 소수민족 간의 관계에 대한 서술은 더욱더 폭력적이다. 죽은 자는 말이 없고, 필봉을 휘두른 자의 주장만이 남아 있을 뿐이다. 이 문제도 마찬가지다. 중국측 기록에는 이른바 '반란'을 주도한 익주군 대성 옹개를 따르는 자가 별로 없었다고 되어 있다. 때문에 옹개는 남중 사람들에게 이 지역에서 조달할 수 없는 물건인 "앞가슴이 검은 오구烏狗 300두頭와 진드기의 뇌腦 3두斗, 삼장三丈 길이의 단목斷木 3000근根을 관부官府:蜀에서 요구하고 있다"고 거짓 선전하며 반란을 획책한 것으로 되어 있다. 즉 진드기의 경우 몸길이가 겨우 1~2mm 정도인데 3두라는 양을 채우기란 불가능한 일이고, 단목이라는 것도 운남에서는 생산되지 않는 것이다. 옹개가 패권을 획득하기 위해 속임수로 민중을 자극한 자작극이라는 것이다. 옹개측의 기록이 없는 이상 이것도 일방적인 주장일 따름이다. 최근 중국 학계에서는 이수인 맹획을 한족 대성이라고 강변하는 주장이 제기되고 있다. 그가 한족이어야 이 전쟁이 민족 간의 모순이 아니고 계급 모순의 소산이었다는 체제 이념과 맞기 때문이다. 실로 망발이 아닐 수 없다.

또 학계에서는 소위 "5월에 노수를 건넜다[五月渡瀘]"는 구절과 유명한 만두饅頭 고사를 생성시킨 것으로 알려진 9월 회군시의 도강 지

대리고성. 대리국의 수도였다. 서남 실크로드의 중간 거점으로 알려진 대리는 운남 지역의 옛 중심지였다. 창산 19봉우리가 고성 뒤에 그림처럼 펼쳐져 있다. 세계에서 가장 질 좋은 대리석 산지로 유명한 이곳에는 맹획의 후손 백족들이 대리석으로 집을 짓고 살고 있다.

점이 어디인가를 두고 쟁론이 벌어진 적이 있다. 당시 노수는 지금의 금사강을 가리키는 것임이 분명한데, 금사강은 현재 사천성 의빈宜賓 상류와 장강의 최상류인 통천하通天河 사이의 장강을 일컫는 말로 그 길이가 매우 길다. 제갈량은 성도를 출발하여 민강 하류를 지나 안상安上:사천 屛山·월수로 나가 비수를 거친 후 고정을 공격한 것으로 짐작된다. 노수에는 많은 나루터[渡口]가 있지만 현재 대강 세 가지 견해가 제시되어 있다. ① 현재의 사천 회리현會理縣, ② 운남 교가현巧家縣, ③ 사천 반지화시攀枝花市 일대가 그것이다. 이런 쟁론이 벌어진 것은 '죽은 제갈량이 산 운남 사람들을 먹여 살리기' 때문이다. 제갈량이 지난 곳으로 인정되면 관광객이 모이고, 그들은 위안화를 풀어놓고 가기 때문이다.

삼탑사. 대리고성 서북쪽에 위치한 삼탑사는 서안의 소안탑을 본떠 남조국 초기에 만든 것이다.
여러 차례 지진으로 기울어져 있지만 저 멀리 이해 바다를 바라보며 그 아름다움을 뽐내고 있다.

『삼국지연의』가 동아시아인에게 끼친 영향은 실로 막대하다. 칠
종칠금이라는 말도 『한진춘추』에서 처음 나왔다는 것을 이미 지적했
지만, 이 책의 저자 습착치야말로 실로 말이 안 되는 '촉한정통론蜀漢
正統論'의 최초 주창자였다는 사실에 근거한다면, 이것도 촉한을 드러
내려는 과정에서 출현한 것이라고 보는 것이 타당하다. 사실 "3월 출
정, 5월 도노, 추평사군"의 기사를 믿는다면 제갈량은 4개월간 남중에
서 전쟁을 치른 셈인데, 그토록 짧은 기간에 칠종칠금이 과연 가능했
겠는가.

그러면 그가 맹획과 전쟁을 치른 지점은 어디일까? 과거에 가장
유행했던 설은 대리의 천생교天生橋 부근이었다. 『삼국지연의』를 보면
'사금사종' 후 제갈량은 여개의 의견을 받아들여 서이하西洱河 위에 죽

교竹橋를 만들어 건넜다고 되어 있다. 서이하는 중국 7대 담수호인 이해의 유일한 출구로 물살이 매우 급하기로 유명하다. 현재 대리백족자치주大理白族自治州 입구인 하관下關시 서북의 서이하 변에 반원의 큰돌이 있는데, 이것이 제갈량이 건너 맹획을 생포한 곳이라고 한다. 몇 년 전까지만 해도 "한나라 제갈무후가 맹획을 잡은 곳[漢諸葛武侯禽孟獲處]"라는 9자의 해서楷書로 새겨진, 청대인이 세운 석비가 있었다고 한다現在 大理 洱海公園 안으로 옮겨져 있다. 그곳이 '오금맹획五擒孟獲'의 장소라는 것이다. 그러나 이런 주장은 상상하기 힘들다는 견해가 있다. 왜냐하면 대리는 당시 전서 영창군 태수 여개의 세력 범위 하에 있었던 곳인데, 앞뒤로 협공당할 것이 뻔한 그곳에 맹획이 갔을 리 만무하다는 이유에서다. 대신 최근 가장 유력한 전쟁터로 부상한 곳이 맹획의 고향 건녕, 즉 운남성이 자랑하는 담배 공장의 집중지이며, 곤명에서 동북 167km에 위치하여 운남성 제2도시인 곡정 일대다.

이 일대에는 제갈량에 얽힌 전설이 많다. 곡정 성북 5km 지점의 백석강白石江 강변에는 제갈량과 맹획이 회맹했던 광경의 부조도浮雕圖가 대형 대리석 위에 그려져 있다. 1987년에 완공된 이 그림에는 100여 명의 이한夷漢 인물과 60여 종의 금수禽獸, 그리고 장려한 산천이 그려져 있다. 또 곡정 시내에는 제갈가諸葛街가 있으며, 성밖 구룡산九龍山 기슭에는 제갈정諸葛井이 있는데, '독수毒水' 두 자로 된 석비가 세워져 있다. 이것은 잘 알다시피 맹획이 독룡동禿龍洞의 동주 타사대왕朶思大王의 도움을 얻어 제갈량의 군대와 대적할 당시 물을 마시면 벙어리가 되고, 살이 타서 시커멓게 변한 후 썩으며, 몸이 솜처럼 힘이 없어진다는 독천毒泉:啞·滅·黑·柔泉이 있던 곳이란다. 또 곡정을 한때 '둔하屯下'라고 하였는데, 제갈량이 맹획을 정복하고 이곳에 둔전을 열고 선진 문물을 전파한 곳이라는 뜻이다. 이처럼 곡정 일대가 현재 중국인에게는 칠종칠금의 고사가 얽힌 곳으로 잘 알려져 있다. 『삼국

석림. 운남성 수도 곤명 남방에 위치한 관광지 석림은 해변이 굴기하여 만들어진 문자, 그대로 '돌숲' 이다.
『삼국지』에 나오는 '석산'·'석벽'·'석곡' 을 연상케 한다.

지연의』를 보면 이 독룡동이라는 곳도 서이하 근방으로 묘사되고 있으니 작가 나관중의 지리 지식은 우리를 매우 혼란스럽게 한다.

이번 여행은 필자로서 유감스런 것이 하나 둘이 아니었다. 원래 투어팀의 일원으로 따라간 것이기 때문에 일정에 포함된 곳이 아니면 바로 옆에 있는 비석 하나도 찾아볼 수가 없었다. 그러나 운남의 산천을 둘러보는 것은 적잖은 도움이 되었다.『삼국지연의』에는 많은 동굴들이 나온다. 맹획이 마지막으로 오과국烏戈國의 국주 올돌골兀突骨의 도움을 얻어 일곱 번째 전투를 벌인 곳이 바로 반사곡盤蛇谷의 전투다. 제갈량이 가장 많은 살상을 감행하여 오과국 인민으로 살아남은 자가 거의 없어 그로 하여금 회한의 눈물을 자아내게끔 한 이 전투의 현장감을 곤명 남방 관광지 석림石林에서 느낄 수가 있었다. 석림은 "사방을 돌아보니 매복할 만한 수풀이 없고 보이나니 석산石山이요, 석벽石壁이요, 석곡石谷이다"라는『삼국지연의』의 묘사를 떠올리기에 충분했다. 한편 제갈량과 겨루어 유일하게 전투다운 전투를 벌였던 맹획의 처, 축융부인祝融夫人의 고사는 대리의 백족과 여강麗江 납서족納西族의 풍습에서 그런대로 그 흔적을 찾을 수 있었다.

여하튼 제갈량의 남정이 후세에 미친 영향은 컸다. 남정 후 제갈량은 그곳을 확실하게 장악하기 위해 이 지역의 군현화郡縣化에 힘을 쏟았다. 먼저 사천 성도의 또 다른 이름인 '익주'라는 군의 명칭부터 없앴다. 대신 건녕군建寧郡으로 하고는 군 소재지[郡治]를 전지에서 미현味縣:曲靖으로 옮겼다. 또 운남군雲南郡과 흥고군興古郡을 신설하는 등 이전의 남중 5군을 7군으로 조정하였다. 그중 건녕·주제·영창·운남·흥고 등 5군은 현재의 운남성 경내에 두었다. 그리고 사천 남부에 둔 월수군, 귀주성 서북부에 둔 장가군을 서남이 지역에 넣어 모두 9군으로 편성했다.

동시에 이회를 건녕군 태수로, 여개를 운남군 태수로, 영창군승

 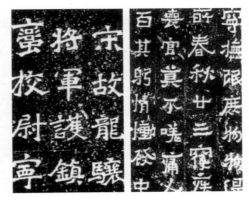

찬룡안비. 운남 지역의 대성 찬씨가 세운 이 비는 24행 900여 자로 되어 있다. 찬씨 가문의 내력과 관직 등이 자세하게 기록되어 있다.

이었던 왕항王伉을 영창군 태수로, 마충을 장가군 태수로 임명했다. 맹획 등 대성·이수들은 남중에서 분리시켜 촉한 정권 내로 흡수했다. 맹획을 어사중승御史中丞, 맹염孟琰을 보국장군輔國將軍, 찬습爨習을 영군장군領軍將軍으로 기용한 것이 그러하다. 한나라 때 서남이에 설치한 군현제보다 훨씬 합리적으로 편성되고 중앙 조정이 조종할 수 있게 됨으로써 중앙집권이 어느 정도 가능해졌다.

또한 옹개·고정 등이 거느리던 '경졸청강勁卒青羌' 1만여 가를 성도로 사민시키고, 그들을 '오부五部' 군으로 편성하여 위나라 정벌군의 중요 부분으로 활약하게 했다. 한편 약자들은 군량미 생산을 위해 둔전민으로 투입했다. 제갈량은 건녕군 미현에 '오부도위五部都尉'를 두어 둔전 사무를 관리케 하니, 이로써 전지 지구가 남중의 정치·경제·문화의 중심이 되는 계기가 마련되었다. 즉, 곤명이 운남의 새로운 중심지로 떠오른 것이다.

남정 후 3년 만인 228년, 제갈량은 제1차 위나라 정벌을 위해 출사한다. 남중의 촉한 편입은 남안南安·천수天水·안정安定 등 현재 감숙성 남부에 포진한 3군에 분포하고 있던 저강氐羌 세력을 우군으로 삼는 데 큰 영향을 미쳤다. 특히 천수 지구의 정치 대표인 강유姜維를 받아들이고 그 이듬해 제갈량은 저강의 항복을 받고 무도武都·음평陰平 2군을 얻었다. 이로써 촉한 정권은 기본적으로 저강과 서남이가 분포하는 농·촉·전 세 지구를 통일하여 촉나라의 국가적 기초를 확립한 것이다.

제갈량은 남중 경략을 통해 북벌의 걸림돌을 치우고 나름으로 군비와 병력도 확보했다고 평가하지만, 운남은 그렇게 녹록한 곳이 아니었다. 그 후 오랜 기간 운남의 역사는 이들 주민에 의해 독자적 혹은 반독자적으로 전개되었다. 제갈량이 오장원의 전투에서 죽자, 그 여세를 틈타 263년 위나라 장수 등예鄧艾가 촉한 정벌에 나서면서 촉국은 풍전등화의 위기에 봉착했다. 후주 유선은 군신 회의를 소집했다. 남중으로 피란가자는 주장도 나왔으나 초주譙周는 남중 지구의 주민들이 가혹한 공출로 인해 반촉 심리로 가득 차 있기 때문에 반란이 일어날 것이라며 오히려 위나라에 항복하는 것이 낫다고 주장했다.

촉한이 망한 후, 265년 사마염司馬炎이 위나라를 찬탈하고 서진西晉을 건립했다. 서진은 곧 남중의 4군을 익주에서 떼어내 이 지역에 영주寧州를 설립하고는 운남 지구를 직접 통치하기 시작했다. 사천과 운남의 행정적 결별인 셈이다. 280년 서진은 오나라를 멸망시키고 전국을 19주로 나누니 영주는 그중 하나가 되었다. 284년에는 영주자사를 없애고, 남이교위南夷校尉를 두어 58부의 이족을 통치했다. 주·군·현 대신 '교위'를 둔 것은 군사 통치로 변환한 것을 의미한다. 이런 변화는 통상의 군현 조직으로는 통제하기가 불가능했다는 현실과 경제적 착취의 필요성이 강화되었다는 것을 뜻한다. 여하튼 이런 변화는 이 지역의 대성 및 이수와 서진 왕조 간의 모순이 격화되었다는 반증이다.

302년 이 지역 대성들이 연합하여 건녕태수 두준杜俊을 축출하자, 섬서·감숙 일대로부터 사천으로 진입한 저수氐叟·청수青叟, 즉 저강족 유민 수십만 가가 이특李特·이웅李雄 통솔 하에 성도 부근에서 반란을 일으켰다. 서진은 당시 종실 왕들의 권력 투쟁인 '팔왕八王의 난'으로 남중 지역을 돌아볼 겨를이 없었다. 이웅은 304년 성도를 함락하더니 306년에는 황제〔武帝〕를 자칭하고 나라 이름을 성成이라 했다. 성국의 성립은 이 지역에 옛 촉한의 통치 국면을 회복시킨 것을 의미한다. 제갈량 남중 평정 후 취한 정책을 이웅이 그대로 이어받았기〔踏玄德之前基〕 때문이다. 남중의 중하층 대성과 이수가 성국과 연합하여 서진에 반발한 것은 결코 우연이 아니었다. 이웅이 이끄는 저수·청수는 남중의 곤명·수叟 등과 족속의 원류상 밀접한 관계가 있었다. 즉 남중과 성국의 반진反晉 연합은 실제로 서북과 서남의 저강 등 각 족 인민들이 연합해서 서진 왕조의 압제에 반대하여 투쟁한 것이었다.

　　성국이 남중을 점유한 후, 이웅은 사촌인 이수李壽:漢의 昭文帝를 건녕왕으로 봉하여 통치했다. 영주를 영주와 교주交州로 분리하여 통치하고 이전 촉한국의 법제를 회복하여 안정을 꾀했다. 그러나 성국의 정책은 오래가지 못했고 이수의 통치도 점차 가혹해졌다. 마침 이웅이 죽자 이수는 이웅의 아들, 이기李期:廢帝를 죽이고 388년 칭제하여 국호를 한漢이라 하였다. 이수에 대해 반란을 생각한 자가 10에 9나 되었다고 기록될 만큼 그의 정치는 가혹했다. 이수가 죽고 그의 아들 이세李勢:歸義侯가 왕위를 이었다. 동진 왕조도 서남 지구의 회복을 시도하던 터라 영주자사였던 찬안爨顏이 345년 동진에 투항했다. 347년 동진의 군벌 환온桓溫이 사천을 경략하여 한국漢國을 멸망시킴으로써 이 지역은 다시 동진으로 귀속되었다. 동진 왕조는 다시 익주와 영주 2주로 나누어 통치했다. 이 지역의 역사적 흐름을 보면, 중원 왕조는 사천과 운남을 가능한 한 분리하여 이 지역의 힘을 분열시키려 했고, 사천 지역에 들어선 지방 왕조는 가능한 한 운남을 그 권역에 편입시키려고 노력했음을 알 수 있다.

　　환온은 그의 부장 주무周撫에게 이 지역의 통치를 맡기니 주씨가 삼대 40년간 사천 일대를 다스리게[三世爲益州 四十一年] 된다. 이즈음 저족氐族 부견의 전진 왕조가 종족적인 근접성을 근거로 점차 그 세력을 서남 방향으로 신장해 왔다. 373년 전진은 촉을 공격하여 주씨를 대패시키고 익주를 점령하니 운남 등지의 서남이 등이 모두 귀속해 왔다. 이렇게 남중 지역의 서남이가 전진의 부견에 귀속한 것은 결코 우연한 일이 아니다. 전진은 저강인이 건립한 정권이었기 때문이다. 이른바 '서남이'의 족속적 원류를 따져 보면 한漢·진晉 시기의 곤昆·수叟,

당대의 백만白蠻·오만烏蠻이 모두 저강과 밀접한 관계가 있었다. 저강어로 왕을 '조詔'라고 하는데, 그들은 부견을 부조苻詔라 칭하며 귀부했던 것이다. 당나라 시대 운남 오만족이 건립한 육조六詔에서 왕을 '조'라 칭했고, 나라 이름도 여섯의 부족 왕이 연립한 국가라는 의미를 가졌던 것도 그 때문이다.

한·진 시기 중원 지역에서 이곳 운남으로 이동해 온 이른바 '대성'은 동북 지역에서부터 점차 모든 지역으로 그 영역을 확장해 나갔다. 그들은 서로 갈라져 싸우면서 자기 세력을 확장하기도 했다. 성한국 점유 기간에 남중의 유력 세력은 곽霍·찬爨·맹孟 3씨였다. 그 가운데 339년 곽씨와 맹씨가 싸우면서 약해지니 찬씨가 최강의 세력으로 부상했다. 현 육량현陸良縣 동남 20리 지점의 정원보貞元堡에 남아 있는 '찬룡안비爨龍顏碑'는 유송劉宋 시기458 이곳의 대성 찬씨가 건립한 비석이다. 이 비문을 보면 동진 말년 중앙 권력이 영주에 대한 직접적인 통제력을 잃고 찬씨를 자사로 하는 영주 통치가 이루어진 사실 등 당시 이 지역의 상황을 소상히 알 수 있다. 유송 60년간 13명, 남제南齊 23년간 4명의 영주자사가 파견되었으나 그들의 임무는 이 지역의 반란을 토평하는 일 정도에 지나지 않았다. 즉 중앙 조정과 이 지방 간의 모순이 격렬했음을 말해 주고 있다.

양梁나라가 남제를 이어 등장한 후 이 지역은 북조의 북위와 양나라가 번갈아 가며 통제했다. 552년 이후로 이 지역은 다시는 남조의 관할이 되지 못했다. 서위西魏~북주北周~수隋 등 북조 계열의 왕조가 이 지역을 통제했던 것이다. 그러나 대성 찬씨 세력을 완전 배제하지는 못했다. 그러다가 수 문제 양견楊堅이 597년 사만세史萬歲를 파견하여 찬씨를 토벌함으로써 '찬씨 할거 영주爨氏割據寧州' 시기 500년간의 역사는 드디어 종말을 고한다.

이처럼 운남 지역은 중원 왕조의 권력이 미치는 듯했지만, 제대

남조덕화비. 대리시 태화촌 태화성 유지 내에 있는 이 비석을 보면 현종 시기의 당 왕조와
토번·남조 3자의 관계를 소상하게 알 수 있다.

로 다스린 것은 아니었다. 이 지역에 당나라 때의 남조국南詔國,
737~902과 송나라 때의 대리국大理國, 937~1252이 엄연한 독립 왕조로
등장한 것은 이 지역의 민족적·자연지리적 독자성이 그만큼 강하다
는 것을 의미한다.

　7세기 말 대리시 서북 창산蒼山 기슭, 이해 연안을 중심으로 육조
라는 부족연합 국가가 출현했다. 8세기 초에는 티베트 토번吐蕃국을
견제하려는 당나라의 지원을 받은 이족彝族 계통의 몽사조蒙舍詔가 육
조를 통합하여 남조국을 개국하여 150년간 당나라에 조공을 바쳤다.
그러나 곧 당나라 지방 장관과의 갈등으로 남조국이 이반하자, 당 현
종玄宗은 두 차례에 걸쳐 대군을 파견하여 평정하려 했다. 그러나 그
과정은 여의치 않았다. 751년 검남劍南절도사 선자중鮮子仲이 6만 명의

대당만인총. '만인총'으로 흔히 알려진 이 비석의 비양에는 '대당천보전사총'이라 새겨져 있다. 당 왕조가 파견한 남조 정벌군이 참패했음에도 불구하고 '남정'이라고 표현하고 있다.

대군을 이끌고 왔으나 이곳에서 대패했고, 754년 검남유수留守 이복李宓이 7만 명의 군사를 이끌고 다시 이곳에 왔지만 전군이 몰사하는 참극을 맞았던 것이다. 당시 세계를 호령하던 대당제국의 군대도 그들 앞에서는 제대로 힘을 쓰지 못했다. 남조 국인들이 당군의 시체를 염습하여 장사 지내 주었다. 이들이 당군들을 묻은 곳이 바로 대리 태화성太和城 경내에 있는 만인총萬人塚이다. 훗날766 남조 왕 각라봉閣羅鳳이 당나라와의 화친을 위해 세운 '남조덕화비南詔德化碑'는 3800여 글자로 되어 있는데, 당시 참담했던 당군의 패전 실상을 지금까지 소상히 알리고 있다. 여전히 만인총 앞에는 '대당남정장사지묘大唐南征將士之墓'라는 비문이 있다. 이처럼 엄청난 패배로 끝난 전쟁도 '남정南征'이라 하니 중국인들의 몰염치에 새삼 속이 뒤틀린다.

이 전쟁은 백거이[白居易]로 하여금 "어깻죽지를 잘라 버린 신풍의 늙은이[新豊折臂翁]"라는 휴머니즘이 짙게 깔린 염전[厭戰] 풍유악부[諷諭樂府]를 짓게 만들었다. 악부에는 사천과 운남의 경계를 따라 흐르는 노수[瀘水]를 "산초꽃이 질 무렵 독기가 안개처럼 서리고 군사가 걸어 건너는 강에는 끓는 물이 솟구쳐 오른다[椒花落時瘴烟起 大軍徒涉水如湯]"고 묘사되어 있다. 또 "천만 사람이 갔으나 한 사람도 돌아오지 않았고[千萬人行無一迴]", "만인총 위에는 곡소리만 애달프다[萬人塚上哭呦呦]"고 했다. 전장에 가지 않기 위해 24세의 나이에 스스로 어깻죽지를 잘라 버리지 않으면 안 되었던 애달픈 사정을 말하고 있는 것이다. 당나라의 운남 침략이 무고한 백성에게 남긴 깊은 상처가 아닐 수 없다.

필자는 여행단원에 끼여 곤명발 대리행 비행기에 올랐다. 산과 거대한 호수 사이에 넓은 평야 지대를 가진 대리, 운남 지역의 옛 중심지이며 현재 백족들의 삶의 근거지다. 비행 시간 35분 만에 비행기는 어느 산봉우리 위에 건설된 대리 비행장에 우리를 내려놓는다. 대리석이 많이 나서 그 이름을 얻은 대리. 당나라 때부터 채굴이 시작되어 지금도 세계에서 가장 질 좋은 대리석이 30~40개의 광구에서 채굴되고 있다고 한다. 미얀마에서 150km 떨어진 대리는 13세기 몽고의 침략을 받기 전까지는 서남 실크로드의 중간 거점으로, 또 남조-대리 왕국의 수도로서 500여 년간 번성했던 곳이다.

티베트 고원 동남단에서 운귀고원[雲貴高原]까지 뻗어 있는 횡단산맥[橫斷山脈]의 몇 갈래 지맥 가운데 평균 3500m의 운령산맥[雲嶺山脈] 남단의 주봉인 창산 19봉우리 사이로 난 18계곡의 물이 폭포처럼 흘러내려 중국 제7대 담수호인 이해를 이룬다. 사람의 귀 모양처럼 생겼다 하여 이름붙여진 이해는 해발 1900m 고지 위에 이름 그대로 바다를 이루고 있다. "눈 덮인 창산, 구슬 같은 이해[銀山玉洱]"라는 말에서처럼 '동양의 스위스' 대리는 창산과 이해를 빼고서 운위될 수 없다. 하관[河

關의 바람, 상관上關의 꽃, 창산의 눈, 이해의 달이 '대리4경大理四景'이라나. 즉, 풍화설월風花雪月의 고장이다. 이 아름다운 고장에 서남이 맹획의 후손인 백족이 창산 기슭에서 대리석으로 집을 짓고 이해에서 가마우지로 고기를 잡으며 살고 있다.

대리고성大理古城은 대리국의 도읍이었을 때 축성된 것으로 남문과 북문이 아직 그대로 남아 있다. 대리고성 북서쪽으로 1.5km 지점에 있는 삼탑사三塔寺：崇聖寺에는 당대 장안의 소안탑小雁塔 모양을 본떠 남조국 초기에 만들어진 탑 세 개가 정답게 서 있다. 69.13m의 16층 대탑을 사이에 두고, 43m의 10층 소탑 두 개가 호위하고 있다. 소탑 하나는 지난 1996년 지진으로 많이 기울어져 버렸다. 쾌청한 날이면 창산과 작은 호수에 비치는 탑의 모습이 아름다워 삼탑사 남쪽 1km 지점에 삼탑의 그림자를 모아 두기 위해 연못을 파 특별히 공원〔三塔倒影公園〕하나를 만들었단다. 대리 여행은 3월이 적격이다. 1년에 한 번 3월에만 열리는 '삼월가三月街'라는 장이 서면, 맹획의 후예들이 물자를 들고 와 서로 교역하고, 경마와 가무 퍼레이드를 벌인다. 백족의 대축제다.

남자들보다 여자들이 더 일을 많이 하는 백족. 백족의 아리따운 아가씨가 따라주는 삼도차三道茶를 뒤로하고 관광버스는 다시 산을 기어오른다. 맹획의 또 다른 후예인 납서족을 만나러 여강麗江으로 가기 위해서다. 버스가 한숨을 쉬는가 싶더니 언제 나타났는지 오색 무지개가 우리가 탄 차를 따르고 있다. 실로 오랜만에 보는 무지개다.

여강 시내에 들어서니 옥룡설산玉龍雪山 13봉이 눈을 가로막는다. 악형산岳衡山이라는 본명보다 수정같이 영롱한 용이 누워 있는 모습이라는 의미의 옥룡설산으로 더 잘 알려진 이 산은 해발 5596m나 된다. 그 산 아래 해발 2400m 가량의 소도시 여강이 납서족을 고이 안고 긴 역사를 그들과 함께 써 왔다. 납서족은 이집트 고대 유적에서나 찾아

여강고성. 맹획의 또 다른 후손인 납서족이 세웠다. 백옥의 큰 벼루 같다고 하여 '대연'이라 부른다.
납서족은 800여 년 동안 이곳을 터전으로 하여 살아가고 있다. '고성'은 이미 사람이 살지 못하는,
그래서 '죽은 성'을 의미하지만 여강고성은 세계적으로 살아 있는 거의 유일한 고성이다.

옥룡설산. 수정같이 영롱한 용이 누워 있는 모습 같다고 하여 붙여진 이름이다.
이 산 13봉우리의 눈 녹은 물이 여강고성의 젖줄이 되고 있다.

볼 수 있는 상형象形 도화圖畵 문자인 동파東巴 문자를 19세기까지만 해도 상용해 왔다. 지금도 거리의 간판 등에 한자와 병기되고 있다. 동파 문자로 쓰여진 『동파경』은 2300여 존尊의 신들을 믿는 초다신교인 납서족 민족 종교인 동파교의 경전이다. 원래 2만 권이 넘는 방대한 기록이었다고 하나 대부분 유실되고 현재는 5500여 권만이 보존되어 있다. 『동파경』은 경서라기보다는 서사문학서로서 납서족의 역사와 문화를 알려주는 중요한 자료다.

서남이, 즉 맹획의 후손들은 아직도 해발 2410m의 여강고성 안에 살고 있다. 이 고성은 송나라 말~원나라 초에 만들어진 것으로 800여 년의 역사를 가지고 있다. 그 모습이 '백옥의 큰 벼루[大硯]'와 같다고 하여 여강을 '대연大硏'이라고 부른다. 명대 토사土司였던 목씨木氏의 인새印璽 모양을 따서 만들었다고 전해지는 사방가四方街를 중심으로 사통팔달의 거리가 줄지어 있다. 가도에는 다섯 가지 채색의 석보도石鋪道가 깔려 있고, 옥룡설산에서 눈 녹은 물이 그 옆으로 흘러가고 있다. "가가마다 흐르는 물, 호호마다 늘어진 버들[家家流水 戶戶垂楊]", 그래서 여강은 '동방의 베니스'라는 미칭에 전혀 부족함이 없다.

여강고성은 중원의 여느 도시와 달리 성장城牆이 없는 것이 특징이다. 일설에는 여강 지역을 대대로 통치해 온 목씨가 기피해서라고 한다. '목木'에 성장을 두르면 '곤困'자가 되기 때문이란다. 실은 여러 부족들이 정답게 지내다 보니 굳이 성장을 두를 필요가 없었기 때문이리라.

운남은 아름답고 살기 좋은 곳이다. 그래서 유사 이래 무수한 민족들이 보금자리를 틀기 위해 이곳을 찾았다. 운남에서의 인류의 역사는 150만 년 전으로 거슬러 올라간다. 근래 발견된 원모인元謀人은 40만~50만 년 전에 살았던 북경원인北京猿人보다 1백만 년 앞서 이 운남 땅을 찾아와 살았다. "운남의 산차는 천하 제일이고, 여강의 산차는 운남 제일[雲南山茶甲天下 麗江山茶甲雲南]"이라고 한다. 산차 맛을 뒤로하고 다시 곤명행이다.

　이제 제갈량의 이야기로 마무리지어야 할 것 같다. 제갈량은 이 평화로운 여강에도 전쟁의 흔적을 남긴 것인지, 아니면 후세인들이 조작한 것인지 알 수 없지만, 필자의 운남 여행 마지막 귀착지인 여강에도 제갈량에 얽힌 이야기가 전해 오고 있었다. 여강에서부터 서쪽으로 53km, 장강의 상류 통천하에서 동남으로 흘러내린 물이 옥룡설산에 막혀 다시 동북으로 물꼬를 트는 곳을 일러 '장강 제일만長江第一灣'이라 한다. 강면이 넓고 물 흐름이 완만하여 제갈량의 '오월도노'가 바로 이곳에서 이뤄졌다는 설이 그것이다. 어찌 이 이야기를 맹획의 후손들이 만들어 냈거나 유전시켰을 것인가. 제갈량을 사모하는 중원인들이 이곳에 와서 해댄 억지소리가 아닐까. 여하튼 원 쿠빌라이도 혁속도강革束渡江 때 이 지점을 통해 장강을 건넜고, 홍군紅軍이 대장정大長征을 감행할 때 일시 머물렀던 나루터 석고石鼓도 바로 이 강변에 위치해 있다.

　운남은 오랫동안 중원과는 격절된 곳이었다. 이곳에 사는 사람들은 부족한 것을 별로 느끼지 않았기 때문에 굳이 외부와 접촉하려 하지 않았다. 외부 세력이 그들을 그냥 내버려두지 않았을 뿐이다. 제갈량의 이른바 '남중' 정벌이란 것도 삼국 시대판 '부시의 대아프간 작전'이 아니라고 누가 말할 수 있단 말인가?

五

새상塞上에 울던 비운의 여인○

민족우호의 영웅으로

◉ 왕소군·채문희 묘 위치도

호한胡漢 교류와 비운의 여인들

중국 내몽고자치구 수도 호화호특呼和浩特 서남 광활한 들판 가운데 무덤이 하나 우뚝 솟아 있다. 이름하여 왕소군묘王昭君墓라 한다. 내몽고 초원 관광 여행 코스에 반드시 들어 있는 왕소군묘는 가짜일 가능성이 매우 높다. 중국의 역사를 중원의 농경 민족[漢]과 초원 유목 민족[胡], 즉 호한胡漢 간의 투쟁의 역사라고 한다. 왕소군은 몇천 년에 걸친 호한 역사의 실체가 어떠했는가를 잘 반영하는 인물이다. 나라가 병약하면 민초民草가 고단하고 특히 여인들이 비참해진다. 왕소군은 전한前漢 궁정 궁녀의 몸으로 삭풍이 불어 대는 새상塞上 흉노 땅에 시집가 그곳에서 생을 끝마친 비운의 여인이다. 그녀의 인생은 순국자처럼 장렬하지도, 그렇게 위대하지도 않았다. 그러나 그녀의 생애는 많은 시인 묵객詩人墨客들의 심금을 울렸고, 그들의 따뜻한 가슴을 거쳐 아름다운 작품으로 승화되어 세상 많은 사람들에게 읽혀져 왔다. 언제부터인가 그녀에게 '민족 화합의 영웅'이라는 별로 어울리지 않는 수식어가 따라붙어 다니게 되었다. 그러나 그녀는 자신에게 닥친 어처구니없는 운명을 거역하지 못하고 그저 슬피 울었던 가냘픈 여인이었을 뿐이다. 국가를 위하고 민족 단결을 위하여 그녀가 기꺼이 희생한 것 같지도 않다. 역사의 해석은 진실해야만 힘이 있고 그 생명력 또한 길다. 조작은 잠시의 만족을 줄지 모르지만 금방 역겨움으로 남는다. 왕소군묘를 돌아보고 느낀 솔직한 감정이다.

왜 나는 남의 무덤만 찾아 나서는 것일까? 국토가 온통 무덤으로 뒤덮여 가니 납골당을 만들라, 30년 이상 된 무덤을 파헤쳐 화장을 하라는 등 야단인 이때에 하필 2천여 년 전에 죽은 사람들, 그 것도 외국 사람들의 무덤을 찾아 나서니 내가 생각해도 분명 정상은 아니다. 그렇다고 내가 구조조정으로, 혹은 정년퇴직으로 학교에서 물러난 후, 생계를 잇기 위해 남의 묏자리 보아 주는 풍수지관風水地官 이 되려고 작정하고 그러는 것도 아니다. 스스로 생각해도 그러하니 남들이 보면 오죽하랴. 실로 아무 짝에도 쓸모가 없는 사람이다. 그러 니 높은 자리에 있는 분들이 나를 아무리 어여삐 여긴다 하더라도 소 위 '신지식인新知識人'에 낄 리 만무하다. 좋은 소식이 있을까 봐 몇 년 전부터 어렵사리 핸드폰까지 마련하여 항상 지니고 다녀도 누구 하나 불러 주는 사람이 없다.

천성이 그러했던 것은 아니지만, 옛것을 다루는 것을 직업으로 삼은 지 어언 30년이 지난지라 하는 짓이 넝마주이처럼 남옛사람이 버 린 쓰레기를 뒤지는 것이 일상사가 되어 버렸다. 조금 오래되었다 싶 으면, 하찮은 메모지마저 쉽게 버리지 못하는 나는 분명 난치의 직업 병을 앓고 있는 것이 확실하다. 그러나 옛사람의 무덤이 어떠하다느 니, 그들이 어떻게 살았고 어떻게 생각했느니 하는 고리타분한 이야 기만 들려주는 강의지만, 그런 대로 '쪽수'는 차서 폐강은 안 되어 하 루 세 끼 연명해 갈 수 있으니, 이렇게 남들이 별 소용 없다고 여기는 것만을 계속 파는 수밖에 별 도리가 없다고 생각하고 있다. 그래서 방 학만 되면 돈만 쓰는 중국 여행길에 나서는 것이다. 이런 나를 아내는 역마살이 끼였다고 불평하고, 동료들은 중국에 '작은집'을 차렸다고 의심하기도 한다. 나이도 이쯤 되면 유럽이나 미국 여행 정도는 했을 법한데 외국 여행이라야 동아시아 지역을 크게 벗어나 본 적이 없는 데도 무엇이 그리도 보아야 할 것이 많은지 계속 중국에만 드나들고

왕소군묘 조감도. 내몽고자치구 수도 호화호특 남쪽에 위치한 왕소군묘는 흉노 땅에서 자라는 백초가 아니라 한나라 땅에서 자라는 청초가 뒤덮고 있는 무덤이라고 하여 '청총'이라 불린다.

있다. 아무렴 어떠랴! 지금까지 배운 것이 이것뿐이고, 이 길밖에 딴 길이 내 눈에는 들어오지 않으니 말이다.

내가 왕소군과 처음 만난 것은 고등학교 시절 읽은 이백李白의 시 「왕소군」을 통해서였다. 그 후 그 가냘픈 여인의 영상이 두고두고 잊혀지지 않고 뇌리에 남아 있었다. 햇병아리 강사 시절 교양 과목이었던 '동양문화사' 강의 첫 시간에는 학생들의 반응 여하에 상관없이 늘 이 왕소군 이야기에 열을 올리곤 했다. 더욱이 박사학위 논문부터 지금까지 연구 주제가 유목 민족인 호족과 농경 민족인 한족의 관계를 다루는 소위 '호한체제胡漢體制'라는 것이어서 이 왕소군은 이래저래 나의 관심 대상에서 벗어나지 않고 있다.

누군가 중국사의 전개를 남쪽 중원의 농경민과 북쪽 초원의 유목

전면에서 바라본 왕소군묘. 왼편에 1964년에 세운 '소군묘'라는 표지석이 있고 중앙에 동필무가 쓴 시구가 비석에 새겨져 있다.

민 간의 투쟁의 역사라고 하였지만, 흉노가 초원 지역을 통일한 이후 중원 왕조는 끊임없이 유목 민족의 침략에 시달려 왔다. 한나라 무제武帝처럼 간혹 정벌을 행하기도 하였지만, 돈과 물자를 주어 달래는 것이 전쟁 비용보다 훨씬 싸게 먹혀 역대 정권은 소위 화친和親 정책을 취하는 것이 통상적이었다. 화친 정책이란 흡사 우리나라의 '대북 포용 정책'처럼 그들이 요구하는 소위 세폐歲幣라 지칭되는 각종 물품을 시도 때도 없이 보냄으로써 평화를 사는 방법이었다. 주로 비단·황금 등 진귀품을 보냈지만, 그 가운데는 북방 유목 민족의 군주인 선우單于에게 시집가는 황실의 여인도 포함되어 있었다. 번국蕃國과의 평화를 가져오는 일종의 외교 사절인 이들 여인을 '화번공주和蕃公主'라 일컫는다. 공주라 하지만 실제로는 황제의 여식이 아닌 경우가 대부분이었다. 화번공주를 보내는 것 자체가 결코 대등한 관계라 할 수 없지만, 그렇다고 천상천하 유아독존의 중국 황제가 그 여식까지 보낼 정도로 굴욕적인 관계를 맺을 수는 없는 형편이니, 흉노 등도 그 점은 양해했던 것으로 보인다. 다만 흉노의 선우도 중국 황실의 공주를 얻었다는 명분을 세울 수 있었기 때문에 진가眞假를 따지지 않고 짐짓 모른 척하고 받아들인 것이다. 사실 유목 민족은 이런 명분도 명분이지만, 이들 화번공주가 시집올 때 가져오는 혼수품에서 더 실리를 찾는 경우가 많았다. 제사보다 잿밥에 신경을 쓴 것이다. 이것을 '자장비資裝費'라 칭했는데, 예컨대 당나라의 경우 이 자장비가 국가 재정에 큰 주름살을 지울 정도로 그 액수가 엄청났다. 우리 민간에도 "딸 셋 시집 보낸 집은 도둑도 본체만체한다"는 말이 있는 것처럼, 예나 지금이나 딸 시집 보내는 것은 그 집 기둥뿌리를 흔드는 일임에 틀림없는 것 같다.

화번공주는 흉노의 군주인 선우에게 시집가는 것이지만, 실제로 정략 결혼의 희생물이기 때문에 그 여인 개인으로 볼 때 그렇게 영광스런 일도 아니었다. 그리고 산 설고 물 선 이국 땅에서 평생을 살아가야 하는 여인들의 슬픈 이야기는 종군위안부의 그것처럼 듣는 이의 가슴을 뭉클하게 한다. 역사상 화번공주 등 여러 가지 방식으로 북방 유목 민족 지역으로 끌려간 여인들이 수없이 많지만, 한대의 오손으로 시집간 오손공주烏孫公主 세군細君 및 해우解憂와 흉노로 가야만 했던 왕소군, 채문희蔡文姬 등과 당대 티베트로 시집간 문성공주文成公主 등이 특히 유명하다. 그러나 후세에 가장 화제가 되었던 여인은 왕소군과 채문희라 할 것이다.

오손이나 흉노 등 유목 민족의 선우들은 농경족 여인을 좋아했다. 우리가 대개 그러한 것처럼 이국색의 여인은 아침 저녁 항상 보아 식상한 여인들보다는 분명 낫게 보였을 것이다. 뿐만 아니라 항상 거친 가죽옷을 입고 말을 타고 달리며 가축의 젖을 짜는 일에는 남자 못잖은 맹렬 여성, 남자 다루는 데는 막가는(?) 그런 초원 여자와 달리, 비단 옷에 파묻혀 고운 얼굴을 수줍은 듯 드러내는 한족 여인들은 그들의 애간장을 태우기에 충분했을 것이다. 일찍이 흉노의 묵특[冒頓] 선우는 한 고조 유방劉邦이 죽고 난 뒤 과부로서 정치적 실권을 휘두르던 여태후呂太后에게 매우 외설적이고 무례한 편지를 보낸 적이 있다.

고독에 번민하고 있는 나는 늪지대에서 나서 말이 마구 달리는 평원 광야에서 자랐다. 이따금 국경을 넘어 중국에서 노닐기를 원하였더라. 지금 폐하도 혼자 된 몸, 나 또한 혼자 있어 두 임금이 모두 쓸쓸하니 우리 있는 것으로써 없는 것을 바꿈이 어떠하리.

孤僨之君 生於沮澤之中 長於平野牛馬之域 數至邊境 願遊中國. 陸下獨立. 孤僨獨居. 兩主不樂 無以自虞 願以所有 易其所無.

이상이 대충 그 편지의 요지였다. 이 편지를 받은 여태후는 대노했다고 책에는 쓰여 있지만, 자고로 여인의 마음만큼 측량하기 어려운 것이 없으니 그녀의 속마음이 진정 그랬는지는 헤아릴 길 없는 일이다.

　이민족에게 공주라는 이름으로 시집을 보내 평화를 사는 정책은 흔히 알다시피 흉노에게만이 아니라 오손에게도 행해졌다. 화번공주의 스타트를 끊었던 여인은 세군이었다. 오손은 '파란 눈에 붉은 수염〔靑眼赤鬚〕'의 투르크 혹은 아리안계의 유목 민족이 세운 국가로 몽골 초원으로부터 흉노에 쫓겨 천산산맥 북록현재 伊犁盆地으로 이주하여 자리잡은 서역 최대의 대국 중 하나였다. 오손이라는 이름은 창업주라 할 수 있는 곤막昆莫의 아버지가 흉노에게 살해된 후 들판에 버려진 그에게 까마귀〔烏〕가 고기를 날라다 주고 이리〔狼〕가 젖을 먹여 키웠다는 이야기가 한나라에 전해져 붙여진 것이란 설이 유력하다. '실크로드'를 열었던 장건張騫은 흉노를 격파하기 위해 대월지大月氏와 동맹 관계를 맺기 위해 사신으로 갔다가 실패하고 돌아온 후, 무제에게 대월지 대신 오손과 동맹할 것을 건의했다. 당시 오손이 흉노를 견제할 수 있는 유력국으로 부상하고 있었기 때문이다. 그럴 즈음 오손으로부터 한나라 공주를 얻고 싶다는 요청이 오자, 무제는 이를 쾌히 수락했다BC 105. 이때 선발해 보낸 여인이 바로 강도왕江都王 유건劉建의 딸인 세군이었다. 그녀가 시집간 오손 왕 곤막은 이미 나이 70을 훨씬 넘긴 늙은이인데다 말마저 통하지 않았으니 세군으로서는 '울며 마지 못해 시집간' 것임에 틀림없다. 한나라의 왕녀로서 금지옥엽처럼 자란 세군에게는 육고기를 주식으로 하고 비린내나는 유즙乳汁를 마셔야 하는 유목민 생활이 생지옥이나 다름없었을 것이다. 이런 가운데 그녀의 망향의 정은 더욱 깊어만 갔다. 그녀의 비감 어린 자작 시가는 지금도 우리를 울리고 있다.

우리 집은 나를 하늘 한 끝에다 시집 보냈네 吾家嫁我兮天一方

멀리 이국 오손 왕에게 몸을 맡기고 遠託異國兮烏孫王

궁려를 집으로 삼고 모전을 담장으로 삼으며 穹廬爲室兮

육고기를 음식으로 젖을 장국으로 먹고 산다네 以肉爲食兮酪爲漿

마냥 떠오르는 것은 본토 생각, 마음속은 에이는 듯 居常土思兮心內傷

원컨대 노란 고니 되어 고향에 돌아가게 되기만을 願爲黃鵠兮歸故鄉

　　이 노래를 전해 들은 무제는 그녀에 대해 약간의 연민을 느꼈다.
그러나 격년으로 사신을 파견하고 비단 등을 보내 위로하는 방법 외
에 달리 계책을 찾을 수가 없었다. 세군이 오손 왕에게 시집갔다는 소
식을 접한 흉노측은 그들도 왕족의 여인을 오손에 보내 한나라의 미
인 외교에 맞섰다. 오손은 접경하고 있는 흉노측이 보낸 여인을 세군
[右夫人]보다 상위[左夫人]로 삼는 등 한과 흉노의 심리를 교묘히 이용하
는 전술을 썼다. 초원 생활에 익숙하지 않았던 세군을 더 곤혹스럽게
만든 것은 곤막의 손자로서 태자로 세워진 잠추岑陬에게 다시 시집가
야 하는 일이었다. 아버지가 죽으면 계모를 처로 한다는 이른바 '수계
혼收繼婚 : 父死妻其後母'이라는 유목민의 전통적인 습속에 따른 것이라지
만, 불사이부不事二夫를 최고의 덕목으로 삼고 살아온 한족 여인 세군
으로서는 이를 순순히 받아들일 수가 없었다. 그녀는 급히 무제에게
상서하여 귀국시켜 줄 것을 간청했다. 그러나 그녀에게 날아온 것은
"그 나라의 풍습을 따르도록 하라. 오손과 더불어 호胡 : 흉노를 멸하고
자 한다[從其國俗 欲與烏孫共滅胡]"는 무제의 싸늘한 답장이었다. 하는 수
없이 세군은 잠추의 처가 될 수밖에 없었다. 그 사이에 여아 하나를 낳
았다는 소식을 전하고 있지만, 그 후 그녀가 어떻게 살았는지를 구체
적으로 말해 주는 기록은 찾을 수 없다. 세군이 비탄 속에 이국 땅에서
생애를 마친 것은 분명하다.
　　세군이 죽은 후 한나라는 곧바로 오손 왕 잠추에게 화번공주를

다시 파견했다. 초왕楚王 유무劉戊의 여식인 해우였다. 해우는 그곳 생활에 적응하지 못하고 힘겹게 살았던 세군과 달리, 나라가 그녀에게 부과한 임무 수행에 매우 적극적인 자세를 취하였다. 그녀는 조국 한나라를 위해 앞장서 십분 능력을 발휘한 정략가이기도 했다. 해우는 잠추 사후 그의 종제였던 비왕肥王 : 翁歸靡이 오손 왕이 되자, 그의 처가 되어 3남1녀를 낳았다. 오손은 그동안 흉노와 한나라 사이에서 어느 쪽에도 크게 치우치지 않는 균형을 유지하는 정책을 취해 왔지만, 해우의 책략과 수완으로 한나라에 보다 기운 정책을 취하게 되었다. 이런 사정에 불만을 품은 흉노가 해우를 내놓으라며 오손으로 쳐들어왔다. 해우는 한나라에 원군을 급히 청하여 오손과 연합군을 결성한 후 흉노를 공격하여 BC 72 막대한 손해를 입혔다. 이 맹렬 여인의 활약은 그것으로 그치지 않았다. 흉노의 피를 이어받은 세 번째 남편 광왕狂王의 암살 계획에 가담하여 그를 살해하는 등 한나라의 국책에 적극 부응하기 위해 끊임없이 노력했다.

그러나 철혈이었던 그녀도 세월 앞에서는 나약한 한 여인일 수밖에 없었다. 몸은 나날이 늙어 가고 직접 낳은 자식들이 자기보다 앞서 병으로 죽어 가자, 고향에 대한 그리움은 날로 깊어만 갔다. 해우는 결국 한나라로 돌아가 묻히고 싶다고 청원했다. 그녀가 한나라로 돌아온 해 BC 51에 흉노의 호한야呼韓邪 선우가 한나라에 입조入朝했으니 그녀의 인생은 오로지 조국 한나라를 위한 것이었고 나름대로 성공적인 것이었다. 나라를 위하여 봉사한 50년, 해우는 이미 70세의 할머니가 되어 있었다. 귀국 후 2년 뒤 해우는 파란만장한 생애를 접었다. 세군과 해우라는 상반된 두 여인의 이력을 통해서 우리는 당시 한-흉노-오손 사이에 얽힌 3국 관계와 유목 국가와 농경 국가 간 교류의 한 단면을 엿볼 수 있다.

화번공주로서 보다 기구하게 인생을 보낸 여인들의 이야기는 우

명비(왕소군) 출새도. 원나라 때 그려진 이 그림은 왕소군이 흉노로 떠나는 모습을 그린 것이다.

리의 심금을 울린다. 중국 역대 비극적 여인의 전형처럼 흔히 거론되는 채문희가 바로 그다. 본명이 채염蔡琰으로 후한 말 저명한 학자인 채옹蔡邕의 딸이다. 그녀의 일생은 비참의 연속이었다. 태어나자마자 그녀의 아버지는 모함에 빠져 삭방朔方으로 귀양을 가게 되었다. 2년 후 사면을 받았지만 돌아오는 길에 중상시中常侍 왕보王甫의 동생인 오원五原태수 왕지王智의 미움을 사게 되어 12년 동안 강해江海 지역에서 망명 생활을 하지 않으면 안 되었다. 신고에 찬 유랑 생활 끝에 낙양으로 돌아온 채옹은 다시 동탁의 협박에 못 이겨 좌중랑장左中郎將 벼슬을 하게 되었다. 그러나 동탁이 피살되자, 그 일 때문에 또다시 사도 왕윤王允에게 잡혔다가 후에 옥중에서 처형되기에 이른다. 아버지의 인생도 기구했지만 이런 아버지 밑에 또다시 아리따운 여자라는 이유로 채문희의 인생은 그보다 더 처절할 수밖에 없었다. 낙양에 돌아와 비교적 평화롭게 살던 짧은 시기에 채문희는 하동河東 위중도衛仲道라는 자에게 시집을 가게 되었다. 행복도 잠깐, 결혼 후 얼마 되지 않아 남편이 죽고 자식마저 없어 채문희는 고향 진류陳留：開封 남방로 돌아왔다. 난리가 나면 가장 불쌍한 자는 여자와 애들이라던가? 동탁의 부장 이각李催과 곽사郭汜의 무리가 난을 일으켰다. 남흉노 선우 주천립廝泉立은 우현왕 거비去卑에게 1000기를 주어 그들을 격퇴하고 후한 마지막 황제 헌제가 장안에서 수도 낙양으로 돌아가는 데 호위하도록 명령했다. 채문희는 그 흉노의 기마병에게 납치되어 흉노 좌현왕에게 바쳐졌다. 남흉노에서 또다시 12년, 그 왕과의 사이에 1남1녀를 낳았다. 후한 말 정권을 쟁취한 조조는 흉노에게 사신을 보내 거금을 지불하고 속면시켜[遣使以金璧贖之] 그녀를 데리고 돌아오게 했다. 채옹과 평소 친숙한 관계였던 조조는 채옹이 후손을 두지 못하고 죽은 것을 애통하게 여겼던 것이다. 그러나 채문희는 낳은 애들을 데리고 갈 수가 없었다. 이렇게 유랑과 곤경으로 점철된 반평생이 사실적으로 서술된 장문의 시가 바로 유명한 「비분시悲憤詩」 2장이다. 특히 흉노 왕과의 사이에서 태어난 두 애와의 헤어짐을 표현한 부분은 천고의 절창絶唱으로 알려져 있다. 그 일부를 전재해 보자.

아들은 내게 달려들어 목에 매달리며 　兒前抱我頸
어머니 어디로 가시려 합니까? 　問母欲何之
사람들은 어머니가 꼭 가야 한다고 하는데 　人言母當去
다시 돌아올 날이 있을까요? 　豈復有還時
언제나 어질고 정답던 어머니가 　阿母常仁惻
이제 무슨 까닭으로 다시 모질어졌나요? 　今何更不慈
아직은 어린 우리들을 　我尙未成人

채문희가 흉노에서 생활하던 모습.
몽고인의 주택인 게르 형식에다 앞에 한족식 주택의 지붕을 덧붙인 모습이 눈에 띈다.

어찌 다시 한 번 생각해 주지 않으시나요?　奈何不顧思

이를 생각하면 가슴이 터질 듯하고　見此崩五內

정신이 아득하여 미칠 것 같습니다　恍惚生狂癡

울면서 꼭 부둥켜안으면　號泣手撫摩

떠날 마음 혹시 다시 돌이킬까요　當發復回疑

　　　이 시를 채문희가 직접 쓴 것이라는 사실은 대개 인정하고 있다.
이 시의 원문은 『후한서後漢書』 권84 列女傳 董祀妻傳에 실려 있다. 이렇게
자신의 목에 매달리는 애들을 되놈의 땅에 그냥 놓아 두고 채문희는
단신으로 한나라에 돌아왔다. 그녀가 당시 처한 형편은 「나무꾼과 선
녀」에 나오는 선녀보다 낫지 않았다. 돈 받고 그녀를 놓아 주는 좌현

「문희귀환도」, 명나라 구영 仇英이 그린 「문희귀환도」의 일부다.
흉노 좌현왕(양산을 쓰고 있는 자)이 채문희를 송별한 후 북방으로 돌아가고 있다.
문희가 탔던 말 위는 비어 있고 붉은색을 입은 큰아들이 좌현왕 왼쪽에 있고 어린애가 시종의 품에 안겨 있다.

왕은 나무꾼보다 나을 것이 없고, 채문희 역시 선녀보다 모성애가 두
텁다고 볼 수도 없다. 조조의 호의로 한나라로 돌아온 채문희는 다시
동사董祀라는 사람과 재혼했다. 선녀가 하늘에 올라가 재혼했다는 이
야기를 들어 보지 못하였으니 채문희가 선녀보다 정숙한 여인이라고
생각되지도 않는다. 팔자가 센 여자인 것만은 틀림없는 것 같다. 그녀
를 만나는 남자마다 죽거나 아니면 감옥행이니 말이다. 동사는 둔전
도위屯田都尉라는 벼슬에 있을 때 저지른 범법 행위로 죽임을 당하게
되었다. 채문희가 조조를 찾아가 남편의 구명을 청하자, 조조는 그녀
를 가엾게 생각하여 동사를 사면하고 그녀로 하여금 이미 망실된 아
비 채옹의 글을 기억해 내 써 올리도록 시켰다. 채문희가 하도 명석하
여 400여 편의 글을 기억해 냈다는 것이 그녀의 일생에 대한 사서 기

록의 전부다.

채문희의 생애는 송대 어느 화가가 그려 현재 보스턴 박물관에 소장되어 있는 「채문희귀한도蔡文姬歸漢圖」 덕분에 서양 사람들에게 널리 알려져 있다. 백가쟁명百家爭鳴 시기인 1959년 중국에서는 『문학유산文學遺産』지를 중심으로 소위 채문희의 「호가십팔박胡笳十八拍」 토론 논쟁이 전개되었다. 시인 묵객들은 이미 무덤마저 없는섬서성 藍田縣에 채문희묘가 있다 하나 그녀의 것인지 확실하지 않다 그녀를 다시 이 세상에 불러내어 그녀의 생애를 요리조리 따지기 시작했다.

이 논쟁은 호적胡適 · 정진탁鄭振鐸 · 유대걸劉大杰 등 학자들이 「호가십팔박」은 채문희가 직접 쓴 것이 아니라 후세唐代인의 의작擬作이라고 한 것에 대해 인민 중국의 최고 권위를 자랑하는 역사가인 동시에 정치가인 곽말약郭末若이 반박한 데서 시작되었다. 위작설은 이미 송대 문인 소식蘇植 : 東坡이 가장 먼저 제기하여 거의 정설로 받아들여지고 있었다. 곽말약은 이들이 채문희의 인생에 대해 깊은 검토가 없었기 때문이라고 공격했지만, 곽말약 자신의 주장도 반드시 순수한 동기에서 시작된 것만은 아니었다. 그에 의해 전개된 이른바 '조조 재평가' 운동의 일환으로 「호가십팔박」의 작자가 채문희라는 것을 강조한 것이다. 그는 송대 이후 소위 정통 관념이 확립되고, 다시 『삼국지연의』가 세상에 유행하게 됨에 따라 세 살 먹은 애들마저 위대한(?) 영웅 조조를 나쁜 사람, 돼먹지 않은 간신으로 여기는 몇백 년간의 '역사 왜곡'을 바로잡아야 한다는 명분을 내걸었다. 사실 그의 주장 뒤에는 다른 목적이 숨어 있었으니, 그것은 조조를 당시 정치에 이용하려는 정치판의 수요와 연관된 것이다. 그에 의하면 조조는 황건黃巾 농민을 조직하여 주력 세력으로 삼고 호족豪族을 억압하고 빈약자를 구제하기 위해 둔전屯田을 일으키는 등 30여 년간 농민을 위해 노력해왔던 영웅인 동시에, 소위 건안문학建安文學을 중국 문학사상 최고조의

채문희묘. 섬서성 남전현에 소재한 채문희묘의 최근 모습이다.
또 한 명의 비운의 여인의 자취와 만나기 위해 필자는 2002년 10월 그녀의 묘를 찾았다.

경지로 끌어올린 문학 애호가라는 것이다. 따라서 조조야말로 농민 정권인 인민 중국의 지도자상과 부합한다는 주장이다. 또한 조조가 채문희를 구한 것은 조조의 위대성에 기인한다는 것이다. 「호가십팔박」이 채문희의 작품이라야 조조의 위대성이 더욱 돋보이는 것이다. 조조가 구한 것은 채문희 한 개인만이 아니라는 것이다. 채문희는 당시 도처에서 나타나고 있던 비극적 여인들의 전형일 뿐이라는 것이다. 즉, 조조는 사적인 감정에서 출발하여 그녀를 구한 것이 아니며 조조의 인민을 위한 문치무공文治武功이라는 위대한 능력에 기인한 것이라는 주장이다.

「호가십팔박」 가사의 내용과 당시 역사적 사실 사이에는 상당한 괴리가 있다는 것이 학계의 정평이다. 당시 채문희가 납치되어 간 곳

은 남흉노의 남방 근거지인 하동河東 평양平陽 : 산서성 남부 지역으로 추
정되는데, 「호가십팔박」에 묘사된 지리 환경은 음산산맥陰山山脈 근처
를 상기시키고 있기 때문이다. 따라서 후세인들이 채문희의 생애에
의부하여 지은 문학 작품일 뿐이다. 따라서 "진지한 감정으로 깊이 사
람을 감동시키는 「호가십팔박」은 직접 경험하지 않은 사람이라면 써
내려갈 수 없는 호시好詩라는" 곽말약의 강변에 수긍하는 사람은 그리
많지 않았다. 한때 중국 학계를 떠들썩하게 만든 「호가십팔박」 논쟁을
보고 채문희가 어떤 표정을 지을지는 측량할 수 없는 일이지만, 학문
연구의 동기가 순수해야 한다는 것은 거부할 수 없는 원칙이다. 학문
은 알고 싶은 것을 추구할 뿐이다. 특히 우리가 경계해야 할 것은 정치
적 시녀로서의 학문 연구다.

　　이제 본론으로 들어갈 차례다. 흔히 우리에게 왕소군으로 알려진
이 여인의 본명은 왕장王牆이며, 소군은 그녀의 자字다. 뒷사람들은 그

(좌) 왕소군 동상. 왕소군이 흉노 사신을 따라
북행하는 모습의 동상이 그녀의 묘 앞에 세워져 있다.
(우) 왕소군묘 위의 비각. 비의 전면에는 왕소군의 화상이
새겨져 있다. 고려대 김택민 교수(좌측)와
안동대 이윤화 교수(우측)가 동행하였다.

녀를 명군明君, 혹은 명비明妃라고 부르기도 한다. 남군南郡 자귀秭歸:
현재 湖北省 興山縣 출신이라 전해진다. 장강長江 삼협三峽 가운데 하나인
서릉협西陵峽의 향계하구香溪河口가 바로 그녀의 고리故里인데, 그곳에
동상이 서 있어 삼협 관광길에 만날 수 있다. 왕소군의 묘는 현재 내몽
고자치구의 수도 호화호특呼和浩特 남쪽 9km 떨어진 대청산大靑山 기
슭, 대흑하大黑河 북안北岸에 자리잡고 있으며, 봉분의 높이는 33m, 면
적은 20여 무畝로 인공으로 만든 것이다. 그녀의 무덤 위에는 흉노 땅
에서 자라는 백초白草가 아니라 한나라 땅에서 자라는 청초靑草가 돋
아났다고 하여 청총靑塚이라고도 한다. 전설에 의하면, 가을이 깊어 가
면 사야四野의 초목이 모두 시들어 누런 빛으로 변해 가지만 오직 소군
의 묘 위에는 여전히 "어린 황색 검푸름, 그 풀의 푸르기가 사철 쑥 같
다[嫩黃黛綠 草靑如茵]"는 것이다. 이로 인해 왕소군묘에는 "푸른 무덤이
눈썹이 검푸른 미인을 안고 있다[靑冢擁黛]"는 염칭艶稱이 붙게 되었다.

그러나 왕소군묘만 푸른 게 아니다. 북경에서 호화호특행 기차를 타고 가다 보면 나무 하나 보기 힘든 초원 지대를 지나게 되지만, 호화호특 근방에 이르면 수목이 울창한 평원을 만나게 된다. 그래서 이 지역이 중국어로 청성靑城이란 뜻의 호화호특이란 몽고어 이름을 가지게 된 것이다. 또 전설에 의하면, 소군의 묘는 그 형상이 하루에 세 번이나 변한다고 한다. "진시에는 봉오리 같고, 오시에는 종 같고, 유시에는 버섯 같다〔辰如峰 午如鍾 酉如瑢〕"는 것이다. 현재 호화호특 팔경八景의

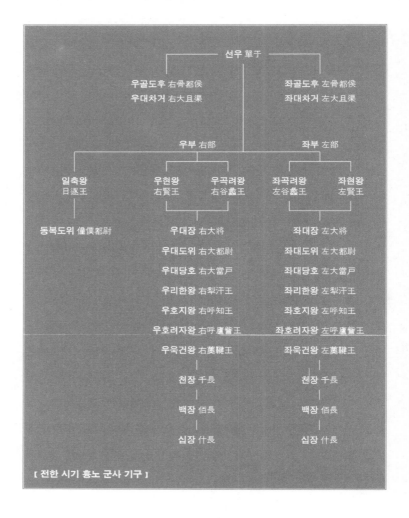

[전한 시기 흉노 군사 기구]

하나로 되어 있지만, 묘 위에 올라서면 새상塞上 오아시스가 눈 아래 광활하게 펼쳐져 있다.

중국 사람들은 유명한 사람들의 흔적 만들기를 매우 좋아하는 것 같다. 반드시 그 사람을 기려서 그러는 것만은 아닌지도 모른다. 지역적 자부심 혹은 이기심의 발로랄까. 아니면 후손들의 생업에 보탬을 주기 위한 먼 배려랄까? 내몽고와 산서 서북부에 왕소군의 전설이 서린 왕소군의 묘가 10여 개나 있고, 그 밖에도 왕소군이 울고 넘었던 고개, 왕소군의 수적手迹이 있는 바위 등 왕소군의 전설과 연관된 지점이 여러 군데 있다. 그곳에는 어김없이 사당이 세워져 있다. 그 가운데 가장 많은 사람들이 찾는 무덤이 바로 호화호특에 있는 청총이다. 이 무덤이 생긴 유래에 관해서는 두 가지 전설이 있다. 하나는 소군이 옥황상제의 명을 받고 천궁으로 올라가는데 그녀가 한발 한발 발을 떼어놓을 때마다 몸이 공중으로 올라가니 사방팔방에서 모여든 사람들이 토대를 쌓아 소군을 잡아 두려고 하였다. 그러던 중 돌연 커다란 울림과 함께 홍광이 비치더니 소군이 보이지 않게 되었다. 그 토대가 곧 청총이 되었다는 전설이다. 다른 하나는 소군이 죽은 후 사방팔방에서 흉노인들이 옷에 흙을 안고 와서 청총을 만들었는데, 그 후 사람들이 계속 흙을 가져와 청총 위에 놓는 것이 관례가 됨으로써 더욱더 높아지게 되었다는 전설이 그것이다.

비교적 잘 알려진 또 하나의 왕소군묘는 이극소맹伊克昭盟 달랍특기達拉特旗에 있는 것이다. 이 지역은 오르도스 지방에서 새외로 가기 위해 건너는 황하의 나루터다. 지금의 철강 도시 포두包頭를 마주 보고 있는 지점인데, 이곳이 바로 소군이 출새出塞할 때 건넜던 옛 금진도구金津渡口다. 소군은 당시 황하를 건너다 얼떨결에 비단신 한 짝을 강물에 빠뜨렸는데, 이 소식을 들은 그곳 사람들이 강을 모조리 뒤져 그 신을 찾아서는 나루터 근방에 묻었다. 소군이 죽자, 이 나루터에 큰 뇌성

소리와 함께 홍광이 비치더니 신을 묻은 곳이 방원方圓 5리, 높이 40여 m의 작은 산이 문득 생겼다는 것이다. 그것이 또 다른 왕소군묘가 생긴 사연이다.

그들 묘가 실제 왕소군과 직접 관계 있는 묘일 가능성은 거의 없지만, 우리는 그렇게 믿는 수밖에 없다. 중국사를 공부하고부터 나는 많은 미녀를 만났다. 달기妲己 · 서시西施 · 초선貂嬋 · 양귀비楊貴妃 등이 그들이다. 경국지색傾國之色이라는 말처럼 이들 미인은 얼굴은 예뻤지만, 나라를 말아먹은 여인들이었다. 성격이 표독하고 권모술수가 남자 못지않았다. 구시대적 사고를 못 버린 '왕'보수라고 욕하겠지만, 나는 이런 타입의 여인을 좋아하지 않는다. 남자를 편하게 해주고 조그마한 일에도 눈물을 흘리는 그런 여인이 좋다. 내가 왕소군이라는 여인에게 끌린 이유는 이렇게 간단하다. 이런 체질을 못 버린 남자는 스스로 말하지 않을 뿐, 나 외에도 더러 있을 것이다. 나는 왕소군의 묘를 두 번이나 찾았다. 1996년 여름과 1999년 여름이다. 첫 번째는 세 여자를 데리고 갔고, 두 번째는 학회 회원이 중심이 된 38명의 여행단과 같이 갔다. 첫 번째 세 여자는 결코 미녀들이라 할 수 없는 나의 가족들이다. 열심히 설명을 해주었지만 그들 가슴속에 왕소군에 대한 지식이 얼마나 남아 있는지 모를 일이다. 이 글을 쓰고 있는 나에게 아내는 "왕소군? 어디서 들어 본 이름 같은데……"라고 하는 걸 보니 헛데리고 간 것이 틀림없고, 두 딸은 내몽고의 찌는 듯한 여름 날씨와 초원의 열악한 화장실 사정 때문에 며칠간이나 변을 못 본 기억 외에는 현재 남아 있는 것이 없는 듯하다.

왕소군은 전한 원제元帝 조정의 후궁이었다. 당시 남흉노 선우였던 호한야가 한나라의 부마駙馬가 됨으로써 교분을 두텁게 하고 싶다는 뜻을 전해 오자, 한나라 조정에서는 그의 청혼을 받아들이기로 하고 화번공주를 물색하게 되었다. 『서경잡기西京雜記』라는 책에는 왕소군이 화번공주로 선발된 사정을 다음과 같이 적고 있다.

원제에게는 후궁이 많았기 때문에 그들 모두를 직접 만나 볼 수가 없었다. 그래서 궁실의 화공畵工을 시켜 그 형상을 그리게 한 후, 그 그림을 보고 불러 잠자리를 같이하곤 했다. 궁인들은 황제의 총애를 받기 위해 화공에게 뇌물을 주었는데 많게는 10만 냥, 적어도 5만 냥은 주어야 했다. 그런데 왕소군만은 그러지 않았기 때문에 황제와 잠자리를 같이하지 못했다. 그러던 중 흉노 선우가 연지閼氏, 즉 부인으로 맞기 위해 공주 한 사람을 보내 줄 것을 한나라에 청했다. 이에 원제는 화공이 그린 그림만을 보고 소군을 선발했다. 출발에 앞서 소군을 불러 보니 후궁 가운데 미모가 제일이고, 언사와 행동거지가 출중했다. 원제는 후회했지만, 이미 명적名籍 : 아그레망이 간 이후라 상대국에 대한 신의를 저버릴 수가 없었기 때문에 딴 여인으로 바꿀 수가 없었다. 다만 그 사건을 따져 화공을 모두 시장에서 목베고[棄市] 그 재산을 몰수했을 뿐이다.

왕소군의 애달픈 사연은 역대 시인 묵객들의 작품 소재가 되었다. 역대 우수한 문학 작품만을 모아 엮은 『문원영화文苑英華』라는 책 권204, 악부 13에는 왕소군을 기리는 송대 이전 시인들의 시 35수를 「소군원昭君怨」이라는 이름으로 수록하고 있다. 천재 시인 이백은 왕소군의 이 슬픈 이야기를 다음과 같이 읊고 있다.

소군 옥 안장에 치맛자락 스치며 昭君拂玉鞍
말에 오르매 붉은 뺨에 눈물 적시네 上馬啼紅頰
오늘은 한나라 궁인이지만 今日漢宮人
내일은 오랑캐 땅의 첩이로다 明朝胡地妾

시라는 것이 군더더기 없는 몇 구절로 독자의 가슴을 깊숙이 찌

르는 문학 장르이지만, 왕소군이 오랑캐 땅으로 떠나는 모습이 옆에
서 직접 보는 것처럼 눈에 선하게 다가온다. 왕소군은 이렇게 삭풍이
불어오는 북녘 새상 땅으로 뺨에 흐르는 눈물을 훔치며 시집을 갔다.
동방규東方虯라는 시인은

한나라 힘 이제 강력하고　漢道今初全盛

조정도 무신도 충분하건만　朝廷足武臣

박명한 첩 무슨 필요 있어　何煩須薄明妾

고생스럽게 화친의 먼 길을　辛苦遠和親

이라 하여 싸움도 하지 않고 이다지 가냘픈 여인을 희생시켜 평화를
산 한나라 조정의 조처를 비난하고 있다. 동방규는 역시 우리에게 너
무도 익숙한 "봄이 와도 봄 같지 않다"는 유명한 시구로 왕소군의 새상
에서의 생활을 묘사했으니

오랑캐 땅에는 화초가 없으니　胡地無花草

봄이 와도 봄 같지 않더라　春來不似春

자연히 옷과 띠가 흘렁거리네　自然衣帶緩

허리를 가늘게 하려는(미녀가 되려는) 것은 아닌데　非是覓爲腰身

라고 한 것이 그것이다. 왕소군이 고국 한나라를 그리워하는 모습이
처절하리만큼 사실적으로 표현되어 있다. 왕소군은 흉노 호한야 선우
에게 시집가서 그와의 사이에 이도지아사伊屠智牙師라는 아들을 낳았
지만, 남편 호한야는 그녀와 결혼한 지 2년 만에 죽었다. 호한야와 흉
노 귀족 호연씨呼衍氏의 여식 사이에 태어난 조도막고雕陶莫皐가 선우
〔復株累若鞮單于〕가 되자, 소군은 흉노의 관습인 수계혼에 따라 다시 아

들뻘인 새 선우의 부인이 되었고 그와의 사이에 두 딸을 낳았다. 새 남편과의 생활 11년 만에 또다시 선우가 죽자, 그녀는 다시 과부가 되었다. 그녀 나이 불과 33~34세였다. 그 후 그녀가 언제 어디서 어떻게 죽었는지에 대해서는 사서에 언급이 없다. 왕소군의 인생을 한마디로 잘라 규정하기는 힘들지만, 가녀린 여인으로서 감당하기에는 너무도 벅찬 것이었음은 분명한 것 같다.

이 가냘픈 여인의 희생 때문인지 왕소군의 소위 출새화친出塞和親 활동으로 "몇 년 동안 봉화의 불이 보이지 않았고, 인민은 번성하고 소와 말도 들판에 그득했다〔數世不見煙火之警 人民熾盛 牛馬在野〕"는 사서의 기록처럼 한·흉 간에 평화가 도래했다고 전하고 있다. 한나라 조정에서 왕소군에게 걸었던 기대는 컸던 것 같다. 그녀가 출새했던 해를 '변경을 안녕시켰다'는 의미의 경녕竟寧：境寧 원년이라 연호를 바꾼 데서도 알 수 있다. 흉노측에서도 왕소군을 '호를 편안하게 한 선우의 부인'이라는 의미의 영호연지寧胡閼氏로 봉했는데, 그것은 그녀의 활약에 대한 치하라기보다 그녀를 그렇게 봉함으로써 얻어지는 이득을 계산한 것이 아닌가 한다.

역대 중국인에게 '왕소군의 출새'와 흉노에서의 그녀의 생활은 어떤 의미를 던져 주었을까? 『후한서』남흉노전에는 당시 화번공주로 뽑힌 궁녀가 다섯 명이어서 왕소군만이 아니었는데도 그녀가 굳이 흉노로 간 것은 "자원自願"에 의한 것이며, 그것은 황제가 한 번도 그녀를 불러 주지 않았던 데 대한 "비원悲怨의 선택"이라고 적고 있다. 『후한서』의 기록은 채문희의 아버지 채옹이 지은 『금조琴操』라는 책에 근거한 것이라고 하지만, 그 책은 또 다른 이야기를 전하고 있다. 즉 호한야가 죽고 그녀와의 사이에 태어난 '실자實子'가 그녀와의 재혼을 재촉하자, 왕소군은 아들에게 "너는 한나라의 사람으로 살아가려는가, 아니면 흉노의 사람으로 살아가려는가?"라고 물었다. 실자는 "흉

동필무 찬양 왕소군비.
비운의 여인 왕소군을 호화 한의 화친에 대한
식견이 높은 민족 화해의 영웅으로 칭송한
동필무의 시구 앞에 서면 아연해진다.

노의 사람으로 살아가겠다"고 대답했다. 이에 그
녀는 자살의 길을 택했다고 전하고 있다. 『후한
서』의 찬자 범엽范曄이 이 사실만은 채용하지 않
은 것은 냉정한 역사가로서의 그의 안목을 엿보
게 하는 것이지만, 이 두 가지 삽화에서 유교적
봉건 사고를 가졌던 전통 중국인에게 왕소군은
실로 '뜨거운 감자'였음에 틀림없다. 이렇게 재혼
한 사실 자체를 부정하는 기록이 있는가 하면, 청
대 육차운陸次雲 같은 자는 왕소군의 출새를 높이
평가하면서도 아들뻘과 재혼한 사실에 대해서는
매우 부정적인 평가를 내리고 있다. 이렇듯 왕소
군이라는 여인은 중국인에게 복잡한 감정을 갖
게 한 여인이었음을 우리는 쉽게 느낄 수 있다.

왕소군은 우리, 아니 나에게는 한 가녀린 여
인으로 다가올 뿐이다. 그리고 우리들이 곱게 키
운 딸이 어처구니없는 운명의 장난으로 인해 본
의 아니게 이역만리 타국에서 외롭게 살아가는
모습을 조용히 지켜볼 뿐이다. 그녀는 끝내 자신
의 고국으로 돌아가지 않았다. 같은 입장에 있었
던 해우나 채문희가 고국으로 돌아간 것과 달리
그녀는 돌아가지 않았던 것이다. 그녀가 돌아가
지 않은, 아니 돌아가지 못한 이유에 대해서 기록
한 사료는 아무데서도 찾을 수 없다. 그녀가 낳은
아들은 우일축왕右日逐王이 되었고, 두 딸은 각각
흉노 귀족인 수복씨須卜氏와 당우씨當于氏의 거차
居次: 공주가 되었다고 기록되어 있을 뿐이다. 그

녀의 자식들이 흉노 조정에서 출세했기 때문일까? 자신을 버린 고국
에 대한 비원 때문일까? 아니면 근래 중국인들이 흔히 지적하듯 형제
민족 간의 우호의 사자로서 임무를 죽는 날까지 다하기 위해서일까?
그게 아니었다. 그녀는 흉노 땅에서 자식을 낳고부터는 한나라의 궁
녀나 미인으로서가 아니라 단지 세 아이의 어머니였던 것이다. 어머
니는 어떤 모습의 여인보다 아름다운 것이다. 어머니의 정은 어떤 것
보다 진한 것이다. 채문희가 자신에게 매달려 울부짖는 어린 자식들
을 외면하고 귀한歸漢한 것과 달리, 왕소군은 어머니로서 충실하고자
했고, 그런 여인으로 살기를 바랐을 뿐이다.

그러면 과연 왕소군이 평화의 상징, 한·흉 양족의 우호의 사신이
었을까? 근대 이전의 글들이 그녀의 애달픈 사연을 주로 노래한 것이
라면, 요즈음의 시들은 민족 우호의 사자로서 그녀의 외교적 업적을
칭송하는 것들뿐이다. 왕소군묘에 가보면 청대에 있었다는 유적들은
다 치워져 없어지고 대신 인민 중국이 성립하고 나서 세워진 것들로
채워져 있다. 왕소군묘는 1964년 내몽고자치구 중점문물단위로 지정
되었다. 소위 무산계급 혁명가의 한 사람인 동필무董必武가 1963년에
쓴 시구는 이백의 그것과는 사뭇 대조적이다.

소군은 천추 동안 그 스스로 있을 뿐 昭君自有千秋在
호와 한의 화친에 대한 식견 높기만 하구나 胡漢和親識見高
글짓는 사람 각각 소군 가슴속의 번민 나타내려 詞客各擄胸臆懣
글짓고 먹칠해 봐야 말짱 헛고생 舞文弄墨總徒勞

혁명가라 불리는 정치가만이 그랬던 것이 아니다. 저명한 역사학
자이며 북경대학 교수였던 전백찬翦伯贊마저 왕소군의 묘를 돌아보고
한몫 거들었다.

내몽고 인민의 마음속에서 왕소군은 이미 하나의 인물이 아니라 하나의 상징이다. 소군의 묘는 하나의 무덤이 아니라 민족 우호의 역사 기념탑이다.

在內蒙古人民的心中 王昭君已經不是一個人物 而是一個象徵. 昭君墓也不是一個墳墓 而是一座民族友好的歷史紀念塔.

현재 몽골공화국 수도 울란바토르[烏蘭巴托] 서쪽 당시 흉노 선우정이었던 용성龍城 어디엔가에 2000년 넘게 고이 잠들어 있을 그녀를 새삼스럽게 새내로 끌어와 중화민족 화합과 단결 운동의 대열에 참여시키는 것이 과연 옳은 일인가? 아니 이런 대접에 왕소군 자신은 흡족해할지, 아니면 그 고운 눈에 다시 서글품의 이슬을 맺고 있을지 나는 잘 모른다.

중국인들은 걸핏하면 '영웅' 만들기에 열을 올린다. 한 끼니 때우기도 어려운 '인민'들에게 그들처럼 영웅이 되라고 강요하는 것이다. 모택동의 숭배자였던 군인 뇌봉雷峰, 멸사봉공의 공무원인 공번삼孔繁三, 북경의 평범한 버스 안내원인 이수려李秀麗가 한때를 풍미한 영웅이었다. 최근에는 호북성 십언十堰시의 자동차 회사 정비공인 왕도王濤가 노동자의 모범으로 대서특필되고 있다. 우리로선 선행가쯤으로 신문이나 방송에 한번 소개되고 말 듯한 착한 백성들을 가정에서 끌어내 영웅으로 만들어 몇 년 혹은 몇십 년 전국을 돌게 한다. '뇌봉을 배우자', '이수려를 배워 위대한 사회주의 조국을 건설하자', '수천 수만의 왕도가 필요하다'는 플래카드나 벽보가 거리를 빽빽하게 채웠다. 그리고 '뇌봉연구위원회', '이수려연구위원회'가 전국 각처에 결성되었다. 이 관제官製 영웅들의 대열 속에 이미 2000년 전에 저 세상으로 간 왕소군이 다시 끌려 나온 것이다. 이승만 전 대통령이 내 고향 진주를 방문하기 며칠 전부터 우리는 거리에 나가 태극기 흔드는 연습을 했던 기억이 새롭다. 그리고 우리 대통령이 북한을 방문했을 때 거리를 메운 수많은 인파는 우리를 섬뜩하게 하였다. 그래서인지 왕소군 묘를 돌아보는 나의 발걸음도 그리 가벼운 것만은 아니다.

　인민 중국 성립 후, 소수민족을 억지로 중화인민공화국 속에 흡수·동화시키기 위해 중국 정부는 얼마나 그들을 많이 희생시켰던가? 소위 문화대혁명 시기에 수십만 명의 몽고인을 희생시키고 대신 많은 한족들을 이곳으로 이주시켰다. 중화민족의 화합에 장애가 된다는 이유만으로 수많은 몽고인들이 무자비하게 죽거나 쫓겨났다. 현재 내몽고자치구의 주인인 몽고인의 인구는 전인구의 6%에 불과하다는 사실은 무엇을 말하는가? 왕소군묘의 안내 팸플릿에는 "한·흉 양족 간에 화평 우호 관계를 맺기 위해 왕소군이 자원해서 흉노 땅으로 갔고 중요한 공헌을 했다"고 되어 있다. 이렇게 역사적 사실을 왜곡하면서 민족 우호를 이야기하는 것이 과연 몽고인들에게 무슨 생각을 갖게 할 것인가? 왕소군이 흘린 눈물은 진정 한·흉 우호를 위한 것이었던가? 왕소군이 고이 잠들도록 이제 그녀를 그만 풀어 주는 것이 어떨까.

六 오랑캐도 중화제국의
성군聖君이 될 수 있었다

◉ 오호십육국 초기 형세도

나라는 그 스스로 망하는 것이며, 외적外敵은 죽어 가는 것의 목을 치는 역할만 할 뿐이다. 생선이 머리부터 썩듯이 로마 제국도 머리(지도층)부터 썩기 시작했던 것이다. 서진西晉의 멸망 과정 역시 그러했다. 서진의 멸망은 황족을 비롯한 상류 계층의 사리私利와 위선僞善에 의한 도덕적 붕괴, 그리고 호족에 대한 한족의 비인간적 박해에서 비롯되었다. 호족들은 자중지란으로 신음하는 서진의 목을 쳤을 뿐이다.

서진 '팔왕八王의 난亂'은 막대한 군사력을 가진 종실宗室 여러 왕들 사이에 벌어진 권력 투쟁이었다. 모두 스스로 황제가 되려는 야심을 억제하지 못해서 일어났던 것이다. 팔왕의 난은 호족의 흥기를 촉진했다. 여러 왕들 간의 투쟁은 다시 투쟁을 낳고 그 사이에 서북방 호족의 무력까지 끌어들여서 전투력을 높이려 했다. 그리하여 결국 서북방 호족으로 하여금 자기 무력의 강대함을 자각시키는 계기를 마련해 주었다. 드디어 고래의 '문명'의 땅 중원은 '야만' 호족의 도량에 맡겨지게 되었다. 이러한 일련의 사태는 한漢이라는 세계 제국이 남긴 유산으로, 그 주인이었던 한족으로서는 참담한 불행이었다. 중국 역사상 그만큼 치욕적인 최후를 맞은 나라가 일찍이 없었기 때문이다. '영가의 상란'이 그것이다.

서양에서 게르만 민족의 흥기가 그러하듯 중국 역사상 오호십육국의 건립은 큰 의의를 갖는다. 혈관에 새로운 피를 수혈한 것이었고, 새로운 질서, 새로운 제국을 수립해 간다는 과정에서 보면 중국인들이 흔히 평가하듯 "오호가 중화를 어지럽힌[五胡亂華]" 것으로 볼 수는 없기 때문이다. 중국인들이 그토록 자부심을 갖는 화려한 세계 제국인 수·당 제국도 알고 보면 이 오호족의 내지로의 이동이 없었다면 생겨나지 않았을 것이기 때문이다.

역사는 바르게 쓰고 정당하게 이해해야 참된 거울[鑑]이 될 수 있다. 그렇지 않으면 왜곡된 거울이 되어 실상을 오도하고 미래를 그르치게 된다. 서진 왕조를 멸망으로 끌고 간 '먹물'들의 행태는 사회가 도덕 불감증에 걸리면 그보다 더 큰 불행이 없다는 참된 거울이다. 먹물을 대표한 서진 마지막 두 황제의 '최후의 만찬'이 벌어졌던 산서山西 평양平陽 (현재 臨汾) 주위에는 중국이 낳은 세계적인 영화감독 장이모우[張藝謀]가 묘사한 '붉은 수수밭'만이 그 슬픈 역사를 소상히 간직하고 있을 뿐이었다.

영가永嘉의 상란喪亂과 오호십육국 성립 현장 탐방

영원히 소멸하지 않는 제국은 없다. 흥망성쇠란 작게는 한 사람의 인생에서, 크게는 왕조의 운명에서도 나타나게 마련이다. 그러나 서진 왕조만큼 허무했던 제국은 아직 들어 본 적이 없다. 서진 왕조는 명색이 중국 역사상 몇 안 되는 통일 왕조의 하나였다. 한 사람의 수명보다 짧았던 51년. 짧았지만 굵을 수도 있다. 진秦과 수隋 왕조가 그랬다. 서진 왕조의 비극의 소재가 바로 이것이라고 단정할 수는 없지만, 황실을 비롯한 상류 계층이 하나같이 나약하고 부패했던 것만은 부정할 수 없다. 그것은 서진 왕조의 태생적 비극이었다. 후한 말 이후 계속된 군웅 시대를 마감했던 서진 왕조는 외견상 매우 화려해 보였다. 그러나 그 속내를 들여다보면 지도층이 그만큼 사리와 위선으로 치달았던 왕조도 찾기 어렵다.

서진 왕조는 소위 '먹물'들이 합심해서 일으키고 경영한 나라였다. 나라를 경영하는 데는 먹물도 필요하지만 '군홧발'도 필요하다. 먹물들에게 나라를 통째로 맡겨서는 낭패보기 십상이다. 먹물들은 따지기는 좋아하나 제대로 해내는 일이 별로 없다. 그들의 이념은 고결하고 그 주장은 정당하지만, 동기는 불순한 경우가 많다. 그들의 행동은 이름을 드러내고 사리를 추구하는干名踞利), 그래서 세속적이고 공리적이다. 후한 말 외척·환관 등 구세력을 매도하고 비판하며 반정부 운동을 벌였던 소위 청류파淸流派 지식인들 중에도 뭔가 불순한 동기를 감추고 있던 사악한 '위군자僞君子'가 많았다. 이런 위군자들이 서진 정권을 장악하고 귀족으로 군림했다. 서진의 실질적인 창업자 사마의司馬懿:宣帝, 179~251도 청류파 지식인의 한 사람이었다.

서진 귀족들은 조정을 권세나 부를 추구하는 장소로 생각하고 있었다. 그들은 관직을 얻어도 왕조의 운명보다 가문의 번영 쪽에 더 많은 관심을 가졌다. 귀족 계급이 갖는 본성 때문이다. 그들이 국가 권력을 장악함에 따라 어쩔 수 없이 국가 체제가 느슨하게 되었다. 당시 지

황토고원 풍경. 원래 초원에서 유목하며 살던 호족들이 여러 가지 요인으로 인해 황토 지대로 이동하여
살게 됨으로써 중원 한족과 밀접하게 접촉하게 된다.

식 계급의 사조를 대표하는 청담淸談은 고답적 경향을 더해 갔고, 현실
정치에 관여하는 것을 속된 것으로 치부하며 그것으로부터 회피하려
는 풍조가 만연했다.

　　위나라 2대 명제明帝가 군주 독재권을 강화하면서 등장한 것이
요즈음도 문제되는 '측근 정치'였다. 후한 명문으로 조조의 모신이며,
조비의 사우師友였던 사마의가 등장한 것도 그즈음이었다. 그는 오나
라를 공격하고 오장원 전투에서 제갈량에 잘 대처하는 등 군사적 업
적을 세웠다. 238년에는 요동의 공손씨公孫氏를 토벌했다. 명제가 죽
자, 조씨 일족인 조상曹爽과 사마의가 폐제廢帝를 보좌했다. 그러나 사
마의는 조상이 촉나라 정벌에 실패한 것을 계기로 249년 쿠데타를 일
으켜 조상 일파를 몰살시키고, 사마씨의 시대를 열었다. 사마의, 그리

서진 무제 사마염 상. 당 염립본의 「제왕도전」 중에서.
보스턴미술관에 소장되어 있다.

고 장남 사마사司馬師, 208~255, 2남 사마소司
馬昭: 文帝, 211~265 부자 3대가 음험하고 주도
면밀한 공작을 거듭한 끝에 사마소의 장남
사마염司馬炎: 武帝 236~290 때인 265년에 이
르러 위나라를 무너뜨리고 서진 왕조를 열었
다. 그 과정은 결코 정당하지 않았다.

　280년 마지막 남은 오나라를 병합함으
로써 통일 전쟁을 성공적으로 종료한 후, 서
진 왕조는 뭔가 크게 잘못되어 가고 있었다.
상하가 모두 평화에 안주하여 왕조가 지향하
는 목표가 어디에 있는가가 의문시되었다.
안주의 결과는 사치 풍조와 청담의 유행이라
는 두 가지로 표현되었다. 권력을 쟁취하기
위해 부나비처럼 살았던 지난 시절을 후회하
며 허무에 빠져 왕조 전체가 어떤 전망도 없
이 패색이 짙어진 인상을 풍기고 있었다.

　귀족들은 배금주의拜金主義와 사치 경쟁
에 몰두함으로써 무료를 달래려 했다. 무제
는 통일 후 점·과전제占·課田制와 호조식戶調
式 등 혁신적인 경제정책을 시행하는 등 나름
대로 정치 개혁에 관심을 가졌다. 또한 갈수
록 더해 가는 사치 풍조에 제동 장치를 마련
하려고 했다. 그러나 위진 교체기의 사예교
위司隸校尉로서 정권 탈취에 놀라운 수완을 발
휘한 하증何曾까지 구미에 맞는 음식이라면
하루에 1만 전을 소비하는 사치삼매의 세월

을 보내는 모습을 보고는 도저히 가망이 없음을 깨닫고 규제하기를 단념했다고 한다. 포기는 영합의 또 다른 이름이다. 이제는 무제 자신도 사치에 몰입했다. 황제로서 귀족에게만 책임을 떠넘기는 것은 비겁한 행동이다. 무제는 오나라 궁전에서 데려온 강남의 미녀에 빠졌다. 후궁이 1만 명에 이를 정도였으니 중국 사상 제일의 '호색한'이라 할 수 있다. 그가 단명한 원인도 여기에 있었다. 1995년 중국 호북성 양번에서 열린 중국위진남북조사연구회의 국제학술회의에서 일본의 중견 학자가 발표한 논문 제목이 「서진무제호색고西晋武帝好色攷」였다.

　최고 통치자는 정보기관을 통해 모든 것을 알고 있는 것 같지만, 정작 제일 중요한 자기 자신에 대한 정보에는 어둡다. 남을 나무라고 벌주지만 자기에 대한 평가는 지나치게 후한 법이다. 무제는 사예교위 유의劉毅에게 "짐은 한나라의 어느 황제에 견줄 만한가?"라고 물었다. 유의는 "환제桓帝와 영제靈帝일 것입니다"라고 대답했다. 환제와 영제라면 후한 시대 환관의 전횡을 방치했던 무능한 군주였다. 무제가 이 대답에 놀라 그 이유를 묻자, 유의는 "환제와 영제는 관직을 매매하여 수익을 국고에 넣었지만, 폐하가 매관한 돈은 사문私門으로 들어가고 있습니다"라고 대답했다. 사문이란 무제의 장인으로 당시 가장 권세를 떨치던 양준楊俊 일족을 말한다. 양준은 동생 요珧·제濟와 함께 삼양三楊이라 칭해졌지만 뇌물 정치의 전형으로 역사에 이름을 남겼던 사람이다. 항상 인척, 그 가운데서도 처족이 문제다.

　서진 사회는 이렇게 병들어 가고 있었다. 위·진 귀족의 에피소드 모음집인 『세설신어』儉嗇篇과 太侈篇에는 서진 왕조 하에서 벌어진 극도의 인색·사치의 풍경을 빽빽하게 묘사하고 있다. 특히 이들은 가문의 명예를 걸고 죽기 살기로 사치 경쟁을 벌였다. 무제의 외숙 왕개王愷와 창업 공신 석포의 아들 석숭石崇, 오나라 토벌에 큰 공을 세운 왕혼王渾의 아들로 무제의 사위였던 왕제王濟 등은 중국 사상 최고의 사치와 향락의 경연을 벌였던 인사로 기록되어 있다. 소위 '황금이 떨어지는 나무'를 가지고 있었던 황실과 인척들이 벌인 3파전은 가히 상상을 초월한 것이었다. 뭔가 일반인과는 다른 기발한 일을 벌임으로써 세간의 주목을 받고자 하는 마음의 화려함이 그들을 그렇게 몰고 간 것이다. 왕개가 찐 쌀 말린 것을 연료로 쓰면 석숭은 뒤질세라 양초를 쓰고, 석숭이 산초나무로 벽을 칠하면 왕개는 적석지赤石脂를 칠하여 대항했다. 그런가 하면 왕제는 사람의 젖을 먹여 돼지를 키웠다. 비싼, 그리고 본래의 쓰임새도 아닌 물건을 무턱대고 소비한 것이다.

그들은 단순히 화조풍월花鳥風月을 즐기며 문화적 우월감을 느끼는 것으로 만족하는 통상의 '귀족'이 아니었다. 당시 귀족들의 사치벽은 진기한 소재를 소모품으로 흔적도 없이 써버리는 것이어서 시대적 기념비인 만리장성이나 대운하 건설로 권력을 과시한 황제들의 그것과는 달랐다. 세상이 이처럼 온통 사치 풍조의 회오리에 휩싸인 가운데 돈의 힘의 위대함을 철저하게 풍자한 은사隱士 노포魯褒의 『전신론錢神論』이 저술되었다. "돈이야말로 신이다"라는 것이다. 인색과 사치는 정반대의 것처럼 보이지만 수단과 방법을 가리지 않고 무자비하게 긁어모으기[聚斂]가 전제되어 있다는 점, 그렇게 모은 돈을 감추든, 마구 뿌리든 그것은 어디까지나 자신의 이기적 사욕에 기초하고 있다는 점에서 공통성이 있다. 이런 사욕이 어떤 의미에서 서진을 파멸로 이끌고 간 '팔왕의 난'의 또 다른 요인이기도 했다.

누군가가 중국 왕조의 역사는 화려한 죽음의 꽃, 주지육림酒池肉林의 반복적 운행이었다고 했지만, 그런 점을 서진 왕조처럼 확실하게 실천한 왕조도 없었다. 서진 왕조를 이끈 자들은 도의적 고결함을 자랑해 마지않던 후한 말 청류파 지식인들의 아들 혹은 손자들이었다. 그러나 이들에게서는 조상들이 가졌던 최소한의 금도襟度마저 찾을 수 없었다. 위·진 교체라는 위태로운 시기에 재빨리 대세를 파악하고 목숨을 걸고 사마씨에게 달라붙은 후 사마씨 4대에 걸쳐 반대 세력에게 가차없는 피의 숙청을 단행하며 위나라를 야금야금 멸망으로 몰아넣었던 사람들이 바로 이들이었다. 이들 선조가 그토록 강조해 마지 않았던 우국지정憂國之情과 지조·절개마저 팽개치고 힘의 논리에 적극 순응하며 살아남은, 그래서 어딘가 깊은 곳에 회복할 수 없는 정신적 상처를 입은 사람들이었다. 지식인이란 무엇인가? 아니 무엇이 선이며, 무엇이 악인가. 무엇이 새로운 것이며, 무엇이 타기할 구태인가. 무엇이 흥국과 망국의 진정한 동인이란 말인가! 역사 속으로 들어가면 갈수록 깊어지는 의문 앞에 우리는 어리둥절해질 수밖에 없다.

후한에서 위·진에 이르는 시기는 중국 역사상 보기 드문 대전환기였다. 이 거대한 전환적 고리에 힘차게 그 존재를 과시한 것이 화북 일대에서 부락 생활을 하던 유목 호족胡族이었고, 그들로 하여금 역사 전면에 나타나게 만든 것은 서진 왕실인 사마씨들이 벌인 피비린내나는 내전이었다. 이 두 가지는 400년간 지속된 한 제국이 후세에 남긴 아픈 유산이었다. 그 유산은 20~30년의 단기간에 치유하기에는 너무도 깊은 상처였다.

이번 여행은 한편으로는 무거운 마음으로, 다른 한편으로는 뜨겁고 벅찬 가슴을 안고 독자 여러분과 함께 떠나야 할 것 같다. 파망은 가슴을 짓누르게 하지만, 새로운 큰 희망을 움트게 하기도 하기 때문이다. 이번 여행의 무대는 섬서陝西 서안西安~하남河南 낙양洛陽~산서山西 임분臨汾을 기점으로 하는 삼각 지대다. 이 삼각 지대를 중심으로 이 시대 역사가 펼쳐졌다. 이 지역은 1년을 살았던 북경을 제외하고 중국 지역 가운데 필자가 가장 많이 찾았던 곳이기도 하다.

호색한이라는 불명예를 짊어졌던 서진 무제에게도 사마씨의 왕조가 장구하게 뻗어 가기를 바라는 마음은 굴뚝 같았다. 그러나 '백치태자白痴太子'로 지칭되는 황태자 사마충司馬衷 : 惠帝, 259~306에 생각이

미칠라치면 골머리가 아팠다. 대신들도 마찬가지였다. 60 고개를 넘긴 노대신 위관衛瓘은 마침 능운대陵雲臺에서 벌어진 연회에서 옥좌를 만지며 "이 자리는 그에게 너무 과분합니다"라며 술주정으로 태자 문제를 재고할 것을 요청하였다. 무제는 황태자의 머리가 얼마나 나쁜지 시험하기로 했다. 거기에 태자비 가남풍賈南風이 있었다. 그녀는 키가 작고 피부가 검어서 역사상 가장 못생긴 태자비로 유명하다. 사료에는 "가씨 집안은 투기 때문에 아들이 적고, 낳은 딸도 못생겼다"는 알쏭달쏭한 말이 적혀 있다. 질투와 못생긴 것이 무슨 상관이 있는지 알수 없지만, 가씨가 능란한 권모술수로 그 얼굴값을 한 것만은 사실이다. 그런 여인이 만 여성의 선망의 대상인 태자비가 된 데는 다 이유가 있었다. 다름 아닌 그녀의 아버지 가충賈充, 217~282 덕분이었다. 그는 사마소의 반위反魏 쿠데타의 일등 공신으로 서진을 세우는 데 큰 공을 세웠고, 숙부 사마유司馬攸를 제치고 무제가 세자가 되도록 하는 데 강한 영향력을 행사한 이른바 '킹메이커'였다. 당시 가충이 뇌물 공세까지 펴 왕실과 인연을 맺었다는 소문이 세간에 파다했다.

가남풍은 교활하고 간사한 꾀가 많아서 저능아 태자를 배후에서 조종하였다. 무제로부터 태자에게 주어진 시험지를 받자, 다른 사람을 시켜 작성하게 하되 지나치게 훌륭한 답변은 피하고, 중요한 요점은 그런 대로 답하여 과락科落은 면하면서 아슬아슬하게 합격점을 통과하도록 하였다. 대학 입학 고사도 문을 열고 들어가는 것수석보다 문을 닫고 들어서는 것말석이 좋은 것이다. 답안지를 받아든 무제는 "이 정도면 천자의 지위는 감당하겠군!" 하고는 이후 아들에 대한 어떤 문제 제기도 용납하지 않았다.

290년 무제는 주색에 빠진 생활 끝에 몸을 상해 중태에 빠지자, 장인인 양준과 지방에 있는 숙부 여남왕 사마량司馬亮에게 후사를 부탁하는 조서를 내렸다. 양준이 이 조서를 감추고는 사마량을 배제한

산서성의 농촌 풍경. 흉노 유씨들이 최초로 나라를 세웠던 곳이다.
황토 고원의 혈거 가옥인 요동서 옥수수를 비상 식량으로 삼아 살고 있다.

채 의식이 몽롱한 무제로부터 태위太尉·태자태부太子太傅·도독중외제군사·시중·녹상서사라는 임명장을 받았다. 국가의 원로, 황제의 보좌역, 국군 총사령관 겸 행정 수반이 된 것이다. 290년 4월 무제가 55세로 사망하고 32세의 사마충惠帝이 들어서자, 사마씨 정권은 곧 양씨로 넘어가는 듯했다. 그곳에도 가남풍이 있었다. 무제의 황후였던 양씨는 한대에 사세삼공四世三公을 배출한 홍농弘農 화음華陰의 명족이었고, 며느리 가씨 집안은 하동河東의 명망가였다.

마침 기근이 들어 인심이 흉흉한 것을 보고 한 대신이 "인민은 먹을 쌀이 없어 곤란에 빠져 있습니다"라고 하자, 혜제는 "바보 같은 놈들, 쌀이 없다면 왜 그 대신 고기라도 먹지 않는담?"이라 힐책했다. 혜제야 원래 저능아라 세상이 어떻게 돌아가는지 몰라 이렇게 태평이었지만, 황후 가씨는 항상 불안할 수밖에 없었다. 대신과 종친들이 언제 혜제를 폐위할지 몰랐기 때문이었다. 가씨는 못생긴 대신 뛰어난 머리와 여성 특유의 시기심과 의심, 남자 못지않은 결단력을 겸비한 여장부였다. 그래서 하느님이 하시는 역사役事는 공평한 것이다. 무제 사후 가황후가 가장 두려워한 것은 시어머니 양태후楊太后와 그녀의 아버지 양준이 친권을 발동해서 혜제를 폐위시키지나 않을까 하는 것이었다.

가황후는 친척 오빠인 가모賈模를 끌어들이고 혜제의 동생인 초왕楚王 사마위司馬瑋를 부추겨 근위병을 동원토록 하였다. 이들은 양준의 막부를 불시에 공격하여 마구간에서 죽이고 양태후의 어머니인 방씨方氏도 체포했다. 양태후는 어머니 방씨를 살리기 위해 며느리에게 자신을 '첩'이라 칭하면서 살려 달라고 애원했다. 그러나 가황후는 끝내 이를 거절하고 방씨를 처형하니 양황후는 단식 끝에 34세의 젊은 나이로 굶어죽었다. 이때 주살된 자가 수천 명을 넘었다고 한다. 이 비정한 여인에 의해 마침내 '대량 살육의 시대'가 열렸던 것이다.

서진 혜제상. 중국 역대 왕조 황제 가운데 '백치 황제'로 유명한 혜제는 특히 황후 가남풍의 '여풍' 앞에 황제로서의
역할을 제대로 하지 못했다. 종실 제왕과 여자에게 윽박당하자 당황해하는 혜제의 모습이다.

양준을 대신해 천자의 후견인이 된 자는 혜제의 대숙부 여남왕汝
南王 사마량司馬亮과 72세의 노대신 위관이었다. 이 두 사람이 권력을
장악하자 가황후는 다시 불안해졌다. 여남왕은 특히 일족의 최연장이
므로 언제 혜제를 폐위할지 몰랐기 때문이었다. 그래서 가황후는 초
왕을 시켜 다시 두 사람을 살해했다. 이렇게 대량 살육에는 어김없이
종실의 여러 왕들이 관여한 것이 서진 왕조의 특징이다. 이것도 서진
황실의 사리 추구와 이기심에서 파생된 것이다.

오나라를 멸망시키고 전국을 통일한 무제는 사마씨 왕국의 영원
한 존속을 위해 정치적 혁신을 단행했다. 위 왕조는 황제권을 강화하
기 위해 천자 일가만의 권위를 높이고 천자의 일족에게는 정권을 맡

기지 않았다. 천자의 가문이 영원하기를 바라는 데 그 목적이 있었지만, 이러한 조치는 나라를 쉽게 다른 가문에게 빼앗기는 결과를 낳았다. 서진은 위나라의 전사前事를 반면 거울로 삼아 그 반대의 정책을 채용했다. 종실에게 대규모의 영토와 군대를 분배했던 것이다. 종실왕들을 황실의 울타리[藩屛]로 삼아 중앙집권을 지키게 하는, 소위 봉건封建 형식을 취한 것이다. 이것을 종왕宗王의 분봉分封과 출진出鎭이라 한다. 277년 무제는 아들과 조카들을 왕공王公, 군공郡公, 군후郡侯, 현왕縣王으로 책봉했다. 사마씨로서 왕에 봉해진 자가 27명이었다. 이들은 독자적인 봉국과 군대를 가졌다. 대국大國 : 3만 호, 3軍 사병 5000명, 차국次國 : 1만 호, 2軍 사병 3000명, 소국小國 : 5천 호, 1軍 사병 1500명의 차이를 두었다. 이들이 황실이 위급할 때 손을 잡고 큰 힘을 이루어 수도를 보위하기를 기대했던 것이다. 그리고 지방관에게 소속된 군대를 해산하거나 크게 줄였다. 위나 서진이나 모두 황실의 사리만을 생각한 결과였다.

당초 일가 일족의 번영을 목표로 입안한 종왕의 분봉과 출진 제도는 무제의 이기심을 조롱이라도 하듯이 일족을 도살시키는 참담한 비극을 가져오는 결과를 낳았다. 황실은 황실대로, 제후는 제후대로 사람인 이상 돈과 권력에서 각각의 이해득실이 있게 마련이다. 이 간단한 논리를 깨닫지 못한 것이다. 제후들이 자신의 이득을 위해서 무력에 호소하거나 일족을 죽이는 경우가 많아진 것은 그들에게 막대한 무력을 주었기 때문이다. 전국의 군사 체제를 종실에게만 위임하는 것도 너무 사려 없는 방법이었다. 황제와 종실의 결합은 혈연의 연결에 불과하다. 돈과 권력 앞에서 사실 피란 아무 소용이 없다. 정치성과 통일성을 보증하기 위한 장치로서 혈연이란 끈은 너무 취약하다. 도리어 비혈연적이지만, 황제와 관료와의 패거리[任俠的인] 관계 쪽이 강한 끈이 될 수 있다. 대통령 J씨와 안기부장 J씨의 끈끈한 신뢰 관계가 그러하듯 말이다. 옛일을 거울 삼기 위해서는 평정심을 가져야만 제대로 보인다. 사리가 개입되면 거울은 비뚤어지게 마련이다.

가황후의 조종을 받아 외척 양씨 세력을 척결하는 데 큰 공을 세운 초왕 사마위는 소위 '대세론大勢論'을 너무 과신했다. 잘하면 혜제의 황태제皇太弟가 되어 제위를 물려받을 수 있다는 은근한 기대였다. 대세론만큼 실패율이 높은 것도 없다. 정치란 그 정도로 단순하지 않기 때문이다. 대세를 누르는 것은 바람이고, 바람을 잠재우는 것은 무심한 것 같은 인심이기 때문이다. 이런 기미를 알아차린 가황후는 조서를 고쳤다는 죄목으로 초왕을 문책하여 죽였다. 이런 식이라면 방해자는 항상 연이어 눈에 띄게 마련이다. 가황후는 사씨謝氏 소생으로 기골이 장대하고 재기에 찬 황태자 사마휼司馬遹이 폐위를 도모하지 않을까 의심했다. 결국 구실을 만들어 그를 귀양 보낸 후 독살하려 했다. 그러나 황태자가 독약을 마시려 하지 않자, 약 찧는 절구로 쳐서 죽였다. 300년에 일어난 일이다. 이렇게 가황후는 자신에게 장애가 되는 자는 차례로 죽였다. 잘생긴 양황후의 천하는 1년밖에 되지 않았지만, 못생긴 가황후의 천하는 10년이나 계속되었다.

못나도 가황후는 필경 여자임에 틀림없었다. 가황후의 사치와 음란이 날이 갈수록 심해졌다. 처음에는 태의령太醫令 정거程據와 정을 통하더니, 노상에 잘생긴 소년이 보이면 잡아서 상자에 넣어 궁중으로 데려와 정을 통하고는 죽여 버리곤 했다. 간혹 아주 매력이 있고 썩 마음에 드는 소년이 있으면 희귀하고 값비싼 선물을 주어 돌려보냈다. 다시 부를 생각이었던 것이다. 서진판 '원조교제'인 셈이다. 그녀가 준 선물은 미소년에게 가당치 않은 값비싼 물건이었다. 훔친 것으로 오인받아 심한 고문을 받게 된 한 소년의 자백으로 가황후와의 관계가 드러났다. 황은을 입은 소년에 대한 고문은 중단되었다. 일반인으로서는 상상을 초월하는 일화들이 전해지고 있지만, 이러한 탐닉적

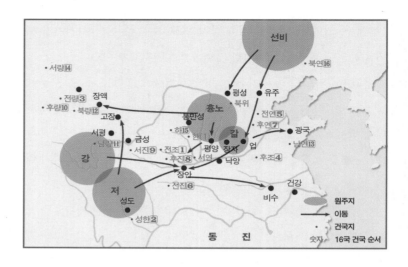

오호십육국 건국도

인 행위가 반드시 가황후에 한한 것은 아니었다. 당시 서진 사람들은 제정신이 아니었다는 것이 바른 말이다. 최고 지식인들은 마약과 술에 찌들어 있었다. 죽림칠현竹林七賢이 바로 그들이다. 가황후는 공주만 넷 낳았을 뿐 황자를 낳지 못했다. 그래서 친정 동생이 낳은 아이를 데려다 자기가 낳은 것처럼 위장하기 위해 옷 속에 짚을 넣어 임신한 것처럼 가장했다. 어느 특집 TV 드라마를 보는 듯한 느낌이다.

　가황후의 무소불위의 행위를 참지 못하고 일족의 장로인 조왕趙王 : 무제의 숙부 사마윤司馬倫이 군사를 끌고 궁중으로 들어와 혜제를 감금하고 가황후와 그 일족을 체포했다. 궁성 서북 요새인 금용성金墉城에 유폐된 가황후에게 주어진 것은 죽음을 강요하는 금설주金屑酒 : 금가루를 넣은 술였다.

　서진 왕조는 창칼을 가진 종실 여러 왕宗王들의 각축장으로 변해 가고 있었다. 조왕이 정권을 장악하고 나니 종실은 모두 자기보다

【 오호십육국 흥망표 】

손아래 사람들뿐이었다. 멍청한 혜제를 밀어내고 그의 아들을 세워 봐도 이 난마처럼 얽힌 문제는 쉽게 해결될 것 같지 않았다. 결국 사마 윤은 자신이 황제가 되기로 마음먹었다. 나 아니면 안 된다는 과대망 상증이 발동한 것이다. 사마윤은 혜제를 태상황으로 추대하고 황제의 위에 올랐다. 이렇게 되자, 종실 일족들이 모두 반대하고 나섰다. 모두 들 나라를 위해서가 아니라 욕심이 발동한 때문이었다.

회남왕淮南王 사마윤司馬允은 조왕을 토벌하려다 도리어 자기가 죽었다. 뒤를 이어 혜제의 동생 성도왕成都王:鄴에 주둔 사마영司馬穎과 사촌동생 제왕齊王:許昌에 주둔 사마경司馬冏, 그리고 족부族父인 하간왕 河間王 사마옹司馬顒 등이 연합해서 조왕을 죽이고 혜제를 복위시켰다. 이때 주도적인 역할을 한 자는 제왕 사마경이었으므로 그가 궁궐로 들어와 혜제를 보좌했다. 제왕 사마경은 권력을 잡기 전에는 현명한 자로 인망이 높았으나 권좌에 오르자 역시 타락했다. 그래서 권력이 란 마력을 지니고 있다고 말하는 모양이다. 이에 여러 왕이 제왕을 공 격하여 죽였다. 이때302 공이 있었던 혜제의 동생 장사왕長沙王:常山 사마예司馬乂가 궁궐로 들어와 혜제를 보좌했다.

성도왕과 하간왕은 장사왕의 성공을 시기해 함께 군사를 동원해 토벌에 나서 그를 잡아 불에 구워서 죽였다. 하간왕의 부하 장방張方은 서진 시대판 '이근안'으로 적대 세력을 잔혹하게 살해하니 그 현장에 있던 부하들마저 눈물을 흘리지 않는 자가 없었다고 한다. 가황후가 쫓겨나자 혜제는 양씨羊氏:羊獻容를 황후로 세우고 황태자까지 책봉했 다. 그러나 다시 혜제를 보좌하게 된 성도왕 사마영은 황후와 황태자 를 폐하고 자신이 황태제가 되었다. 자기가 혜제 다음으로 황제위에 오르겠다는 뜻을 분명히 한 것이다. 성도왕의 이 같은 처사에 종실 왕 들이 성도왕을 공격하는 등 혼전이 계속되었다. 이러는 동안 양씨는 황후 자리에서 쫓겨났다가 다시 복위되고, 혜제도 장안으로 끌려갔다가 다시 낙양으로 돌아오는 등 걷잡을 수 없는 혼란이 이어졌다. 팔왕 가운데 남은 자는 성도왕, 하간왕 그리고 동해왕 세 명뿐이었다. 306년 10월 성도왕이 먼저 두 아들과 함께 스스로 목을 매어 죽었고, 뒤이어 12월 하간왕은 세 아들과 함께 남양왕南陽王 사마모司馬模에게 살해되었다.

성도왕과 하간왕이 장사왕을 제거할 때 혜제의 족부에 해당하는 동해왕東海王 사마월司馬越의 도움이 컸다. 이제 팔왕 가운데 최후로 살아남은 자는 동해왕 사마월이었다. 306년 동해왕은 48세의 혜제를 독살했다. 이처럼 여남왕에서 동해왕까지 여덟 명의 종실 왕들이 번갈아 가면서 권력을 장악하거나 장악하려고 싸웠는데, 그때마다 대규모의 무력이 동원되었다. 이를 소위 '팔왕의 난'291~306이라고 한다. 팔왕의 난의 주역으로서 등장한 여덟 명의 종실 왕들은 무제의 아들이 세 명, 조카가 한 명, 숙부가 두 명, 증조부를 같이하는 6촌이 두 명이었다. 가후가 정치에 참여한 때로부터 혜제가 중독사할 때까지 16년 동안, 이들 '별들의 전쟁'의 여파는 현재의 산동·하북·하남·섬서 지역까지 파급되었다. 군사를 일으킬 때 어떤 왕은 20만 명, 어떤 왕은 7만 명을 동원했다고 한다. 전쟁이 일어날 때마다 죽은 사람이 1만 명으로 계산되었다. 피붙이 간에 서로 먹고 먹히는 사마씨 일족의 내란이 순식간에 서진 왕조를 공중 분해시켜 버렸다. 혹자는 못생긴 여자 한 명 때문에 생긴 일이라 하지만, 그녀도 못나고 싶어서 그런 것이 아니듯, 뭇 남성들이 그녀의 전횡을 막지 못하고 그녀의 인물 탓으로 돌리는 것은 실로 비겁한 일이 아닐 수 없다.

여덟 왕의 진영으로선 한 발짝도 양보할 수 없는 싸움이었기 때문에 모든 방법을 동원하여 병력을 극대화하려 했다. 거기에 오호五胡라 불리는 호족이 있었다. 중국 고대에 호족의 중심 세력이 되었던 것은 말할 것도 없이 흉노였다. 진秦나라는 흉노의 시도 때도 없는 공격

을 방어하기 위하여 만리나 되는 장성長城을 쌓았고, 한나라도 건국 초
에 흉노 때문에 무던히도 골치를 앓았다. 양자의 역관계가 바뀌기 시
작한 것은 무제 시대였다. 한나라 쪽이 반드시 우세를 점하게 되었다
고 말할 수는 없지만, 흉노의 예봉을 꺾은 것만은 분명하다. 모든 국력
을 쏟아부어 얻은 결과였다. 그러나 후한 시대가 되면서 흉노의 열세
는 결정적인 것이 되었다. 그것은 흉노가 남북으로 분열되었기 때문
이다. 그 직접적 원인은 선우위單于位의 쟁탈전에서 비롯되었지만, 간

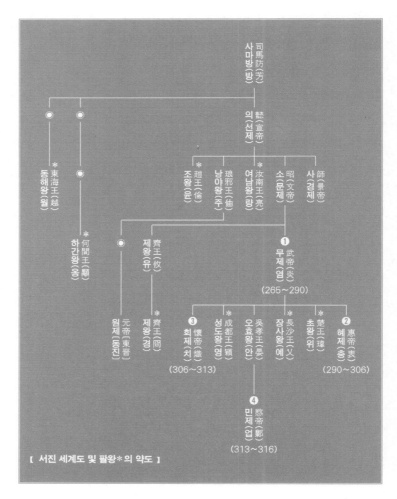

【 서진 세계도 및 팔왕*의 약도 】

접적 원인으로는 흉노 내부에 한나라의 문화가 침투해서 그 단결이 이완되었기 때문이다. 또 당시 몽고고원 기후의 한랭화가 그곳에서의 유목 생활을 곤란하게 만들었던 것이다. 남흉노는 친한파親漢派였지만 북흉노는 한나라에 대해 적대적인 입장을 취했다. 알력의 결과 남흉노는 후한 왕조에 항복해 왔고, 그 선우는 후한 황제에게 자신을 신하로 칭했다. 후한 왕조는 사흉노중랑장使匈奴中郎將을 파견해서 남흉노를 감독하고 그 동향을 감시했다. 남흉노는 한나라를 위해 변경 방위의 의무를 짊어지었다. AD 89년 한나라와 남흉노는 공동으로 북흉노를 토벌하여 결정적인 타격을 주었다. 이후 북흉노는 서방으로 이동해서 중앙아시아를 경유해 흑해 연안에 도달했다. 그 일부가 유럽 역사상 중요한 역할을 한 훈Hun족이라고 보는 설이 유력하다.

북흉노의 패배를 계기로 대량의 흉노민들이 남선우 밑으로 귀속했다. 이들 북흉노 귀속민을 '신항호新降胡'라 했다. 남흉노 내부에서는 구민舊民과 신항호 사이의 분쟁이 끊이지 않았다. 흉노는 갈수록 약해졌다. 신항호는 때로 반란을 일으켜 새외로 탈출하거나 선우정單于庭을 포위하기도 했다. 신항호가 구민과 차별되어 병역에 차출된 데 대한 불만 때문이었다. 북흉노가 서방으로 이동한 후 새외에는 오환烏桓이나 선비鮮卑가 세력을 떨치기 시작했다. 강대해진 신흥의 오환과 선비에 대한 방위 부담을 남흉노의 구민은 신항호에 떠넘기려 했다. 한나라측은 이들 흉노인들의 분쟁에 개입해서 구민측을 돕기도 하고, 통제력을 상실한 선우를 압박하여 자살시키기도 했다.

2세기 후반 들어 남선우가 이끌고 온 부락 내부에서 한나라에 대한 반항의 움직임이 보이기 시작했다. 선비 당시 檀石槐 시대 토벌에 나서는 것에 반항했던 것 같다. 한나라측은 이들을 토벌함과 동시에 선우를 바꾸려고 했다. 그 후에도 선우는 한나라측에 의해 살해되기도 하고, 혹은 흉노인에 의해서 살해되는 사건이 이어졌다. 선우는 한나라에 협력할 것인가, 아니면 자국인의 이익을 지킬 것인가 하는 두 가지 갈림길에 봉착하여 그 권위와 지위가 점차 저하되었다. 후한 말 내란 시대에는 선우의 공위空位 시대마저 나타나게 되었다. 그 후 선우는 부활되었지만 명목적인 것에 불과했다. 조조 시대에는 흉노의 여러 부락이 산서山西 일대에 분포해 있었다. 조조는 이들 부락을 좌·우·남·북·중의 5부로 분할하고 각 부 중에서 '수帥'를 선발해 통솔시켰다. 그리고 수 아래 한인의 사마司馬를 두어 감시했다. 5부 전체는 사흉노 중랑장이 감시했다. 중랑장은 태원太原에 주둔했는데 병주자사并州刺史를 겸했다. 남선우는 아무런 실권도 없었다. 이런 사태는 흉노족 전체가 종족으로서의 자립성을 잃었다는 것을 의미한다.

서진 시대의 태원은 노예 공급지였다. 낙양의 귀족들은 사흉노중 랑장에게 돈을 주어 노예 알선을 의뢰했다. 이들 노예는 대부분 흉노인이었다. 흉노는 정치적으로 자립성을 상실했을 뿐만 아니라, 경제 생활에서도 도탄에 빠졌다. 그 가장 좋은 예가 후에 후조後趙를 건설했던 석륵石勒의 경우다. 그의 가문은 흉노보다 한 급 낮은 갈족羯族의 부락을 대대로 이끌고 왔던 집안이었다. 석륵은 열네 살 때 동향인을 따라서 낙양에 행상을 나가지 않으면 안 되었는데, 그곳의 한인들로부터 심한 멸시를 받았다. 당시 태원 지방에 몰아닥친 기근으로 그는 동족 갈인羯人들과 함께 북방의 안문雁門까지 갔다가 노예가 되어 겨우 생명을 유지하고 있었다. 석륵의 전기인 『진서晉書』 「석륵재기載記」를 읽으면, 당시 흉노인이 빠졌던 비참한 생활의 일면을 엿볼 수 있다. 그런 상황에서 폭발한 것이 바로 '영가永嘉의 난'이었다.

다른 오호족으로 눈을 돌려 보자. 한과 흉노와의 역관계가 변화하여 한나라로 힘의 축이 옮겨감에 따라, 한나라는 하서 지방을 손에 넣고, 여기에다 식민 도시를 건설했다. 후한 시대 들어 그들의 서방 경영은 그곳을 넘어 강족羌族의 집거지인 서역에까지 미쳤다. 이로써 흉노와 강족의 연계가 단절되니 한나라는 강족 부락을 하나하나 토평해 나갔다. 후한 정부는 정복했던 강족 부락을 강제로 관중關中에 이주시켰다. 저족氐族들도 전한 무제가 감숙성 일대에 무도군武都郡을 건설한 이래, 위수渭水 유역에서 파촉巴蜀에 걸친 지역으로 이주된 자가 많았다. 삼국 시대에는 위와 촉이 경쟁적으로 그들을 자기 편으로 끌어들이려고 하였다. 특히 위나라는 무도에서 관중으로 그들을 이주시키는 정책을 썼다. 이리하여 저·강 양족은 그 본래의 거주지에서 점차 중국 내지로 이주하는 경향이 생겼다. 당시의 관중 인구 100만 명 가운데 그 반이 융적戎狄이라 할 정도로 그 수가 늘어나게 되었다. 이들이 중국 내지로 이주해 오니, 당연히 한족 사회와의 접촉이 밀접해졌다. 그들과 한족과의 관계는 결코 평등한 것이 아니었다. 그들은 어디까지나 피정복의 소수민족이었기 때문에 불이익을 많이 당했다고 생각된다. 197년에는 강족의 대반란이 일어났다. 소위 '서강西羌의 난'이다. 감숙·섬서 방면의 강족이 병역을 기피해 도망하자, 후한 정부가 군대의 힘으로 부락을 파괴하는 등 탄압 정책을 폈기 때문이다. 이 서강의 난은 감숙·섬서·사천·하동河東 : 산서, 다시 하내河內 : 하남 일대를 거쳐 황하 남안의 낙양까지 위협했다. 반란은 일어난 지 11년째인 207년에 겨우 진압되었다. 중앙 재정은 바닥을 드러내고 각지의 피폐도 극심하였다.

1세기 후반은 후한 제국으로서는 최초로 북방에 강적이 없고, 그 위광이 서역에까지 미쳤던 시대였다. 서방 로마와의 교통도 열렸다. 당시 로마가 '팍스 로마나Pax Romana'라 불리고, 후한 또한 '후한의 평화'라 불려지기에 합당한 시대였다. 그러나 2세기 들어 후한은 자기 몸 속으로 끌어들였던 소수민족으로부터 지독한 타격을 받게 된다. 이 시기부터 영광의 시대는 가고 쇠퇴 기미가 보이기 시작했다. 후한 국가가 피정복 소수민족을 자기 몸 속으로 넣었던 것이 바로 제국 해

체의 제1보였다. 다만 2~3세기에는 소수민족이 아직 역사의 표면에 그 얼굴을 드러내지 않고 있었을 뿐이다. 이 시기 한족 내부에서는 분열 현상이 현저하게 나타났다. 후의 오호십육국 시대의 정황으로부터 알 수 있듯이 각각의 호족은 중국 내지에 그 거주구를 중심으로 집주하였기 때문이다. 나중에 흉노는 산서 지역에서, 저는 관중과 사천 지역에서, 강은 관중 지역에서 그들의 나라를 세웠던 것이다.

후한에서 위·진 시대에 걸쳐 피정복민인 흉노·저·강 등 각족이 중원 지역으로 대거 옮겨와 한인과 잡거하고 있었다는 것은 앞서 지적한 대로다. 이러한 정황이 국가의 중대한 위기로 발전할 것이라는 점을 우려해 경고하는 사람도 있었다. 서진 혜제 원강元康 9년299에 강통江統이 상주한 유명한 『사융론徙戎論』이 바로 그것이다. 그는 흉노·저·강 및 고구려曹魏의 毌丘儉이 토벌해서 河南 滎陽 지방에 이주했던 사람들을 각각 새외의 옛땅으로 돌려보내 국가의 화근을 미연에 방지해야 한다고 주장했다『晉書』 권58 江統傳. 이러한 주장은 강통만이 아니고 위나라의 등예鄧艾, 서진 무제 태강太康 원년280 곽흠郭欽 등이 이미 경고한 바였다. 그러나 이런 주장은 미국이 흑인 노예들을 아프리카로 다시 돌려보내자는 것과 다름없이 가능한 일이 아니었다. 그들은 이미 중원 깊숙이 삶의 터전을 마련하고 있었기 때문이다.

야만인을 중국의 국경 밖, 원래의 주거지로 이주시키자는 강통 등의 주장이 대두했지만 정세는 정반대 방향으로 흘러갔다. 팔왕의 난으로 여러 종왕들의 대립이 격화되자 그들은 동원할 수 있는 모든 세력을 끌어들여 자기 편으로 이용하려 했다. 성도왕 사마영은 그 근거지가 이전 조조의 수도였던 업鄴이었는데, 이곳은 흉노 부락과 가까운 곳이었다. 그 힘을 빌리기 위해 좌현왕左賢王이라 칭하는 유연劉淵을 장군으로 임명한 후 업에 억류하고는 흉노 부락의 병사를 징발하는 임무를 맡겼다. 유연은 선우의 자손으로 그의 조상이 한나라 왕실과 통혼한 사실을 이유로 성을 유라 했던 자다.

유연은 혼란이 격렬해짐에 따라 산서 지역을 근거지로 해서 흉노의 자립을 도모하겠다는 의지를 굳혔다. 그러던 차에 유연의 종조부 유선劉宣이 주동이 되어 비밀리에 유연을 대선우로 추대하였다. 유연은 업을 벗어나기 위해 사마영에게 오환·선비를 이용하여 공격하려는 서진 병주자사 사마등司馬騰이나 안북장군安北將軍 왕준王浚 등에 효과적으로 대항하기 위해서는 흉노를 이용하는 것이 좋다고 설득했다. 이렇게 해서 유연은 304년 8월 산서로 돌아오는 데 성공했다. 그를 따르는 사람은 "20일 동안 이미 5만 명이 되었다"고 한다. 곧 대선우가 된 유연은 일찍이 남선우의 근거지였던 이석離石:山西省 離石市의 좌국성左國城을 수도로 삼았다. 그해 10월 한인도 지배하게 되었으므로 한왕漢王이라 칭하고 원희元熙라 건원함으로써 독립국을 세웠다. 오호십육국의 시작이다. 팔왕의 난이 진행되고 있었으므로 국세는 급속하게 신장되었다. 유연은 사마등을 격파해 하동 지역을 거두고는 308년 10월 포자蒲子:山西省 隰縣에서 황제위에 올랐다. 309년 1월에는 평양平陽으로 천도했다가 310년 7월 그곳에서 병사했다.

당시의 종족 문제는 단순히 한인들과 잡거하고 있다는 점에서 오는 것만은 아니었다. 만약 한인 왕조가 이들 이민족을 차별하지 않고 본족인과 같이 대했다면, 아니 그들의 근본이 강고했다면 그 정도로 중대한 문제는 일어나지 않았을지도 모른다. 그러나 서진 왕조는 그렇지 않았다. 전근대 국가에서 이민족을 차별 없이 대한다는 것은 처음부터 무리일지 모른다. 피정복민은 한인들의 멸시와 수탈의 대상이 되었다. 강통이 "융적의 마음은 중국인과 다르다. 그들이 어려울 때 수도 지역으로 옮겨온 후 모두가 그들을 부리고 희롱하였으니 그 원한이 골수에 사무쳐 있다"고 한 것은 적절한 지적이다. 한왕 유연이 병사를 일으킬 때 "진이 무도하여 우리를 노예처럼 부렸다[晋為無道 奴隷御

我)"고 한 것은 당시 민족 갈등의 정도를 말해 준다.

이민족을 군대로 사용하는 것은 자칫하면 이런 중대한 결과를 가져온다. 특히 전쟁이 장기화할 경우 그들은 점차 자신들의 역량을 자각하고 타인의 용병으로 일하는 것에 만족하지 않고 자기 자신을 위해 그 무력을 사용하고자 한다. 이것은 극히 당연한 일이다. 후한 말동탁·여포가 끌어들인 이민족 기병, 소위 호기胡騎의 내전 참가를 시작으로 팔왕의 난에서 오랑캐 기병의 이용은 절정에 달했다. 예를 들면 동영공東瀛公 등騰은 새외의 선비족에게 원군을 청했고, 성도왕 영은 산서 지방의 남흉노와 결탁했다. 전자는 훗날 북위 왕조를 세운 탁발부이고, 후자는 오호십육국의 선구를 이루었던 한漢·전조前趙 왕조의 주체 세력이었다.

이런 정황에서 오호십육국의 성립은 자연스런 것이었다. 로마 제국 말기 유럽에서도 밟았던 경로였다. 서진 종실 팔왕의 난은 호족들에게 절호의 기회를 제공했다. 유연의 좌현왕 유선이 "지금 사마씨는 골육을 서로 잔혹하게 죽이고 있어 사해가 가마솥 끓듯 하니 나라를 일으키고 제업을 회복하는 것은 바로 이때다"라고 말한 것은 지금이야말로 그들의 흉노 국가 재건을 위한 절호의 기회라고 파악한 것이다. 흉노를 중심으로 하는 오호족의 봉기는 비참한 생활에 대한 반동만이 아니라 흉노인에 의한 흉노인의 국가 건설이라는 목적이 있었다. 기원전 3세기경부터 새외에 건설되었던 흉노 국가와 달리, 그들이 건설하려는 왕조는 지역도 주민도 이전의 그것과 달랐다. 흉노 중흥의 기수를 내걸었던 유연은 오히려 중국 내지에 흉노가 중심이 되는 왕조의 건설을 기도한 것이다. 중국 내지에 건설한 이상 그 왕조는 당연히 중국 전토全土에 대한 주권을 주장하는 것이 아니면 안 된다. 이렇게 하여 유목민이 통치 주체가 된 왕조가 내지 중원 땅에 처음으로 건설되기에 이르렀다.

서진 낙양성 원경. 한때 번성했던 서진 낙양성의 흔적은 온데간데없고 그 있던 자리를 가로질러
공로와 철로가 달리고 있다.

서진 혜제가 죽고 회제懷帝, 284~313가 즉위할 무렵 한왕 유연의
세력은 더 커졌다. 당시 서진 영토 내에는 흉노의 한 외에도 요서 지방
의 선비 모용씨慕容氏·우문씨宇文氏·단씨段氏 등이 있었으며, 이들은
점차 자립하여 내지를 향해 진공할 기회를 노리고 있었다. 서진은 이
들을 회유하기 위해 모용외慕容廆를 선비 도독으로 임명했는데, 이는
오히려 선비 세력을 뭉치게 하는 결과를 가져왔다.

한나라에서는 유연이 죽은 뒤 약간의 혼란을 거쳐 311년 그의 아
들 유총劉聰이 즉위했다. 유총은 일족인 유요劉曜와 갈족인 석륵을 시
켜 서진의 군현을 공격·함락하기 시작했다. 우선 하남의 모든 지역을
점령하여 서진의 수도 낙양을 고립시키는 작전을 폈다. 서진의 실력
자인 동해왕 사마월은 천하에 격문을 띄워 근왕병을 독촉하는 한편,

서진 회제상. 영가의 상란의
최대 피해자였던 서진 회제는 황제의 몸으로
적도 평양으로 끌려가 흉노 황제에게
술을 따르지 않으면 안 되었다.

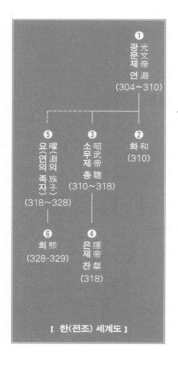

❶
光
文
帝
연 淵
(304~310)

❺
曜
요
(연
의
족
자)
淵
의
族
子
(318~328)

❸
昭
武
帝
소
무
제
총 聰
(310~318)

❷
화 和
(310)

❻
희 熙
(328-329)

❹
隱
帝
은
제
찬 粲
(318)

[한(전조) 세계도]

스스로 군사를 이끌고 석륵의 침입을 방어하였다. 그러나 구원병은 그림자도 보이지 않았다. 동해왕은 사방에서 긁어모은 4만 명을 거느리고 낙양 동남쪽에 있는 허창許昌에 주둔했다. 회제는 동해왕이 제멋대로 병사를 동원하는 것이 괘씸하여 동해왕을 토벌하라고 밀조를 내렸다. 작전 중임에도 불구하고 회제로부터 면직 통보를 받은 동해왕은 흥분한 나머지 발작으로 쓰러져 죽었다. 그는 명사이며 태위太尉 왕연王衍에게 후사를 부탁했다. 왕연은 서진 왕조를 끝까지 지키겠다는 마음은 없고 고립무원의 낙양에서 빠져나가 자기만 살 궁리를 하고 있었던 터였다. 동해왕의 죽음은 그에게 좋은 구실을 주었다. 동해왕의 영구靈柩를 호송하여 귀장歸葬시킨다는 명분으로 황족·귀족·명문 자제 등 10만 명을 이끌고 황제를 남겨 둔 채 수도 낙양을 떠났던 것이다. 왕연은 당초 10만 명을 데리고 갈 생각이 없었으나 모두 다투어 그를 따라 나섰다고 한다. 석륵은 이 소식을 듣고 이들을 공격했다. 서진의 10만 군중 가운데 서로 밟혀 죽는 자가 태반이라 석륵군은 힘들이지 않고 승리를 거두었다. 당시 왕공 이하 사졸까지 피살된 자가 10여만 명이고, 왕연 및 서진 종실 48왕이 모두 석륵의 포로가 되었다.

신문하는 석륵에게 왕연은 "나는 군사령관이라는 이름만 있었을 뿐 작전에는 조금도 관여하지 않았습니다. …… 각하가 필요하다면 나는 기꺼이 간판 역할을 하고자 합니다"라고 했다. 서진의 대표적인 명사가 취한 행동이다. 석륵이 왕연에게 "그대의 이름은 사해를 뒤덮고 몸은 무거운 지위에 있으며 어린 나이에 조정에 들어와 흰머리가 될 때까지 벼슬을 하였는데, 어찌 관여하지 않았다는 말을 할 수 있다는 말인가! 천하를 파괴한 죄가 바로 그대에게 있다!"라고 꾸짖었다. 석륵은 왕연보다는 훨씬 사람 사는 도리를 아는 자였다. 명사였던 그를 공공연히 사형에 처하기보다 밤중에 사람을 시켜 흙벽을 넘어뜨려 그 밑에 깔려 죽게 하는 방법을 택했다. 석륵이 왕연 일행을 습격한 것은 영가 5년311 4월의 일이고, 흉노군이 낙양으로 쳐들어간 것은 5월의 일이었다. 유총은 유연의 친척 조카인 유요와 한인으로 웅지를 펴기 위해 흉노에 가담했던 왕미王彌 등을 파견하여 낙양을 포위했다. 수도 낙양은 무방비 상태였다. 다음달 궁성은 점령되고 회제와 황후 양씨는 생포되었다. 이때 백관·사졸로 죽은 자가 3만 명이었다. 낙양 궁성은 유요에 의해 깨끗하게 불태워졌다. 동탁에 의해 불태워진 후, 약 120년 만에 낙양은 다시 불타는 비운을 맞게 된 것이다. 이로써 서진 왕조는 사실상 막을 내렸다.

회제는 포로가 되어 평양으로 압송되었다. 영가 7년313 정월 원단 평양의 광극전전光極前殿에서 연회가 베풀어졌다. 회제에게 배당된 임무는 허리에 청색 앞치마를 두르고 흉노 황제에게 술을 따르게 하는[靑衣行酒] 고약하기 짝이 없는 것이었다. 노예가 늘상 하던 역할이었다. 흉노족은 중화의 군주에게 이렇게 통쾌하게 되갚음을 한 것이다. 그 굴욕적인 광경이 목도될 때마다 서진 신하들의 곡성이 이곳저곳에서 울렸다. 유총은 그런 광경의 전개에 싫증났다. 그래서 2월 1일 짐독酖毒을 주어 회제를 살해했다. 유구한 역사를 이어온 한족에게는 진실로 '시일야 방성대곡是日也 放聲大哭'이 아닐 수 없었다.

회제의 형제는 25명이었지만 일찍 죽거나 살해당해서 회제가 죽은 뒤 남은 자가 아무도 없었다. 조카인 오왕吳王 안晏의 아들 사마업司

馬鄴이 낙양을 탈출해서 고생 끝에 장안에 이르자312, 9월 3일 황태자로 책립되었다. 이듬해 4월 1일 회제가 죽었다는 흉보를 받고는 27일 즉위했다. 그가 서진의 마지막 황제인 민제愍帝, 270~317다.

오랫동안 제국의 수도로서 명성이 높았던 장안은 후한 말 전란으로 황폐해져 성안의 주민은 1백 호에도 미치지 못했고, 한 왕조의 조정이라 해도 수레 4량밖에 없었으며 양식도 부족하여 한심하기 이를 데 없었다. 민제가 즉위한 그 다음 달 유요의 군대가 들이닥쳤다. 두 번313년 10~12월, 314년 7월은 억지로 견뎠다. 그러나 세 번째316 침략했을 때는 장안 외성이 함락되었다. 안팎이 단절되자 장안성 안은 쌀 한 말이 황금 두 냥에 거래되었다. 겨우 죽으로 연명하던 민제는 11월 11일 하는 수 없이 항복했다. 민제가 압송되어 평양에 도착한 날은 17일이었다. 18일 민제는 유총 앞에 머리를 땅에 대고 엎드렸다. 시종하고 왔던 국윤麴允은 그것을 보고 자살했다. 다른 신료들은 황제를 제대로 모시지 못했다 하여 살해되었다. 유총은 민제를 거기장군車騎將軍으로 임명하여 사냥 대회에 나갈 때는 군복을 입고 긴 창(戟)을 들고 선두에 서게 했다. 연회가 열리자 술을 올린 뒤 술잔을 씻게 하더니 다시 옷을 갈아입히고는 수레의 차양(蓋)을 잡도록 하니, 서진 상서랑 신빈辛賓이 어린 민제를 안고 통곡하다 유총에게 살해되었다. 민제도 회제 못지않은 치욕을 받고 317년 12월 20일, 18세의 나이로 살해되었다. 서진은 무제 태시泰始 원년265에서 민제 건흥建興 4년316까지 51년의 조명으로 끝났다. '크게 시작(泰始)'했으나 끝은 너무 비참했다. 좋은 경치는 원래 길지 않은(好景不長) 법이다.

여기에 서진 왕조의 운명만큼이나 처절한 한 여인이 있었다. 낙양이 함락되었을 때 혜제의 황후로서 팔왕의 난 때 거듭 폐립되었으며, 회제의 치세 때 홍훈궁弘訓宮에 살고 있던 황후 양씨(羊獻容)는 유요에게 사로잡히는 몸이 되었다. 유요가 한나라의 후신인 전조前趙의 황

요묘의 모습. 임분 남쪽 4km에 위치해 있다. 오호십육국 최초의 왕조 유연의 한 왕조가 수도로 정했던 평양(현재의 임분)은
전설상의 성군 요 임금이 도읍을 두었던 '요도'로 더 잘 알려져 있다. 요묘 동북 30km에 요릉이 있다.

제가 되자, 양씨를 황후로 책립했다. 유요가 양씨에게 물었다.

"사마가의 놈들과 나를 비교하면 어떠냐?"고. 그러자, 양씨는 "어찌 동열에 놓고 비교할 수 있겠습니까? 폐하께서는 왕조의 기틀을 연성군聖君입니다. 그혜제는 망국의 암부暗夫로 마누라, 아들과 자기 자신마저 지키지 못했습니다. 고귀한 제왕이었음에도 불구하고 처자식을 범서凡庶의 손에 욕보이게 하였던 것입니다. 나는 당시에는 진실로 살아갈 수 있으리라 생각하지 못했습니다. 어찌 금일이 있을 것을 도모할 수가 있었겠습니까? 저는 고문高門에서 태어나 항상 세간의 남자들이란 작자는 다 그러려니 생각하고 있었습니다. 폐하의 첩이 되고부터 비로소 천하에 진짜 남자가 있다는 것을 알게 되었습니다"라 하였다.

당시 한족은 물론, 흉노족 내부에서마저 오랑캐 출신이 과연 중화제국의 제왕이 될 수 있는가라는 의문을 제기하는 자가 많았다. 그러나 한때 서진의 태후였던 양씨가 이처럼 적극적으로 긍정·지지하고 나선 것이다. 망국도 서진처럼 비참한 망국이 있을 수 있을까? 그래도 양심은 있어서 한족 역사가들은 이를 지칭하기를 영가 연간에 일어난 '상란喪亂'이라고 했다.

오호란 잘 알다시피 흉노·갈·선비·저·강족을 가리키는 말이다. 그러나 3~5세기 중국의 서·북·동방에서 중국 내지로 이주해와 활동한 소수민족은 이외에도 정령丁零·오환烏桓·부여夫餘·고구려·파巴·만蠻·료獠·호胡 등으로 불리는 사람들이 있었다. 오호라는 명칭은 당시 화북의 민족 상황을 표현하는 말로는 적당하지 않다. 사실 오호가 활동하던 시기에는 정작 '오호'라는 말이 없었다. 이 용어는 대체로 4세기 중반 이후 등장하여 6세기 전반에 고착되어 쓰인 것으로 추정되고 있다. 십육국成漢·前趙·後趙·前燕·前涼·前秦·後秦·西秦·後燕·南燕·北燕·夏·後涼·南涼·北涼·西涼도 마찬가지다. 당시 화북에는 십육국 외에도 염위冉魏·서연西燕·전후前後 구지仇池·적요翟遼의 위魏 등의 나라가 있었으니 '십육'이라는 것도 정확한 명칭은 아니다. 이 용어는 북위 말 역사가 최홍崔鴻, ?~525의 저서『십육국춘추十六國春秋』에 의해 공식화된 명칭일 뿐이다. 오호십육국은 304년 10월 이웅李雄과 유연이 각각 사천과 산서 일대에서 성도왕과 한왕을 칭한 해부터 선비족 북위北魏가 화북을 통일한 439년까지 135년간에 걸친 시기를 가리킨다.

이 시대 세력의 큰 움직임은 화북에 있는 두 개의 축을 중심으로 형성되어 갔다. 장안을 중심으로 하는 관중關中과 업鄴：현 河北省 臨漳縣·양국襄國：현 河北省 邢臺市·중산中山：현 河北省 定州市을 중심으로 하는 관동關東이 그것이다. 이 두 지역을 지배했던 국가가 십육국 가운데서 강국으로서의 지위를 유지하였으니, 양 지역에서 유력 정권이 일어나 동서로 대립하는 형세를 펼쳤다. 즉 320년대의 전조前趙와 후조後趙, 350~360년대의 전연前燕과 전진前秦, 380년대 중기~390년대 중기의 후연後燕과 후진後秦, 410년대 말~420년대 중기의 북위와 하夏가 그것이다.

오호십육국 시대와 같은 시기 유럽에서는 게르만 민족의 이동으로 로마 제국이 쇠퇴하여 동서로 분열하고 게르만 민족의 부족국가가 세워졌다. 유라시아 대륙은 바로 '민족의 시대'를 맞은 것이다. 게르만 민족의 부족국가 대부분은 곧 그 하나인 프랑크 왕국에 의해 통합되어 '서유럽 세계'가 형성되어 갔다. 이 때문에 게르만 민족의 이동으로 현대까지 이어지는 유럽의 골간이 형성되었다는 역사적 평가를 받고 있다. 그렇지만 오호십육국의 성립에 대해서는 '성공한 쿠데타'인데도 "역사상 가장 굴욕"이라거나 "오호가 중화를 어지럽혔다"고 하며 매우 부정적인 의미인 '난리'·'혼란'·'동란'·'분란' 등으로 이름짓고 있다. 이렇게 오호족과 게르만족은 북방의 '소박한 민족'으로 남방, 소위

'문명' 사회에 한과 로마라는 양 고대 제국의 지배에 대항해서 기원후 3세기에 유라시아 대륙 동서에서 일어났던 민족의 움직임이지만, 그 평가는 큰 차이를 보이고 있다.

그러나 이 일련의 역사적 사건이 비난받고 부정되어야 할 일인가? 오호십육국을 진·한과 수·당 제국 사이의 불안정한 시대를 야기한 악의 존재였다고 말할 수는 없다. 오호의 중국 이동 후, 그들이 한족과 융합했기 때문에 수·당의 중국 통일이 실현되었고, 동아시아 각국의 모범이 된 국가 체제가 구축되었으며, 불교가 중국 사회에 침투할 수 있었던 것이다. 따라서 그것은 새로운 질서, 새로운 문화, 새로운 사회의 창조였다. 새로운 중국의 창조였던 것이다.

이제 천천히 여행을 떠나 보는 것이 좋을 듯하다. 이 시대 역사의 중요 무대였던 삼각 지대 가운데 장안즉 西安과 낙양은 다른 글에서 따로 독자 여러분과 함께 여행을 다녀오려고 한다. 따라서 이 글의 주된 여행지는 오호의 본거지인 산서 지역이다. 산서는 몇 개의 분지로 되어 있다. 이 중요 분지들을 연결하는 것이 황하의 지류인 분수汾水다. 서남으로 흘러 용문龍門 근처에서 황하와 만나는 분수의 중하류에 임분臨汾이라는 도시가 있다. 이곳이 바로 흉노 유씨의 한나라가 수도로 정했던 평양이다.

임분 사람들은 그곳이 한나라의 수도라기보다 중국인들이 성군聖君의 전형으로 추모하고 있는 요 임금의 도읍으로 기억하고 있다. 그래서 임분의 별명이 요도堯都다. 임분시 남쪽 4km 지점에 요 임금을 제사 지내는 요묘堯廟가 있고, 동쪽에는 50m 높이의 요릉堯陵이 있다. 임분시 혹은 임분현 지역에서 유연 혹은 흉노 한나라에 관한 유적, 옛 평양성의 흔적을 찾기란 힘들다. 다만 임분현 서남 18km 지점에 있는 여량산맥呂梁山脈의 한 줄기인 고사산姑射山 산록에 평수平水의 시발점으로 알려진 용자사천龍子祠泉이라는 샘이 유연과 관련된 전설을 전할 뿐이다.

서진 영가 연간에 그곳에 사는 한씨韓氏 부인이 야외에 나갔다가 큰 알 하나를 발견하고 집으로 가져왔더니 알에서 아이가 태어났다. 이름을 궐橛이라 했다. 아이가 여덟 살 때 유연이 백성을 동원하여 '평양도당금성 平陽陶唐金城'을 건축하는 데 궐이 응모하여 하룻밤 만에 성을 완성해 버렸다. 유연은 그의 초능력을 질투하여 죽여 없애려 하였다. 4월 15일 고사 산록까지 추격하니 궐이 원형의 금룡金龍으로 변하여 돌구멍을 파고는 숨어 버렸다. 유연이 칼을 빼 용의 꼬리를 끊으니 샘물이 거기에서부터 용출되어 나왔다. 그 후 사람들은 이를 '용자천龍子泉'이라 하고, 그 아래 만들어진 저수지를 '금룡지 金龍池' 혹은 '용자택龍子澤'이라 했다. 이 물이 흘러 일대의 토지를 윤택하게 하니 후세 사람들은 그를 '강택왕康澤王'이라 하고는 저수지 옆에 사당을 세우고 제사를 지냈다. 이 사당을 '강택왕묘康澤王廟', 속칭 '용자사'라고 한다. 당대에 만들어졌다고 전해지는 사당에 매년 4월 15일 묘회가 열리면 주민이 구름처럼 모인다고 한다. 유연의 명령을 받고 궐이 쌓았다는 유연성劉淵城의 흔적이 지금도 있다는 이야기를 최근에야 들었다. 서안의 섬서사범대학에 근무하는 L씨가 백방으로 탐문한 결과다.

산서성은 필자의 연구에서 매우 중요한 부분을 차지한다. 때문에 여러 차례 그곳을 찾았다. 임분도 마찬가지였다. 필자가 임분 지역, 특히 소위 '분서汾西' 지역을 처음 방문한 것은 1996년 여름이었다. 산서성 수도 태원에서 서안으로 가는 열찻길은 분수를 따라 나 있다. 태원 시내를 벗어나면 가도가도 끝없는 옥수수밭이다. 바로 이곳이 장이모우 감독의 영화 '붉은 수수밭〔紅高粱〕'의 무대다. 당시 임분을 방문한 목적은 역사학도로서가 아니라 '붉은 수수밭' 때문이었다. 필자는 평양성을 아직 찾아보지 못했다. 이번 여름방학에는 역사학도로서 그곳을 찾아 기구한 여인 양황후가 남긴 이야기의 의미를 되새기고 싶다.

우리에게 부처님의
자비를 가르쳐 준
부견(苻堅) 황제의 꿈과 현실

● 팔공산 위치도

지금도 중국을 남북으로 이분二分하는 경계선인 회수淮水, 그 지류의 하나인 비수淝水가에서 383년 벌어진 대전투는 중국의 전 역사를 양분하는 사건으로 인정받고 있다. 이름하여 '비수지전淝水之戰'이라 한다. 그 전쟁은 북방을 통일한 호족 정권인 전진前秦 왕조가 장강을 방패 삼아 강남에서 겨우 명맥을 유지하던 한족 정권인 동진東晉 왕조와 종족과 왕조의 운명을 두고 벌인 싸움이었다. 이 전쟁을 일으킨 전진의 군주 부견은 우리에게 불교를 전파해 준 인물로 기억되고 있지만, 중국 학계에서는 이 비수의 전쟁을 두고 '중화민족'의 통일을 위한 정의의 전쟁이었느냐, 아니면 침략 겸병하려는 불의의 전쟁이었느냐는 논쟁으로 한때 시끄러웠다. 그러나 필자는 당초 그런 논쟁에는 관심이 없었다. 황제이기 이전에 한 인간으로서의 부견을 이해하고 싶었고, 그의 이상과 좌절의 현장을 내 눈으로 직접 살펴보고 싶었다. 무엇이 전진의 90만 대군이 고작 9만의 동진군에게 패하게 하였을까? 하늘의 뜻이었을까, 아니면 지리 때문이었을까? 그것도 아니라면 사람 때문이었을까? 이 물음을 들고 먼 길을 찾아온 손님에게 비수는 1600여 년이 지난 지금도 여전히 조용히 흐르고 있을 뿐 아무 말이 없었다.

부견이 한때 점령하여 남침의 교두보로 이용했던 수양성壽陽城 안에는 비수의 전쟁이 일어났던 역사적 사실 자체마저 까마득히 잊어버린 사람들로 북적대고 있었다. 지금도 그들은 성문을 간혹 걸어 잠근다. 군사적 외침을 막기 위한 것이 아니다. 가끔 찾아오는 홍수라는 외침을 막기 위해서다. 수양성 북문 성루에 올라 팔공산八公山을 바라보니 전쟁이 일어났던 흔적은 하나도 찾을 길 없고, 거대한 두부 공장만이 그 위용을 드러내고 있었다. 사람들은 그곳이 두부의 발상지이고, 세계 최고 양질의 두부를 생산한다는 자부심으로 가득 차 있었다.

부견의 패망은 인간의 성선性善을 너무 믿은 데서 비롯되었다. 그는 자신이 지극으로 은신恩信을 베풀면 상대방 역시 그렇게 보답해 줄 것이라고 기대했다. 그러나 그런 것을 권력의 세계에서 기대한다는 것은 특히 무망한 일이었다. 그로부터 남다른 총애를 받았던 자들이 상황이 바뀌자 그를 향해 칼과 창을 겨누었다. 그는 너무 억울했다. 이 전투에서의 패배로 궁지에 몰린 그에게 강요된 선양禪讓(평화적인 정권 양도)을 부견은 쉽게 받아들일 수가 없었다. 패배자를 편들어 주는 자는 아무도 없었다. 그는 결국 한때 총애했던 자에게 목을 매여 죽임을 당하였다. 그 후 세월은 말없이 흘렀다. 그의 이상을 이해해 주고 그의 억울함을 달래 주는 자는 별로 없었다. 그러나 그는 섬서성 빈현彬縣 황토 고원 위의 사과나무밭 가운데 모든 것을 잊은 채 조용히 잠들어 있었다. 이제 다시 그를 위해 새삼스럽게 진혼鎭魂할 필요가 있으랴마는 그의 무덤을 찾는 일은 적어도 나에게 참으로 오랫동안 바라 마지않던 일이었다.

초등학교 어느 학년 때 배운 사회 생활 교과서에는 "전진의 왕 부견이 순도順道라는 승려를 고구려에 보내 불교를 전파한 것이 소수림왕 2년372의 일"이라 되어 있었던 것으로 기억한다. 그 후 전진이라는 나라도, 부견 혹은 순도라는 사람의 이름마저 나의 기억 속에서 가물가물해져 갔다. 그러다가 뜻하지 않게 대학에서 중국사를 전공하게 되고, 더욱 뜻하지 않게 대학원에서 위진남북조·수·당 시대 역사를 전공으로 택하게 된 데다 더욱 공교롭게도 지금까지 연구 주제를 이민족, 즉 호족과 한족의 관계사에 매달리다 보니 전진의 부견이라는 인물이 내 앞에 다시 등장하게 된 것이다. 그와 관련하여 필자는 15년 전에 「전진 부견 정권의 성격」이라는 졸문을 세상에 내놓은 바 있다.

역사학을 직업으로 삼으면서도 나는 상당 기간 황제는 인간이 아니고, 하나의 기관機關이라는 생각을 가지고 있었다. 그러나 부견과 만나면서부터 황제도 우리 범부와 다름없는 '인간'이라는 사실을 새삼 발견하게 되었다. 그는 꿈도 컸고, 때문에 남다른 고뇌로 잠 못 이루는 밤이 많았던 사람이었다. 역사란 좋은 일 한 사람은 칭찬하고 나쁜 짓 한 사람은 비판하는, 즉 포폄褒貶을 위주로 하는 학문이다. 그동안 필자는 이 시대를 살았던 몇 명의 인사를 주제로 잡아서 글을 쓴 적이 있었지만, 그들에게 매를 가했다기보다 칭찬만 해주었다. 그래서 어떤 교수는 나더러 저 세상 가면 신발 벗은 채로 마중 나올 사람이 몇 명은 될 것이라 농을 하곤 한다. 사실 모래알같이 많은 역사상의 인물 중에 굳이 질 나쁜 사람을 잡아 그를 분석하면서 괜히 흥분하는 것보다 마음에 드는 사람을 분석하여 이해해 주고 칭찬해 줌으로써 기분 좋은, 즉 '처남 좋고 매부 좋은' 일을 마다할 이유가 어디 있겠는가. 남들에게 본의 아니게 욕 먹던 사람, 혹은 원통하게 죽은 사람, 열심히 살았으나 제대로 평가받지 못한 사람들의 생애를 분석하여 그간의 오해를

팔공산. 수양성에서 바라본 장면이다.
동진군에게 불의의 공격을 받아 패배를 당한 부견이 수양성에 올라 1.5km 떨어진 팔공산을 바라보니 산 위의 초목이
모두 동진의 병사처럼 보였다고 한다. 그러나 그 산은 예나 지금이나 평범한 산일 따름이다.

풀어 주고, 정당한 평가를 해주는 것도 역사 공부 하는 쏠쏠한 재미의
하나일 것이다.

　　부견은 그동안 평가를 둘러싸고 의견이 분분했던 인물이다. 이는
그가 일으킨 전쟁, 소위 '비수의 전쟁' 때문인데, '신중국新中國'이 성
립된 이후 중국 학계를 중심으로 특히 이것이 문제가 된 것이다. 잘 알
다시피 중국이란 땅도 넓고, 사람도 많고, 산물도 많은 나라다. 중국이
라는 국명 아래 사는 중국인이 12억 명, 종족민족으로는 56개, 즉 55개
의 '소수민족'과 '한족'으로 구성되어 있다. 이들을 합쳐서 '중화민족'
이라 부른다. 사실 이를 '민족'이라는 사회과학적 용어로 불러도 되는
지 모르지만, 분명 그들은 그렇게 부르고 있다. 부견은 호족들이 세운
왕조들이 중원 지역을 통치하던 오호십육국 시대의 전진 왕조의 창업

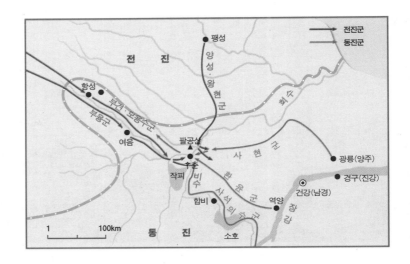

비수의 전투도.

주로서 오호족의 하나인 저족 출신이다. 그는 중국 역사상 이민족 출신으로 가장 먼저 중국 영토를 모두 자기 손아귀 아래 통일시키려 했던, 통이 매우 큰 사람이었다. 어쩌면 속된 말로 자기 주제를 망각한 '겁대가리 없는' 군주였다. 통일하려면 전쟁이라는 수단 외에 다른 방법이 없는 것이니 그가 일으킨 전쟁인 비수의 전쟁은 이른바 중국 역사상 최초의 이민족 군주에 의해 추진된 통일 전쟁이었던 셈이다. 따라서 비수의 전쟁은 그 승패와 관계없이 매우 중요한 의미를 지닌다고 할 수 있다.

　이 전쟁은 두 가지 측면에서 의미가 부여되고 있다. 첫째 이 전쟁이 4000년 중국 역사를 양분할 수 있는 대사건이라는 것이고, 둘째 이 전쟁이 세계 인구의 4분의 1을 차지하는 거대한 '중화민족'의 형성에 끼친 영향이 아주 크다는 점이다. 물론 논쟁이란 당연히 반대자가 있어야 성립되는 것이지만, 이 전쟁은 대사건도 아닐 뿐만 아니라 중화민족 형성과도 아무런 관계가 없다는 주장도 있다. 비수의 전쟁이 일어난 해가 바로 서력 383년인데, 이 해를 중국 역사를 양분하는 분기로 삼아야 한다는 주장을 제기한 자는 홍콩과 대만에서 활약한 사학자 뇌해종雷海宗이었다. 그의 시대구분론의 대강의 내용은 다음과 같다.

제1분기는 역사의 시초부터 383년 비수의 전쟁까지로 대체로 순수한 화하족華夏族이 문화를 창조·발전시킨 시기였다. 외래의 혈통과 문화가 중요한 역할을 하지 못한 시기로 '고전적 중국'이라 칭할 수 있다. 제2분기는 383년부터 오늘날에 이르는 시기다. 북방의 호족이 누차 중국에 침입하고 인도의 불교가 중국 문화에 심각한 영향을 준 시기로, 중국인의 혈통과 중국 문화상 커다란 변화가 발생하였다. 제2분기의 중국은 당초의 순수한 한족이 주체가 된 고전 중국이 아니라 호족과 한족이 혼합되고 인도와 중국의 문화가 동화된 새로운 중국이었다.

이상이 뇌씨가 주장한 대강의 내용이다. 그의 이런 주장은 다음과 같은 당시 상황에서 비롯된 것이다. 중원에 호족 정권이 등장하기 시작한 지 80년 후인 383년에 북방 지역을 일시 통일한 부견은 양자강을 건너서 동진 왕조를 멸망시키고 천하를 통일하려 했다. 부견이 비수의 전투에서 패배한 것은 중국 역사의 운명을 결정한 사건이라는 것이다. 이때 만약 호족이 승리를 거두었다면 이후 중국이 존재할 수 있을지 의문이라는 것이다. 그 근거는 다음과 같다. 오호십육국의 성립으로 이민족이 중원을 차지하자, 한족 지배층은 상당수 장강 이남으로 피신한 후 동진 정권을 세웠다. 당시 한족 세력은 강남에서 아직 뿌리를 내리지 못한 상태여서 이후의 몽고나 만청滿淸이 장강을 건넜을 때와는 상황이 크게 달랐다. 당시 강남 지역에는 남만족南蠻族으로 통칭되는 이민족이 상당한 세력을 지니고 있었고, 한족은 사실 희소한 편이었다. 만약 부견이 비수의 전쟁에서 이겨 그가 이끄는 호족이 양자강을 건널 수 있었다면 남방에 있던 한족 세력은 그때 완전히 소멸될 위험이 있었다. 남방과 북방을 모두 잃었다면 한족이 이후 부흥할 수 있었을 것인지는 의문이 아닐 수 없다. 설사 한족 위주의 중국이 완전히 멸망하지는 않는다고 해도 최소한 이후의 역사는 전혀 새로운 국면을 맞게 되어 그 후의 실제 현실과는 다른 상황이 전개되었을 것이다. 한편 동진이 비록 비수의 전투에서 승리를 거두기는 했으나 중국이 받은 충격은 아주 컸다. 이후 200년 동안 중국은 무언중에 큰 변화를 겪었다. 호胡와 한漢 양족은 하나로 혼합되어 한족이라는 이름을 그대로 쓴 것뿐인 '새로운 한족(新漢族)'의 국가인 수·당 왕조를 형성하였고, 불교는 중국 문화와 불가분의 관계를 맺게 되었다. 즉 383년에 일어난 비수의 전쟁은 제1분기인 고전적 중국과는 다른 국면, 즉 호족의 혈통과 인도의 종교를 대량으로 흡수한 제2분기로 진입하게 만든 대사건이었다는 것이다.

필자도 뇌씨의 주장이 상당한 의미를 갖고 있다고 믿는다. 한족 지상주의(大漢族主義)의 중국 학계에서, 그것도 중국인으로서 이런 이야기를 하기가 쉽지는 않다. 사실 중국인 학자와 중국 문화의 원류 혹은 동아시아 민족 관계를 토론하다 보면 속이 뒤집힐 때가 한두 번이 아니다. 필자는 역사상 중국 혹은 한족과의 관계 기사는 철저하게 되짚어 보지 않으면 안 된다고 생각한다. 동아시아 각국의 역사 서술에 보이고 있는 중국측 기록의 폭력은 상상을 초월한다. 예컨대 19세기 후반 서양의 군함과 대포에 대적할 수 없게 되어 마지못해 굴욕적으로 맺은 조약마저 청 왕조의 관방문서官方文書에는 "대황제께서 특별히 명령으로 허가하시어 저 오랑캐에게……"라 운운하고 있는 것이다. 후안무치한 이런 태도를 외면할 수 없었던 중국의 어떤 학자는 만약 역사상 중국과의 관계가 발생한 국가와 민족이 모두 자신의 문자 기록을 가지고 있고, 오늘날까지 보존되고 있다면 아마도 『24사』 가운데 「사이四夷열전」, 「외국열전」은 물론 심지어 「본기本紀」 가운데 상당 부분은 다시 써야 할 것이라고 스스로 인정한 바 있다. 그런데 더 한심한 것은 우리 학계에도 중국 학자 못지않은 모화주의자慕華主義者들이 더러 있다는 점이다.

괜히 흥분했나! 비수의 전쟁이 우리의 주목을 끄는 또 하나의 이유는 중국 학계에서 이 전쟁을 두고 불붙기 시작한 격렬한 논쟁 때문이다. 다름 아닌 정의의 전쟁이냐 불의의 전쟁이냐는 논쟁이다. 즉 비수의 전쟁이 북방 전진 정권이 남방의 동진을 통일하려는 정의성이 수반된 통일 전쟁이냐, 아니면 호족이 한족에 대해 진행한 침략 전쟁으로 비정의성, 즉 불의의 전쟁이냐의 문제였다. 사실 언뜻 보면 이 논쟁은 '애들 말장난'처럼 보이지만 중화민족의 일체성을 강조해야 하는 그들로서는 매우 중요한 문제일 수밖에 없다. 그 때문에 수많은 학자들이 이 논쟁에 말려들었다.

신중국이 성립한 후, 공산당의 영도 하에 추진된 소위 '인민에게 봉사하는 역사학'의 다섯 가지 주제가 바로 '다섯 떨기의 금빛 꽃[五朵金花]'이라는 것이었다. 즉 ①고대사의 분기分期: 시대구분 문제, ②근대사 분기 문제, ③농민기의農民起義의 혁명성 문제, ④자본주의 맹아 문제, ⑤한족 형성 문제 등이 그것이다. 역사학자들은 모택동의 교시를 금과옥조로 삼을 수밖에 없었다. 이 가운데 민족사, 특히 '한족의 형성' 문제를 두고 다기한 논점들이 제기되었다. 그것을 한마디로 요약하자면 "현재 중국 강역상에 존재했던 고대 민족들은 모두 중국 민족이었던가?"라는 질문에서 시작한 것이고, 그 해답은 "현재 중국 강역을 중국사의 범위로 삼아야 한다"로 귀결되었다. 즉, 56개 민족이 '다원적'으로 존재하고 있지만 이들은 '불가분의 일체'를 이루고 있다는 것이고, 이것이 바로 '중화민족'이라는 결론이다. 중국 역사상 발생한 각종 민족 간의 전쟁은 중화민족이 형성되는 과정에서 생겨난 '국내' 형제 민족들 간의 문제였기 때문에, 중국 역사 범위를 벗어났던 것이 아니며 '현재'의 중국 영토는 '과거'에도 중국의 영토였다고 주장한다. 즉 '현대 중국=역사상 중국'이라는 것이다. 이 논리는 그들과 국경선을 맞대고 있는 우리로서는 더욱 황당하다. 그들이 당나라의 일개 지방 정권이라고 보는 발해의 역사는 물론, 부여·고구려도 그들 역사의 일부가 되어 버리기 때문이다.

이와 같은 입장에서 전개된 논의의 결과 도달한 결론이 소위 '중화민족 다원일체격국론中華民族多元一體格局論'이다. 이것은 중국 내 민족의 다양성에 대한 실체적인 존재를 인정함과 동시에, 그 현실적인 통일[不可分性]의 필요성을 강조하는 이론이다. 현재의 '중국' 범위를 과거 수천 년까지 소급시켜 적용하려는 이런 '궤변'은 현대 중국 사학계에서 공공연하게 주장되고, 또 받아들여지고 있다.

이러한 결론에 도달한 것은 '민족 모순'보다 '계급 모순'이 더 강조되는 마르크스주의의 지도와 56개 민족을 한 국가 공동체로 묶어야 하는 현실적인 문제에 대해 이론적으로 뒷받침해 주어야 할 필요성 때문이다. 정치적 현실 논리가 역사학계에 강요한 왜곡의 산물인 셈이다. 즉, 역사학이 현실 정치의 시녀가 된 데서 나타난 결과인 것이다. 이러다 보니 중국사 연구자들이 그들의 저서에서나 강단에서 흉노·거란·몽고 등이 '중국'을 '침략'했다고 했거나, 한족의 역사가 중국사의 전부라고 했던 지난날의 잘못(?)에 대해 자기 비판을 하지 않을 수 없게 되었다. 그러나 역사상 중원에 세워진 각 왕조가 항상 '중국'을 자칭하고 자기 왕조를 둘러싼 이외의 사람들을 '만이융적蠻夷戎狄'이라고 폄칭하였던 것은 엄연한 사실이며, 삼척동자도 다 인정하는 진실이다. 그들의 논리대로라면 만고의 애국충의지사로 여겼던 문천상文天祥이 하루아침에 민족의 반역자, 민족통일의 걸림돌이 된 소위 반동분자가 되지 않을 수 없다. 그들의 위대한 문화 유산들인 『사기』나 『자치통감』과 같은 걸작들의 찬자가 그 속에서 '외국外國'·'사이四夷' 등으로 분별해서 쓴 것은 한족을 '정통'으로 하는 관념이었기 때문에 역사를 왜곡시킨 것이라고 치부하는 것은 그들이 죽고 없으니 큰 문제가 아니라 하더라도 소위 '실사구시'를 생명으로 하는 역사학자로선 여간 곤혹스런 일이 아닐 수 없다.

역사는 두말할 것이 없이 사실에 바탕을 둔 학문이다. 학문 외적인 문제가 개입되어서는 학문이라 할 수 없다. 그러나 중국 역사만이 아니겠지만 역사라는 과목만큼 외부로부터 왜곡을 강요받는 학문도 없을 것이다. 특히 필자가 관심을 갖고 있는 중국의 소수민족 자체 혹은 그들이 중국사에 미친 영향에 대해서는 역사 서술 과정에서 엄청나게 왜곡되었다. 과거의 역사서는 그 당시의 수요에 따라 왜곡되었고, 현재의 중국 학계는 현재의 요구에 의해 왜곡하고 있다. 위진남북조 시대는 중국 역사상 최초로 소수민족이 한족이 문명의 땅이라 여겨 왔던 중원에 왕조를 세운 시기다. 중국이 최초의 통일 왕조를 세운 진·한 시대 이래 처음 맞이한 분열 시대였다.

이 시대 역사와 관련하여 과거에도 그랬지만 현재의 중국인학자들이 가지는 편견이 두 가지 있다. 첫째가 통일지상주의 관념이고, 둘째가 한족 중심 관념이다. 그들은 통일은 정상적이고 절대적 '선'이어서 칭송할 대상이고, 분열은 일종의 암흑의 비정상이고, 절대적 '악'이라는 관점에 서 있다. 분열 시기가 중국 역사상 암흑이거나 후퇴가 결코 아닌 것은 두말할 필요도 없다. 격렬한 경쟁이 있었고, 거대한 발전이 있었으며, 새로운 국면이 개척되었고, 창조와 생기 발랄한 정신이 그 시대를 지배하고 있는 것이다. 또 중국이 천하의 중심이고, 한족이 중국의 중심이라는 관점이다. 이민족을 파괴적 인소로 생각하였고,

이들 이민족의 모든 진보를 '한화漢化'로 귀결시켜 흡사 한화야말로 진보의 종점으로 생각하는 경향이 있었다. 그리하여 이들 이질 문화가 한족에 대해서 훨씬 우월한 면이 있는지 아닌지는 알아보려 하지 않았다. 그것들이 한족 문화 형성 과정에서 창조와 추진적 일면이 있다는 것을 인정하려 하지 않았다. 더구나 호한 융합 과정 중에 한인이 '호화胡化'된 일면이 있다는 것을 승인하려 하지 않았다.

최근 일고 있는 호족의 중국 역사 역할론은 실사구시의 표현이라 할 수 있는가? 반드시 그렇지는 않다. 현재 중국의 소수민족은 전체 인구의 약 8%1987년 통계에 불과하지만, 그 거주지는 전 국토의 5∼6할을 점한다. 이들의 자치구를 잃으면 현재 유럽과 비슷한 크기의 중국 면적은 크게 줄어들 것이다. 소수민족 우대 정책은 또 다른 수요에 따른 역사 왜곡일 뿐이다. 왜곡은 다른 왜곡을 낳는다. 그러다 보니 해석만 분분하고, 사실은 온데간데 없어진 꼴이다.

이 문제와 관련하여 중국이 자랑하는 대표적인 역사 유물 만리장성을 살펴보자. 중국 역사 유물 가운데 만리장성만큼 현재 중국의 국시國是와 맞지 않는 것도 없을 것이다. 사실 중국인 가운데 만리장성을 모르는 사람은 없겠지만, 그것의 진정한 가치를 아는 사람은 그리 많지 않아 보인다. 만리장성은 원래 농경과 유목의 경계선이다. 중국을 방문한 외국 원수에게 항상 중국의 자랑거리로 보여 주는 만리장성은 진정 '중화민족'에게 무엇이란 말인가? 진나라·한나라·명나라 사람이 만리장성을 애호하는 것은 설득력이 있을지 모르지만, 당나라·청나라 그리고 현재의 중화인민공화국 사람에게 만리장성이 왜 자랑거리가 되는지 명쾌하게 설명되지 않는다. 더욱이 56개 민족의 합체인 소위 '중화민족'이 그것을 애호하는 것은 자기 모순이다. 만리장성은 다소나마 북방 유목 민족의 남방에 대한 침입과 파괴를 막아 주었으나 민족 간의 교류와 융합에는 제한을 가하고 장애를 주는 장치였다.

따라서 만리장성은 중화민족 공동의 상징물이 결코 될 수 없다. 중화민족의 단결에 별로 도움이 되지 않는 것이다. 또 만리장성은 수많은 노동 인민의 피와 땀의 희생 위에 만들어졌기 때문에 중화'인민'공화국의 국시와도 정면으로 배치되는 건축물이다. 그것이 왜 중국인에게 위대한 유산인가? 우주 비행사가 달에서 육안으로 본 유일한 인공 구조물이란 이유 때문인가? 사실 만리장성은 미국의 동서 횡단 고속도로보다 더 큰 것도 아니며, 단지 우주선에서 바라보았을 때 중국 북부에 구름이 끼지 않았기 때문에 보인 것뿐이었다고 지적하는 학자도 있다.

중국인의 해석에 의하면 현재의 중국 강역에서 일어난 전쟁, 예컨대 한족의 주변 민족에 대한 침략과 정복은 물론, 주변 민족의 한족에 대한 침략 전쟁조차 '중국'의 통일, 또는 그 강역의 확대를 가져온, 다시 말하면 과過보다는 공功이 많은 것으로 평가된다. 그러면 전진과 동진 사이의 전쟁인 비수의 전쟁은 어떤 전쟁이었으며, 그것을 일으킨 부견은 어떤 존재인가? 비수의 전쟁은 당연히 '형제 민족'이 여러 나라로 나누어져 있는 분열 시대를 종식시키기 위해서 일으킨 정의의 전쟁일 수밖에 없다. 그러나 중국인의 원류를 하·은·주 삼대에 두는 중국인으로서는 저족 출신 되놈, 그리고 촌놈이 정의의 통일 전쟁을 일으켰다고 인정하는 것은 어딘지 모르게 기분 상하는 일임에 틀림없다. 논쟁은 이렇게 기분상의 문제에서 시작된 것이다. 그러나 역사가 어찌 기분상의 문제이겠는가?

호족이라면 먼저 떠오르는 영상은 말을 타고 질풍같이 달리는 사나운 유목민일 터이지만, 부견은 중국 최고 수준의 학자에 조금도 뒤떨어지지 않는 교양인인 동시에 한족들로부터도 대표적인 태평성세로 평가되는 문경지치文景之治에 버금가는 정치를 행한 훌륭한 황제였다. 부견의 부씨는 원래 포씨蒲氏로 저족의 대성大姓의 하나였다. 그가 태어난 곳은 현재의 감숙성 태안泰安이었는데, 태어날 때부터 그의 등에 '초부艸付'라는 글자가 새겨져 있고, 또 세간에 '초부응왕艸付應王'이라는 참문讖文이 나타난 것을 계기로 부씨로 성을 바꾸었다고 한다. 조선조의 개혁가 조광조의 '주초위왕走肖爲王'의 고사와 비슷하다. 다른 점이 있다면 당시 부견이 감숙 지방에 잡거하던 저족들의 도약의 희망이 응결된 자로 지목되었던 데 반해, 조광조는 개혁에 반대하는 보수파의 음모 속에 제거해야 할 대상으로 지목되었다는 점이다. 후한 왕조의 이민족 천사 정책으로 점차 중국 내지로 이동하기 시작한 오호족들은 중원 왕조의 수탈과 탄압 정책으로 인해 오랫동안 한 많은 세월을 보내야만 했다. 황건의 난을 위시한 후한 말의 혼란, 뒤이은 삼국 시대의 대란, 서진 왕조의 골육상쟁인 '팔왕의 난'으로 중원 왕조는 걷잡을 수 없는 난맥상에 빠져들었다. 그러자 그동안 군벌 혹은 종실 왕들의 무장 세력의 중요 구성원으로 구사되던 이들 오호족은 그들을 지배해 온 한족들이 사실 별게 아니라는 것을 알게 되었다. 그런 데다 중원 정권의 부패와 무능은 수많은 민초들의 생활을 극도의 빈곤으로 몰고 갔고, 무거운 세역稅役을 피하기 위해 한족 민중들마저 소수민족 집거 지역으로 몰려들었다.

이런 상황은 서진 당시 관중에 융적戎狄이 그 인구의 과반을 차지한다는 강통江統의 『사융론徙戎論』에 잘 표현되어 있다. 강통은 이들을 다시 본거지로 강제로 돌려보내야 한다고 주장했지만 이미 되돌릴 수 없는 형편이었다. 문제의 심각성은 관중이 서주西周 시대 이래 당시까지 중국 최고의 문명 지대였고, 수도 지역이었다는 점에 있었다. 지금도 수도 지역이 점하는 정치·사회·경제 등 여러 방면에서의 위치는 대단한 것이지만, 근대 이전에는 거의 절대적이라 할 수 있다. 필자는 이런 상황의 전개를 호족의 내지로의 단순한 이동에 그치는 것이 아니라 중국 역사의 주역의 변동이요, 문화의 변질이라고 보는 것이다.

부씨는 한족으로부터 모멸의 대상이었던 저족의 희망인 동시에 그곳으로 모여들었던 유랑 한족 민중 및 육이六夷라 지칭되는 여러 이민족들이 믿고 기댈 수 있는 세력으로 부상한 것이다. 이하夷夏의 기대와 희망은 부견의 할아버지 세대부터 점차 구체화되기 시작했다. 그의 할아버지 부홍符洪은 오호족의 하나인 흉노가 중심이 되어 중원 땅에 최초로 호족 왕조를 세우는 과정을 지켜보며, 자기 밑으로 모여드는 이와 같이 잡다한 종족적 배경을 가진 군중들을 어떻게 결속시키느냐는 문제를 두고 골몰하면서 왕조 건설에의 꿈을 키워 가고 있었다. 갈족 석씨石氏의 후조後趙 시대에 이르자, 부홍은 관중 사람들을 거의 장악하고 염위冉魏와 후조 정권 등과 중원 땅을 다툴 정도로 세력을 가지게 되었다. 이렇게 되자, 이제 관중 땅에서 천하를 호령했던 주나라·한나라 등 중국 정통 왕조를 잇는 '천자'의 존호尊號를 칭해야 한다고 건의한 자도 있었다. 여기서 관심을 끄는 것은 건의문 가운데 호족이 발호하는 운수〔胡運〕가 끝난 후 중원의 혼란을 수습할 수 있는 사람으로 하늘이 부홍을 선택하여 내려보낸 것이라는 주장이 나타나고 있다는 점이다. 부홍은 중원 지역을 '상란'으로 끌고 간 여타 호족과는 다른 존재, 즉 이미 호족을 초극한 인물로서 대망待望하고 있다는 이야기다. 이런 것은 오호족이 세운 왕조의 지배자들이 한족 지배의 정당성을 얻기 위해 가끔 내걸었던 것으로 부홍의 경우에서 처음 나타난 것은 물론 아니다. 그러나 중국 정통 왕조의 천자를 지칭해야 한다는 건의가 나올 정도로 부씨 세력이 막강하게 성장했음을 의미하는 것이다.

호족이라는 사실을 스스로 부정하고 주와 한나라를 잇겠다고 해서 그대로 이어지는 것은 결코 아니다. 로마가 하루아침에 이루어지지 않았듯이, 정통 왕조란 하루아침의 선언으로 쟁취되는 것은 더욱 아니기 때문이다. 관중을 근간으로 해서 이렇게 세력을 키워 가던 중

부씨 집단의 성장 과정에 큰 충격을 준 사건이 발생했다. 십육국의 하나인 염위의 장군으로 전쟁 중 부홍에게 포로로 잡혔지만 그 능력을 인정받아 다시 장군으로 발탁된 마추馬秋가 부홍을 독살한 사건이었다. 이로써 욱일승천旭日昇天하던 부씨 집단은 지휘자를 잃어버린 교향악단처럼 지리멸렬해지기 시작했다. 오호족이 세운 대부분의 왕조는 종실이 군권을 나누어 갖는 소위 '종실적 군사봉건제宗室的軍事封建制'를 유지하고 있었다. 이 제도는 강력한 지도자가 있을 때는 단결하여 강력한 힘으로 작용하지만, 그런 카리스마가 사라지면 오히려 분권화 경향을 띠는 것이 특징이었다. 또 하나의 문제는 동진의 존재였다. 후한 말부터 부패와 무능에다 싸움박질만 하던 한족 정권의 종말은 예상보다 더 비참했다. 오호족이 일제히 궐기한 후, 서진의 황제 회제는 백관사서百官士庶 3만 명과 함께 적진 평양으로 끌려가 호족 군주 앞에 꿇어앉아 술시중을 들어야만 했으니 중국 역사상 이보다 더 비참한 일이 없었다. 311년에 발생한 이 치욕의 난리를 '영가의 상란'이라 부르지만, 이후 한족 사대부 중 10에 7~8이 죽장망혜竹杖芒鞋로 강남으로 도망가서 겨우 세운 왕조가 바로 동진이었다. 지난날에 대한 약간의 반성과 다소의 정신무장이 있었다하나 당시 재건된 동진의 황제인 원제元帝는 기거할 집 하나 제대로 마련하지 못한 처지였다. 그런데도 "썩어도 준치"라고 오랫동안 중국 전통을 이어 온 정통 왕조의 후예였다는 이유로 민심은 항상 동진을 향하고[民心思晉] 있었다. 갈 테면 가라는 식으로 방관할 수 없는 것이 당시 득천하의 꿈을 갖고 있던

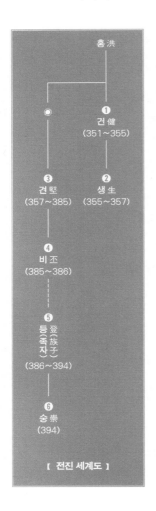

홍洪

◉

❶
건健
(351~355)

❸
견萇
(357~385)

❷
생生
(355~357)

❹
비丕
(385~386)

❺
등登
족族
자子
(386~394)

❻
숭崇
(394)

[전진 세계도]

축록逐鹿 황제들의 입장이었다. 요즈음은 돈이 사람보다 더 가치 있는 세상이지만, 당시에는 사람보다 더 중요한 것이 없었다. 아무 곳에나 광활하게 펼쳐진 것이 황무지이니 사람만 있으면 논밭으로 만들어 생산할 수 있었다. 국부國富는 바로 인구의 다소에 의해 결정되는 것이다. 사람이 있어야 군대도 양성할 수 있을 터이니 국력의 강약은 사람 수에 의해 결정될 수밖에 없다. 그러니 사람만큼 소중한 것이 있을 수 있겠는가. 그런데 민심은 사실 별 볼일 없이 껍질만 남은 동진으로만 향하니 호족 군주들로서는 이 점이 여간 곤혹스런 것이 아니었다.

부씨 세력도 부홍이 사망한 이후 한 차례 종실들의 피비린내나는 권력투쟁 과정을 거쳐야 했다. 결국 최후의 승자가 된 자가 바로 부견이지만, 그가 해결해야 할 과업은 산적해 있었다. 권력투쟁이 격렬했던 만큼 그의 각오는 그만큼 단단한 것이었다. 부견이 '천하를 얻기' 위해서 해야 할 일이 무엇인가는 권력투쟁 과정에서 드러날 만큼 다드러났다.

가장 시급한 문제가 왕권의 확립이었다. 종실 제왕과 육이의 추장들, 원훈 대신 등이 절대 왕권을 상대화시키는 존재였다. 부견이 살해한 전왕인 동시에 사촌 형인 부생苻生은 이 문제를 강압적으로 시행하려다 오히려 정치적 혼란만 초래하였다. 어느 정치인이나 최고 권력자로 부상하는 과정에서 도움을 준 공로자가 있게 마련이다. 찬밥먹던 시절 이후 고락을 같이한 가신家臣이 그들이다. 부견의 혁명 과정도 역시 그러했다. 그들은 당연히 고생과 공로의 대가를 요구할 것이다. 자고로 가신들에게 이권을 나눠 주는 '전리품 정치'를 배격해야 정권도 나라도 사는 법이다. 부견은 요사이 말로 '뼈를 깎는 고통을 감수하지 않으면 안 된다'고 생각했다. '재주에 따라 직책을 준다(隨才擢授)'는 이 평범하기 짝이 없는 인사 정책이 말은 쉽지만 얼마나 어려운 일인가는 요즈음 우리 모두가 잘 느끼고 있는 사실이다. 네덜란드 출신 축구 감독 거스 히딩크를 대통령으로 모셔야 한다는 주장도 이런 진절머리나는 정치판의 관행에서 벗어나고자 하는 국민들의 열망 때문일 것이다. 부견은 철저한 친인척 배제 정책을 취했다. 이 정책은 실제 엄청난 위험을 감수해야 했다. 위나라 조씨는 친인척을 배제하다 쉽게 대권을 사마씨에게 넘길 수밖에 없었고, 사마씨의 서진은 친인척에게 군사권을 맡긴 결과 종실 제왕의 난리인 '팔왕의 난'을 초래했던 것이다.

인사 정책이 누구나 인정할 수 있는 공평하고 보편성을 띤다면 오히려 정권의 힘이 될 수 있다. 지역과 종족을 감안하다 보면 정권은 멍들 수밖에 없다. 부견은 일찍부터 종족과 지역을 초월하여 폭넓게 인재를 사귀었다. 적대 세력의 참모도 재주가 있으면 불러 썼다. 그의 최고의 참모 왕맹王猛은 흔히 유비의 명참모 제갈량에 비견되듯이, 그의 재위 동안 정책 수행 전반을 전관했던 인물이지만 다름 아닌 한족 출신이었다. 왕맹의 중용은 그의 인재 정책의 참된 의미를 대변한다. 종족주의의 초탈과 귀천 불문이라는 두 가지 정책이다. 이것은 부견이 종생 견지했던 기본 정치 사상이었다.

위진남북조 시대는 두 가지 정치·사회의 흐름이 주도한 시대였다. 귀족주의와 종족주의가 그것이다. 학계에서는 이 시대를 '귀족 사회', 혹은 '민족 모순의 시대'라고 규정한다. 그런데 부견은 당시 사회의 흐름을 완전히 거부했던 것이다. 이런 정치·사회의 큰 흐름은 역사 발전의 불가피한 과정일지 모르지만, 보편주의 국가로 발전하기 위해서는 초극해야 할 과제였다. 이 흐름에서 파생된 소위 계급 모순과 민족 모순을 해결할 수 있는 방안으로 수재탁수의 인재 등용 방법이 가장 유효한 것임을 부견은 잘 알고 있었던 것이다.

부견은 종실 제왕의 작위부터 강등했다. 왕王을 공公으로 하고, 왕호를 모두 공호公號로 내렸다. 당연히 불만이 고조될 수밖에 없다.

그러나 그는 철저한 법치주의자였다. 통상 법치는 나쁜 것으로 예치 혹은 덕치의 반대 개념으로 파악되지만, 법치가 반드시 나쁜 것만은 아니다. 그는 영국寧國에는 예치가, 난방亂邦에는 법치가 당연한 것이라 생각했다. 문제는 법 적용의 공평·타당성인데, 부견은 정말 자기 살을 도려내는 고통을 감수했다. 법치의 대상은 일반 백성이라기보다 힘있는 호족과 관리들이었다. 여기에서 법치의 공평성이 확보되었다. 일반 국민을 시장경제의 낙오자로 낙인찍어 거리로 내몰면서 자기 패거리에게는 자리를 마련해 주는 '가신적 지배 공동체'를 강고히 유지하는 요즈음의 우리 현실과 비교해 보라.

부견은 적극적인 한화 정책을 채용하였다. 사실 오호십육국의 여러 왕조들이 단명으로 끝났던 것은 극히 제한된 면에서의 한화 때문이었다. 한화 정책은 한족의 정권 참여 폭을 대폭 넓히는 것을 전제로 하기 때문에 지배 종족이 가진 권력을 한족에게 상당 부분 분양해야 한다는 것을 전제로 한다. 제한적인 한화 정책은 선진 문화를 섭취하는 데 장애가 된다. 유목 민족의 생활 방식은 농경 민족에 비해 비교적 단순하기 때문에 정치 문화가 그리 발달하지 못했다. 그러나 이들이 중원에 진입한 이후 종족 구성이나 사회 계층은 비교되지 않을 정도로 복잡해졌다. 따라서 종래의 소박한 정치 문화로는 해결하기 어려운 문제가 노정되었다. 한화 정책의 채용은 백성의 다수를 차지하는 한족들의 인심을 얻기 위해서도 필요한 조처였다. 그러나 오호십육국의 여러 왕조에서는 이를 추진하는 데 인색했다. 지배 종족의 이해와 직결된 문제였기 때문이다. 그 결과 자신의 강역 안에 모여든 인력을 하나로 집결시키지 못했다.

이 시기에는 호·한 민족 간의 갈등도 문제였지만 호와 호 사이의 모순도 작지 않은 문제였다. 영내의 여러 호족에 대해서도 민족적 편견에 의거한 민족 구별책을 탈피하여 보다 보편적이고 공평한 정책이 필요했다. 인의仁義와 은신恩信 두 가지가 부견의 이족에 대한 정책 기조였다. 그는 "백성은 쓰다듬어야 하고 이적과는 화목해야 하는 것이다. 천하를 합하여 한집안을 만들기 위해서는 갓난아이처럼 그들을 대해야 한다"고 주장했다. 그래서 반란을 일으킨 이민족의 수장을 잡아와서는 오히려 벼슬을 주고, 원래 그들에게 속했던 부락들을 옮겨서 다시 그 아래 배속시켰다. 복배服背를 거듭하는 이적이라 할지라도 인의로 대하고, 은신으로 회유한다면 결국 하나로 융합될 것이라는 신념을 가지고 있었던 것이다.

그러나 그의 일생일대의 가장 큰, 돌이킬 수 없는 실수 중 하나는 바로 여기서 비롯된 것이다. 전연前燕의 척속으로 모용평慕容評과 전공戰功 문제로 불화 관계에 빠진 모용수慕容垂 부자가 전진으로 망명해 왔다. 최고의 참모 왕맹마저 후환을 없애기 위해 빨리 제거하는 것이 좋겠다는 건의를 하였지만, 부견은 그를 관군장군冠軍將軍으로 임명하더니 경조윤京兆尹: 수도권 장관으로 승진시켰다. 뿐만 아니라 전연의 최후의 황제 모용위慕容暐를 포로로 장안에 연행한 후 신흥후新興侯에 봉하고 읍 5000호를 주었는가 하면, 모용위의 동생 모용충慕容沖을 평양태수平陽太守로 삼고 옛 전연의 왕공 모두에게 관직을 주었다. 또 전 구지仇池의 양통楊統을 평원장군平遠將軍·남진주자사南秦州刺史에, 전량의 장천석을 귀의후歸義侯에 각각 임명했다. 또 강족의 요장姚萇이 항복해 오자 양무장군揚武將軍에 임명했다. 이들 대부분은 이후 전진의 군정軍政에 깊이 참여했고, 요장·모용수·모용위 등은 비수의 전쟁 때 모두 1군을 이끌고 전투를 지휘했다. 그들이 이끈 군대는 그들이 전진에 멸망 혹은 투항하기 직전에 직접 이끌던 군대였다.

광야를 휘젓는 영웅들을 순치시킬 수 있는 방법은 인의와 은신뿐이라는 그의 신념은 확실히 약간 도를 넘은 기분이 없지 않다. 부견의 이와 같은 정책은 바로 모든 힘을 모아 그 힘으로 '이청사해以淸四海',

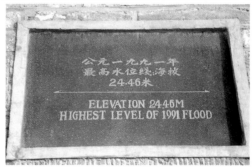

(상) 수양성. 사방 7147m, 성벽의 높이 8.33m, 면적 3.65km²의 수양성에는 현재 12만 명이 살고 있다.
해발 20m 정도의 저지대이기 때문에 조금만 비가 와도 비수가 범람하므로
현재는 홍수 방지용으로 쓰이고 있다.
(하) 홍수와 수양성. 수양성 사대문 위에는 "1991년 홍수시 최고 수위선 해발 24.46m"라는 표지가 붙어 있다.
현재 수양성의 존재 의미를 잘 알려 준다.

곧 천하를 통일하겠다는 야무진 목적을 달성하기 위해서였다. 『자치통감』의 찬자 사마광司馬光도 부견의 이런 행동을 두둔했다. 즉 "적국의 재신材臣을 써서 성공한 사례가 역사상 많았고, 귀순한 자를 죽이는 것은 내자지문來者之門을 막는 것이므로 옳은 일이 아니며, 이는 유덕한 군주가 할 일이 아니다"라고 했던 것이다. 그러나 이는 자칫 모든 것을 그르칠 수 있는, 사실 위험천만한 일이 아닐 수 없다. 문제는 이들을 초납하여 개별적으로 쓴 것이 아니고, 그들이 거느리던 부하들을 그대로 고스란히 다스리도록 했다는 것이다.

이런 부견의 조처에 대해 깊은 우려를 나타내는 자가 적지 않았다. "전연이 진을 멸망시킬 것이다"라는 경고였다. 특히 부견은 자기 족속인 저족을 모용씨의 나라가 있던 동방 지역에 보내 전후 처리 및 수습 일에 전속시키고 수도 지역은 대신 옛 적군들에게 맡겼던 것이다. 그의 최측근 참모이며 동생인 부융符融은 "폐하는 선비·강·갈 등을 총애하여 기내畿內에 살게 하고는 동족은 먼 곳으로 옮겼습니다. 이제 풍진風塵의 변〔兵亂〕이 일어나면 국가는 어떻게 되겠습니까? 도읍에는 수만 명의 약졸弱卒이 남아 있을 뿐이고 선비·강·갈 등은 무리를 이루고 있습니다. 이들은 모두 한때 국가의 적이고 우리들의 원수였습니다"라고 경고했다. 사실 "선비·강·갈족이 경기 지역에 가득 차 있는〔鮮卑羌羯布滿畿甸〕" 상황에서 부견의 이런 정책은 누가 보더라도 과도해 보였다. 이런 이민족 우대 정책에 대해 오른팔격인 왕맹마저 임종할 때 "선비모용씨는 결국 대환이 될 것이다"는 우려를 나타내는 상소를 올렸다. 역사를 돌이켜보거나 최근 우리나라 정치가를 보더라도 최고 지배자 가운데 처음에는 명군이었던 자가 후반기에는 갑자기 암군이 되는〔先明後暗〕 사람들을 적지 않게 목도하게 된다. 그것은 대개 처음에는 허심납간虛心納諫하다 후반기에는 조금 익숙해졌다고 쓸데없는 아집을 부렸기 때문이다.

부견은 철저한 이상주의자였다. 그는 소위 영내의 모든 사람이 감동할 수 있는 '감동의 정치'를 하면 그들은 자연히 귀복할 것이라고 생각했다. 통일을 이루는 길은 무조건 힘에 호소하기보다 이와 같이 군주 자신이 덕을 쌓고 화합 정책을 펴 국력을 증강시키면 가능하다고 본 것이다. 이 얼마나 순수하고 낭만적인 이상주의자인가. 그는 중원 한족 출신 이상으로 자주 "중국의 위엄[中國之威]"과 "왕도의 교화[王化之法]"를 강조했다. 부견이 그런 입장에 서 있었던 것은 그것이 국가에 이익을 가져다 준다는 신념의 문제이기도 하지만, 그 진정한 이유는 딴 데 있었다.

그가 평생 그렇게 노력했으나 극복하지 못한 것이 바로 그의 종족적 콤플렉스였다. 그가 여덟 살 때의 일이다. 유학을 공부하려고 책을 드는 그에게 할아버지 부홍이 "너는 융적이류戎狄異類인데 지금 어찌 공부를 하려느냐!"며 대견함과 의아함을 동시에 표현했다. 중국 통일을 몰래 꿈꾸던 부홍마저 내심 융적이라는 자비감을 떨치지 못했던 것이다. 문제는 당시 호족 출신은 중국 통일 왕조의 천자가 될 수 없다는 의식이 상식처럼 되어 있었다는 점이다. "자고로 융인이 제왕이 되어 본 적이 없다"는 한족 인사의 말은 그렇다 치더라도, 강족인 요장姚萇의 아버지 요익중姚弋仲이라는 자는 훗날 관중 지역을 근거로 후진後秦 왕조를 세운 자이지만 임종시에 "자고로 융적으로 천자가 되어 본 자가 없었다. 내가 죽거든 너희들은 동진에 귀속하여 신하의 절의를 다하고 불의한 일을 범하지 않도록 하라"고 훈계했던 것이다.

부견이 동진 정벌에 나서자 부융은 "국가는 본디 융적입니다. 정삭正朔은 우리에게 돌아오지 않습니다. 동진이 비록 미약하여 겨우 명맥만 유지하고 있지만 중화 정통 왕조이므로 하늘은 절대 그것을 절멸시키려 하지 않을 것입니다"라 하였고, 왕맹도 "동진은 비록 좁고 누추한 오월吳越 땅에 있지만 곧 정삭이 이어지고 있습니다. 그들과 선린 관계를 맺는 것이 나라를 위하는 길입니다. 신이 죽은 후에라도 동진을 도모하지 않기를 바랍니다"라고 유언했다. 부견은 호족 출신 군주는 통일 천자가 될 수 없다는 이런 강고한 통념에 정면 대결하고 싶었던 것이다. 그래서 부융에게 "내 장차 너에게 천하지사를 맡기려 하였는데 어찌 일마다 나의 의지를 꺾어 대모大謀를 저상시키려 하느냐! 네가 이럴진대 항차 백성들이랴!"며 책망하였다. 이런 분위기에서는 북방에 있는 여러 세력들을 하루바삐 융합하여 그의 참뜻을 알리는 수밖에 다른 방도를 찾을 수 없었다. 왕맹이 죽고 부융도 돌아서고 인심은 그를 떠나 있고 그를 밀어 주는 것은 별로 없는 상황이 되니, 황제라 하나 지지율 10%대를 밑도는 껍데기에 지나지 않았다. 말하자면 "동렬이도 가고 종범이마저 떠나 버린" 해태 야구단 김응룡 감독의 신세가 된 것이다. 그러나 김응룡 감독은 여의치 않자 딴 구단에라도 갈 수 있었지만, 부견으로서는 전진이라는 구단을 떠날 수가 없었다. 그는 감독인 동시에 구단주였기 때문이다. 부견은 그들이 왜 떠나야만 했던가, 무엇이 그들을 떠나게 했던가에 대해 미처 생각할 겨를이 없었던 것이다.

부견은 376년 하서회랑 지역에 있던 전량前涼과 산서 북부의 대국代國: 北魏의 전신을 병합함으로써 화북 지역을 통일시켰다. 동이東夷 서역西域 62개국이 조공을 바치는 대국을 만든 것이다. 그 공로는 대부분 부견의 몫이었다. 이리하여 전진은 후한 말 혼란 이후 가장 번성한 중원 국가로 부상하게 되었다. 부견은 동진을 쳐야 할 명분을 찾느라 고심했다. 어느 대신이 주장했듯이 "진이 비록 미약하나 대악을 저지른 바가 없고 …… 군신이 서로 화목하고 내외가 같은 마음이어서 정벌할 수가 없다"는 현실이었다. 특히 왕맹의 사후 모든 군사권을 장악하고 있던 부융은 동진 정벌에는 세 가지 난점[伐晉三難]이 있으니 첫째가 천도가 불순하며, 둘째가 동진을 정벌해야 할 허물이 없고, 셋째가 잦은 전쟁으로 백성이 피곤하고 백성들이 적을 두려워하는 점이라 하였다. 동진불가벌론東晉不可伐論의 논거는 이뿐이 아니었다. 부견의 신임을 받던 불승 도안道安, 총희 장부인張夫人, 총아 부선苻詵 등 주위 대부분의 사람들이 때가 아니라고 반대했다. 사실 때를 기다린다는 것은 말이야 쉽지만 개인으로 돌아가면 무척 어려운 일이다. 전쟁에 찬성한 자는 모용수·요장 등 이전에 적대 세력이었다가 전진에 복속되어 몰래 재기를 노리고 있던 자들뿐이었다.

특히 모용수의 조카들은 "주상의 교만함이 심하니 이 전쟁이 숙부모용수께서 중흥의 대업을 이룩할 기회가 될 것입니다"라며 모용수를 부추겼고, 이에 모용수는 "너희들이 아니면 내 누구와 그것을 성사시키랴!"며 맞장구치고 있었다. 그러나 부견은 많은 사람들의 반대를 물리치고 동진 정벌에 나섰다. 그의 실책은 이전의 적들이었던 선비모용씨·강족 혹은 갈족 등을 경기 지방에 포진시켜 놓은 상태에서 태자 홀로 약졸 수만 명을 거느리고 서울을 지키도록 하고는 모든 병력을 동진 정벌에 투입했다는 것이다. 그런 데다 무리하게 친정에 나설 것이 아니라 원정군을 보내고 낙양쯤에서 전쟁을 독려하는 것이 좋겠다는 불승 도안의 건의마저 자기가 직접 해야 한다는 신념에서 물리쳤다. 내부적으로 무력 남용[窮兵極武]이라는 지적이 있었지만, 적의 존재를 그대로 자손에게 물려주어서는 안 되며, 창생을 구제하기 위해서는 분단 상태를 그대로 용납할 수 없고 통일 외에는 다른 대안이 없다는 생각에서였다. "내가 대업을 이은 지 30년. 사방은 대략 평정되었으나 오직 동남 한구석만은 아직 왕화를 입히지 못하고 있었다." "내 매양 천하가 통일되지 못한 것을 생각할 때마다 밥맛이 없어 식사를 그르치지 않은 적이 없다"는 그의 나 아니면 안 된다는 식의 고집과 그에 따른 고뇌를 엿볼라치면 우리 최고 정치 지도자의 모습을 보는 것 같아 마음이 무거워진다. 부견의 이상은 숭고하였으되 현실은 그의 발목을 잡고 있었다.

그는 분명 이 전쟁이 불의의 겸병 전쟁이 아니라 억조창생의 아픔을 치유하기 위한 정의의 통일 전쟁이라고 규정한다. 그의 이야기를 더 들어 보자. "이 전쟁은 남쪽으로 장강 너머로 흘러 건너간 이산가족과 그 후손들에게 고향의 분묘를 돌려주고 그 원래 고향으로 돌아가게 하려는 데 있는 것이지, 내가 무슨 무력 남용이란 말인가?" 그는 "짐의 이번 전쟁은 정의에 입각하여 일으킨 것이다"라 결론짓고 있다.

그러나 부견이 정의의 전쟁이라고 규정한다고 해서 정의의 전쟁이 되는 것은 아니다. 그가 파망한 원인은 한마디로 간단하게 설명할 수 없다. 어쩌면 그렇게 자기의 허벅지살을 도려내어 굶고 있는 타인을 먹일 정도의 희생 정신을 가질 수 있느냐는 존경심도 일어난다. 그 점이 그를 평가하는 데 헷갈리게 하는 부분이다. 그의 종생의 목표는 통일이었다. 그의 치세 30년의 최종 목표라 하나 그는 너무 서둘렀다. 아직 영내의 융합이 굳어지지 않은 상태였는데도 내부 단결을 너무 과신했다. 그도 우리와 마찬가지로 '빨리빨리'병에 걸린 환자였다. 쓸데없는 시간과의 경쟁에 말려들지만 않았다면, 그리고 그것을 이룰 자는 자기가 아니면 안 된다는 자만심에서 한 발 물러날 수만 있었다면 필자는 지금 그를 위한 진혼곡을 담담하게 부를 수 있었을 것이다.

2000년 12월 겨울방학이 시작되자마자 나는 또 배낭을 짊어지고 중국행 비행기에 올랐다. 도대체 비수와 그 주변 지역이 어떤 지형이기에 남북조 시대 남북간의 전쟁이 이 지역을 중심으로 전개되었는가가 못내 궁금했기 때문이었다. 동행하기로 한 중국사회과학원 역사연구소 L씨가 미리 기차표를 준비해 둔 관계로 그날 야간 열차로 남경으로 향할 수 있었다. 남경 답사를 끝내고 안휘성 수도 합비合肥에 베이스 캠프(?)를 쳤다. 중국에서 가장 치안이 좋지 않은 곳이 안휘성이고, 비수의 전쟁터가 있는 수현壽縣은 자그만한 시골 현이었기 때문에 그

수현 풍경. 수현은 남북조 시대 남북간의 가장 중요한 군사 요충의 하나였다.

곳에서 밤을 보내기가 두려웠기 때문이다. 아침 버스편으로 합비를 떠나 두 시간 만에 수현에 도착했다.

수춘壽春 혹은 수양壽陽으로 불렸던 수현은 남북조 시대 남북간의 가장 중요한 군사 요충의 하나였다. 회수淮水 혹은 淮河는 중국을 남북 두 부분으로 나누는 경계선이다. 지금도 중국 정부 예산에는 회수 이남 공공기관의 동계 난방비가 책정되지 않는다. 여관도 대개 난방을 해주지 않기 때문에 겨울에 남방 지역으로 여행할 때에는 단단한 준비가 필요하다. 옛날부터 "장강이 이빨이라면 회수는 입술과 같아서 이곳을 지키지 못하면 소위 '순망치한脣亡齒寒'의 결과를 가져온다"는 말이 있다. '수현 10km'라는 이정표가 보이면서부터 희미하게 산들이 눈에 들어오기 시작했다. 광활하게 펼쳐진 황회해평원黃淮海平原 가운데 유일하게 이곳 수양 북에 산과 강 등 자연적인 방어 장치가 있다.

회수를 따라 이어져 있는 팔공산八公山·자금산紫金山·협석산硤石山 등
이 그것이다. 춘추 시대 이래 북방 세력의 동남방〔江南〕 진출의 통로는
대개 회남의 수양~합비를 거쳐 건강建康 : 현재의 남경의 서문인 역양歷
陽 : 현재의 안휘 和縣으로 이어졌다. 이런 장벽을 가진 수양성은 남방 세
력으로서는 중원 지역 공격의 요지인 동시에 회남과 강남 지역의 방
어를 위해서 결코 양보할 수 없는 거점이 될 수밖에 없었다. 비수는 수
양성을 동북으로 에워싼 회수의 지류 가운데 하나였다.

　　비수의 전쟁터는 지금의 수현의 성동과 성북을 비스듬히 흐르는
비수 양안과 팔공산 산록 지역이었다. 비수 전쟁은 관도의 전쟁과 함
께 수가 적고 약한 군대가 많고 강한 군대를 이긴〔以少勝多, 以弱勝强〕 전
쟁으로 잘 알려져 있다. 383년 8월, 부견은 90만戎卒 60여만, 騎 27만 대
군을 3분하여 수륙으로 수양성을 향해 돌진해 갔다. 동진 효무제孝武帝
는 사석謝石·사현謝玄 등에게 8만 명, 호빈胡彬에게 수군 5천 명을 주
어 방어하도록 하였다. 전진의 선봉군이 순식간에 수양성을 함락해
버렸다. 선봉군을 지휘하던 동생 부융은 형 부견에게 동진의 군대가
적어 쉽게 격파할 수 있으니 빨리 공격하는 것이 좋겠다고 재촉했다.
당시 수양의 북방 항성項城 : 현 안휘성 項城縣에 주력 부대를 거느리고 있
던 부견은 기병 8천 명을 몸소 거느리고 수양에 도착했다. 부견은 이
미 378년 양양성襄陽城 전투에서 생포한 동진 양주자사 주서朱序에게
시켜 빨리 본진으로 돌아가 항복할 것을 권고하라고 명했다. 전진에
서 탁지상서度支尚書로 활약하던 주서는 곧 사석에게 가서 전진군의 실
력·부서 등 모든 기밀을 말했다. 그러면서 아직 전진의 주력 부대가
도착하지 않았으니 신속하게 공격하는 것이 좋겠다고 권했다. 사석과
사현은 정병精兵 5천 명을 풀어 야간에 기습을 감행하여 아무 대처도
없던 5만 명의 전진군을 붕괴시켰다. 동진군은 이 승리를 계기로 비수
강변을 따라 군진을 배치하고는 본군을 신속하게 불렀다. 불의의 패

수양성, 비수 그리고 팔공산. 광활하게 펼쳐진 황회해 평원 가운데 유일하게 산과 강 등 자연적인 방어 장치가 있는 곳이 바로 수양성 지역이다. 이곳이 뚫리면 합비를 거쳐 건강(현재의 남경)의 서문인 역양까지 밀리게 된다.

배를 당한 부견이 수양성 성루에 올라 건너편을 바라보니 전열이 엄
정한 동진군이 비숫가를 뒤덮고 있었다. 1.5km 떨어진 팔공산을 바라
보니 산 위의 초목이 모두 동진의 병사처럼 보였다. 이것이 유명한
"팔공산 위의 초목이 모두 동진의 병사였다〔八公山上草木 皆以爲晉兵〕"는
고사가 나온 유래다.

　　동진과 전진 두 진영은 비수를 사이에 두고 포진했다. 사현은 부
융에게 서로 이렇게 대치하고 있으면서 시간만 끌 것이 아니라 전진
군대를 뒤로 약간 철수시킨다면 동진군도 비수를 건너게 할 것이니
그런 후에 한판 붙어 결판을 내자고 제의했다. 부견은 병사의 수도 많
았기 때문에 동진군이 비수를 건너는 중간에 일거에 진멸시킬 요량으
로 사현의 제의를 따라 철수할 것을 명령했다. 후퇴를 진행하자 주서

와 그 부하들이 전진군이 건너편에서 패했다고 선동했다. 그러자 전진군의 전열이 갑자기 흐트러지면서 질서를 잃고 말았다. 반대로 동진군은 그 틈을 타 강을 건너 전진군을 무찌르니 그 시체가 들판에 가득하고 피가 강을 이루었다. 도망가는 전진 병사들은 "바람 소리와 학 우는 소리〔風聲鶴唳〕"를 동진 병사들이 뒤쫓아오는 것으로 여겼다. 부융은 이 전쟁에서 피살되고 부견은 어깨에 화살을 맞아 부상당한 몸으로 장안으로 말머리를 돌릴 수밖에 없었다. 출병할 당시 100만의 군대는 겨우 10만이 남았을 뿐이다.

부견이 단기 單騎로 회북에 이르렀을 때, 한 백성이 따뜻한 밥과 돼지 다리를 가져와 허기를 면하게 해주었다. 부견은 그에 대한 보답으로 백 帛 10필과 면 綿 10근을 주었다. 그 백성은 "폐하께서 안락함을 싫어하고 그것을 오히려 괴롭게 여기시며, 위험하고 곤란함을 스스로 취하였습니다. 신은 폐하의 자식이고, 폐하는 신의 아버지입니다. 어찌 자식이 그 아비를 대접하는데 보답을 받을 수 있겠습니까?"라고 사양하면서 뒤도 돌아보지 않고 갔다. 부견이 회한의 눈물을 흘렸던 곳은 항우 項羽가 우미인 虞美人을 안고 통곡했던 해하 垓下 : 현 안휘성 靈璧縣에서 그리 멀지 않은 곳이다. 위대한 두 영웅으로 하여금 회한의 눈물을 자아내게 하였던 곳이 바로 이곳 회숫가다. 부견은 그의 애희 장부인에게 "내 이제 무슨 면목으로 천하를 다스릴 수 있단 말인가?"라며 처연하게 눈물을 흘렸다. 이것이 나라를 다스림에 나름으로 열정을 다했던 황제 부견에 대한 백성들의 마지막 보답이었다고 기록되어 있다. 부견은 결국 385년 8월, 한량없는 은신을 베풀었던 적들인 선비 모용수와 강족 요장에 의해 나라를 빼앗기고 살해되고 말았다. 비수의 전쟁이 끝난 지 꼭 2년 후의 일이다. 그는 원대한 꿈을 가졌으나 몇 차례의 작은 승리에 교만했고, 조그마한 실패에도 새가슴 졸이던 필부였다. 사람을 믿을 뿐 의심할 줄 모르고 그저 정도 正道만을 걸었던 부견, 그가 대제국의 황제가 되기에 중국은 너무나 큰 땅이었다. 그의 이런 참담한 실패는 '되놈' 출신이라는 생래적 약점을 극복하지 못했기 때문인지도 모른다. 그에게 하늘이 준 화북 통일이라는 선물도 '원숭이[項羽]를 목욕시켜 관을 씌운[沐猴而冠]' 격이었을지도 모른다.

당시 수많은 생명이 희생되었던 비수의 전쟁터에는 팻말 하나 없었다. 부견처럼 옛 수양성 위에 올라 팔공산을 바라보니 겨울인데도 푸르른 초목이 뚜렷이 보일 뿐 어디를 돌아보아도 병사들처럼 보이지는 않았다. 불어오는 차가운 겨울 바람도, 비수 강가에서 우는 오리 소리도, 병사들의 군화 발짝 소리로 오인되지 않았다. 격전지 비수 강가에는 그저 크고 작은 수많은 배들이 어지러이 늘어서 있고 그 위에는 콘크리트 다리가 걸려 있었다. 수양성은 지금 중국 어느 성보다 견고함을 자랑하고 있다. 사방 7147m 성벽의 높이는 8.33m로, 면적은 3.65km²이고 성안은 해발 20m 정도의 저지대다. 이 성안에 12만 명가량이 살고 있다. 수양성은 이제 여름만 되면 무시로 범람하는 비수의 홍수를 막기 위한 방수防水용이지, 외적을 방어하기 위한 것은 이미 아니었다. 사대문 옆 성벽 위에는 "1991년 홍수시 최고수위선 해발 24.46m"라는 표지가 지금의 수양성의 의미를 극명하게 말해 주고 있다.

팔공산 앞에 위치한 전한前漢 회남왕淮南王 유안劉安의 묘 앞에는 거대한 두부 공장 하나가 위용을 드러내고 있다. 이시진李時珍의 『본초강목本草綱目』에 "두부를 만드는 법은 한 회남왕에서부터 시작되었다[豆腐之法 始於漢淮南王劉安]"는 지적에서 알 수 있듯이, 수현은 두부의 발상지다. 회남왕 유안이 소비蘇非·좌오左吳 등 8공과 더불어 이곳에서 불로장생을 위해 연단煉丹을 만들던 중, 선단仙丹은 만들지 못한 대신 두부를 만들어 내는 성과를 거두었던 것이다. 그곳 사람들은 비수의 전쟁 따위는 별로 관심이 없었다. 세계 최고의 영양진품營養珍品인 '팔공산 두부'로 이 고장이 한국, 아니 세계에 알려지기를 바라고 있었다.

두부 발상지. 수양성(수현)은 두부 발상지로 잘 알려져 있다.
전한 회남왕 유안이 8공과 더불어 이곳에서 불로장생의 연단을 만들던 중 부산물로 나온 것이 두부였다고 한다.

그래서 먼 외국에서 비수의 전쟁터를 찾아와 답사를 끝내고 다시 합비로 돌아가야 할 갈 길 바쁜 손님에게 현장縣長 이하 문물국 국장, 박물관장 등이 베푼 오찬 연회는 물경 세 시간 가까이 계속되었다. 화제는 단연 팔공산 두부였다. 다급해하는 나의 모습을 지켜보던 L씨는 내 귀에 대고 "뿌야오 지아오지〔不要着急 : 조급해하지 말라〕"를 연발하며 안정시키려 애썼다. 이후 나는 중국 여행 동안 두부 요리에 한 번도 손을 대지 않았다.

부견의 최후는 이렇게 우리의 가슴을 저리게 한다. 신하들의 의견이라면 허심虛心으로 납간納諫하며, "짐의 잘못이었다〔朕之過也〕", "나의 잘못이구나〔吾過也〕"라며 잘못을 시인하는 데 거리낌이 없었던, 보기 드문 황제였던 그가 너무도 허망하게 무너졌기 때문이다. 통일이란 지금이나 옛날이나 거역할 수 없는 과제임에 틀림없다. 그러나 통일을 해야 하는 것은 분단국의 백성이나 통치자 모두의 제1차적 과업임에 분명하지만 무리하게 추진해서는 모든 것을 그르치게 되는 법이다. 특히 통치자의 자세는 더욱 신중해야지, 그것이 특정 목적에 이용되어서는 안 되는 것이다.

2002년 4월 나는 뜻하지 않게 섬서성 빈현彬縣에 있는 부견의 묘를 찾는 기회를 갖게 되었다. 17명으로 구성된 답사반의 원래 목적은 관중 북방의 황토고원과 당나라 시대의 황릉皇陵 답사에 있었다. 서주 왕조의 창업지 주원周原 일대를 답사하고 고공단보古公亶父의 전설이 서린 기산岐山을 넘어 인유麟游로 들어가 수와 당나라 이궁離宮이며 구양순체歐陽詢體의 발상지로 유명한 인수궁仁壽宮 혹은 九成宮 답사를 마치고 우리들은 당 태종의 고사와 관련된 빈현 경수涇水변에 있는 대불사大佛寺를 둘러보기로 되어 있었다. 인유에서 빈현으로 가는 도중 지도를 살펴보던 Y교수가 "부견의 묘가 빈현 근방에 있네!"라고 했다. 나는 귀가 쫑긋 세워졌다. 동지를 얻은 것이다. 사실 이 지역 답사에 참여하면서 부견묘를 찾고 싶은 마음이 앞섰으나 내 전공만 고집하는 것 같아 우기지 못하고 출발하였던 것이다. 답사를 기획했던 K교수에게 용기를 내어 운을 떼었다. 그도 쾌히 부견묘를 찾아보기를 승낙했다. 실로 기대 밖의 소득을 얻게 된 것이다.

부견이 이 빈현 땅에 묻히게 된 사연은 이렇다. 부견이 비수의 전쟁에서 패한 후 수도 장안으로 돌아온 후에도 전진 왕조 자체는 존속하고 있었다. 그러나 이 전투의 패배를 틈타 전진 강역 하에 있던 여러 세력이 재독립을 시도했다. 모용홍慕容泓과 모용충慕容沖은 화음華陰:陜西省 華陰市에서 관중의 선비 세력을 규합하여 수도 장안으로 진군해 갔다. 또 요장은 마목馬牧:陜西省 興平市에서 후진後秦을 세우고는 자립을 선포했다. 부견이 자기 동족을 멀리 보내고 관중으로 끌어들였던 세력이 그의 턱 밑에서 칼과 창을 겨누고 달려든 것이다. 이런 와중에 장안 경제가 피폐해지면서 심각한 식량 부족에 빠졌다. 부견은 하는 수없이 385년 5월 서연西燕의 모용충 세력에 밀려 장안을 탈출하여 오장산五將山 : 현 陝西省 岐山縣 서북방으로 도망가던 중, 7월 어느 날 요장의 군대에 포로가 되고 말았다. 요장의 본거인 신평新平 : 현 彬縣으로 연행되자, 한때 부하였던 요장은 그 얼굴을 직접 대면하기가 껄끄러워서인지 사람을 보내 전국새傳國璽를 내놓고 선양할 것을 요구했다. 부견은 "선양이란 성현들이나 하는 일인데 반적叛賊인 너희 놈들이 어찌 그것을 요구할 수 있느냐"며 단호히 거절했다. 스스로 평생을 요장에게 은혜로써 대하였다고 생각한 그는 더욱 분통이 터지는 것을 참을 수 없었을 것이다. 8월 요장은 사람을 보내 신평의 불사佛寺에서 그를 목매여 죽게 했다. 그의 나이 48세, 아직 한창 일할 나이였다. 당시 후진의 장사들로서 애통해하지 않는 자가 없었다고 한다. 부견이 요장 군대의 포로가 되었음에도 불구하고 정권을 넘겨주지 않았던 것은 그가 그토록 우매했기 때문만은 아닐 것이다. 당시 부씨 세력은 물론 잔존하고 있었다. 부견의 서장자庶長子인 부비苻丕는 하북 평원의 업鄴에서, 그의 족손族孫인 부등苻登은 감숙 동부의 남안南安에서 재기에 흡족하지는 않았지만 어느 정도 세력을 유지하고 있었다. 때문에 혹시 그들이 그의 재기를 도모해 줄지도 모를 일이긴 했다. 그러나 부견이 그들에게 실낱 같은 희망을 걸었기 때문에 요장의 요구를 거절한 것은 아니라고 나는 믿고 싶다. 오히려 가장 인간적인 대우를 해주었던 요장이 그를 배반한 데 대한 마지막 항변이었다고 보고자 한다. 모용수와 요장이야말로 그에게 동진을 정벌함으로써 황제 중의 황제만이 거행할 수 있는 봉선封禪을 행할 것을 설득했던 장본인들이었기 때문이다. 적들의 이구지설利口之說을 받아들이고 측근 참모와 동생의 말은 오히려 받아들이지 않았던 부견! 그는 비수의 전쟁 후 그에 대한 반란 대

비수의 풍경. 수양성 동남부를 휘감고 흐르는 비수는 이 지역 수상 교통로로서 아직도 그 의미를 잃지 않고 있다.
겨울인데도 비숫가에는 빨래하는 아낙네들이 부견 황제의 한을 알지 못한 채 자기 일에 열중하고 있다.

열에 은신을 주었던 그들이 앞장서자 "슬퍼하고 한스러워함이 더욱 심했다[悼恨彌深]"고 사서에 전하고 있다.

인간사에서 수없이 되풀이되는 믿음과 배신의 역사의 의미를 부견만큼 뼈저리게 느낀 자가 있을까? 그는 끝까지 금수가 아니라 인간이고 싶었던 것이다. 그가 누워 있는 땅으로 가는 길은 수만 년간 비바람이 빚어낸 황토 고원의 거대한 지층의 톱니 사이로 가느랗게 뚫려 있었다. 그가 이 세상에서 보낸 인생 역정이 천 길 톱니 사이로 난 길에 비유될 수 있다면 죽음 후에 그에게 가져다 준 것은 그가 잠들고 있는 광활한 평원이 풍기는 평화처럼 안락할 것이라는 생각이 들었다.

가파른 길을 오르는 데 힘겨워하던 버스가 광활하게 펼쳐진 평원 위로 곧게 뚫린 시골길로 접어들면서 가쁜 숨을 고르고 있었다. 요란

(상) 부견묘의 모습. 2002년 4월. 섬서성 북방 황토 고원 위의 사과밭 속에 숨은 듯이 자리하고 있는 부견묘는 이 세상에
그가 만들고 생각했던 모든 것을 잃어버린 채 고이 잠들어 있었다. 청나라 건륭 시기 섬서순무 필원이 세운 묘비가 그 앞에 서 있다.
(하) 부견묘 묘표. 1981년 섬서성 빈현 인민정부가 세운 부견묘의 표지. 그가 진실로 이곳에 묻혔는지는 아무도 모른다.

하던 엔진 소리도 사라졌다. 황토 고원을 여행할라치면 거의 모든 도시는 푹 파인 좁은 계곡 속에 위치해 있다. 굽이굽이 구부러진 오르막 길을 오르면 진망塵網 속세를 벗어난 듯이 별세계가 펼쳐진다. 하늘 세상이 가깝기 때문일 것이다. 가난하지만 평화가 넘쳐나는 것 같다. 하늘 세상처럼 길 옆에는 사과나무와 유채, 그리고 보리밭이 적당히 조화를 이루고 있었다.

빈현 서남 15km에 위치한 수구진水口鎭의 작은 마을 구전촌九田村에 들어서니 담벼락에 "한 쌍 부부는 애를 한 명만 낳는 것이 좋다[一對婦夫只生一个孩子好]"는 표어가 부부가 한 애의 양손을 잡고 걸어가는 천연색 그림과 함께 쓰여져 있다. 하늘나라에도 이런 규제가 있다니! 그러나 한 무리의 외국 손님들이 차에서 내리자, 그 표어와는 아랑곳없이 수많은 애들이 몰려든다. 부견은 그들과 함께 심심치 않게 놀면서 평화롭게 지내고 있었다. 그의 묘는 여느 능묘의 봉분과 달리 낮고 길었다. 안내서에는 봉토의 높이 3m, 남북 21m, 동서 7m, 장추형長錐形 모양을 하고 있어 속칭 '장각총長角冢'이라 부른다고 쓰여 있다. 왜 그런 형태를 하게 되었는지 알 수가 없다.

청나라 건륭 연간 섬서순무 필원畢沅이 세운 '전진국왕부견지묘前秦國王苻堅之墓'라는 석비가 그 묘가 부견의 것임을 알리고 있었다. 그날 따라 날씨가 흐려서 오후 5시경인데도 날이 이미 어두워지고 있었다. 다른 일정을 위해 우리는 술 한잔 권하지 못하고 떠나야만 했다. 누군가 "박 선생님, 절이라고 한 번 하고 떠나야 하지 않습니까?"라고 한다. 내 남은 인생 언제 다시 부견을 찾을 수 있을지 실로 짐작할 수 없는 일이지만, 다시 올 수 있다면 그때는 금준미주金樽美酒와 옥반가효玉盤佳肴는 아닐지라도 그 흔한 백주白酒 한잔이라고 준비해 와서 인간이 인간을 얼마나 믿어야 하는가 하는 문제를 두고 그와 깊이 토론하기로 하고 그를 기약 없이 남겨둔 채 그곳을 떠날 수밖에 없었다.

영웅의 빈자리,
아! 통만성이여

● 통만성 위치도

중국인들은 오호십육국 시대(304~436)를 오호족[匈奴·鮮卑·氐·羌·羯]이 중화를 어지럽힌[五胡亂華] 시대로 폄하한다. 만약 중국 역사의 전개 과정에 이들 유목 민족의 참여가 없었다면 중국은 현재처럼 그렇게 크지도, 다양하지도 않았을지 모른다. 농경 한족漢族과는 다른 가닥의 문화를 가진 이들의 피는 현재 중국인의 혈관 속에 진하게 녹아 흐르고 있다. 흉노·선비 등 오호족이 그 종족으로서의 이름을 잃은 이후 중국인들은 그들을 멸시하고 그들이 남긴 자취마저 애써 지우려 했다. 오호족의 유산들이 그들의 문화를 종횡으로 구성하고 있는데도 불구하고, 그런 사실을 인정하려 들지 않았다. 잊혀진 것이라고 해서 반드시 실체가 없어진 것도, 가치 없는 것도 아니다. 지난 1999년 여름 폭염 속에 나는 오랫동안 갈망하던, 오호십육국의 하나였던 혁련하赫連夏의 수도 통만성統萬城을 찾았다. 오로도스鄂爾多斯(Orodos) 지역의 모오소毛烏素 사막 속에 버려져 있는 황성皇城 옛터를 나는 무엇에 홀린 듯 정신없이 쏘다녔다. 이미 황성荒城이 되어 버린 그곳에서 나는 짧았지만 한 시대 중국 대륙을 전율케 했던 한 왕조 창업주의 우렁찬 숨결 소리를 들을 수 있었다.

혁련하의 창업주 혁련발발赫連勃勃의 영광만을 확인하려 했던 것이 아니다. 그를 역사 속에 정당하게 자리매김해 주는 것이 나의 임무라고 생각했다. 연구실로 돌아와 독촉받던 논문은 제쳐두고 혁련발발과 그가 혼신의 힘을 기울여 쌓은 도성 통만성에 대한 논문을 한 편 쓰는 데 한 해 가을을 거의 다 소비했다. 혁련발발이 이 성을 건축했을 때 이 지역은 사막이 아니었다. 광활한 평원이 펼쳐져 있었고 맑은 물이 흐르는 비옥한 땅이었다. 목축과 농경이 모두 가능한 지역이었다. 더욱이 동서 교통로의 중간에 위치하여 아쉬울 것이 없는 물산의 집산지이기도 했다. 그러나 지금은 모래알만이 강렬하게 작열하는 태양 아래 뜨겁게 달구어지고 있을 뿐이다.

한때 중국의 고도古都 장안을 중심으로 하는 관중을 그 지배 지역으로 넣고는 중국 통일의 꿈에 부풀기도 했던 영웅, 혁련발발! 그가 가고 난 후에 이 지역은 활기를 잃어 갔다. 영웅이 사라진 빈자리는 허전하게 마련인가 보다. 그러나 그가 쌓았던 통만성은 1500년이 넘는 세월 동안 시도 때도 없이 서북쪽에서 불어오는 모진 모래바람에도 불구하고 꿋꿋이 그 자리를 지키고 있었다. 혁련발발이 이 세상에 남긴 한과 아픔을 이야기해 주기라도 하듯이.

통만성! 그 이름만 들어도 나의 가슴은 이렇게 설렌다. 왜냐고? 통만성에 관심을 가진 지 이미 10여 년이 넘었고, 내가 드디어 만난 통만성은 환상 그대로였기 때문이다. 통만성! 이 글을 읽고 있는 독자의 대부분은 물론, 중국사를 연구하는 학자 가운데서도 상당수가 이 통만성이 언제 만들어졌고, 지금 어디에 위치해 있는지 아는 이가 별로 없을 것으로 짐작하고 있다. 필자는 몇 년 전에 발표한 한 논문에서 미국 디즈니에서 만든 만화영화 「뮬란MULAN」의 주인공 목란木蘭이 나서 성장했던 곳이 통만성이었다고 고증한 바 있다. 통만성은 몰라도, 목란이란 인물에 대해서는 중국 문학이나 역사에 대해 웬만한 지식을 가진 사람이라면, 그녀가 어떤 인물이라는 것쯤은 잘 알고 있을 것이다. 물론 만화영화만을 본 독자는 목란이 중국 여인인지 어느 나라 여인인지, 그리고 그가 싸운 적들이 진정 어느 종족이었는지 잘 모를 테지만…….

통만성은 오호십육국 중 하나로 흉노와 선비의 혼혈족 출신인 혁련발발이란 자가 세운 하夏라는 단기 왕조의 수도였다. 오호십육국이 뭐냐고 묻는다면 내가 여기서 그것까지 설명할 시간적 여유가 없으니, 고등학교 세계사 교과서나 뒤져 보라고 말할 수밖에 없다. 만약 다니는 학교가 세계사를 채택하지 않았다면 독자 여러분은 교육부를 향해서 무한히 항의해 주길 간곡히 바랄 뿐이다. 미국 대학입시 우리의 수능고사의 SAT Scholastic Assessment Test II의 사회 과목에서는 '미국 역사와 사회과학'과 '세계사' 두 과목 중에서 선택하게 되어 있으나 정치·지리 등이 독립 과목으로 설정되어 있지 않다. 또 일본의 중·고등학교 사회과의 필수 과목은 일본사가 아닌 세계사라는 사실을 우리 교육 당국은 알고 있는지 모르는지 알 수 없기 때문이다. 흥분은 몸에 해로울 뿐이고, 내가 세계사를 강조하는 것 자체가 내 몫 챙기는 주장 같으니 이쯤 해두는 것이 좋을 듯하다.

통만성 조감도. 내몽고와 섬서성 경계의 황하 지류의 하나인 무정하 변에 위치한 통만성은 흉노족 출신 혁련발발이 세운
하나라의 도성이었다. 성터가 하얗게 보여 '하얀성 白城'이라는 이름을 얻었다.

이 글의 주제가 되는 오호십육국 시대의 하나라를 우 임금이 세운 삼대三代의 하나라와 구별하기 위해 통상 '혁련하赫連夏'라고 지칭한다. 그 선조들은 원래 유씨劉氏라 칭했지만, 이 나라를 건국한 혁련발발이 '아름답고 빛나는〔徽赫〕하늘'이란 뜻의 혁련으로 성을 바꾸었다. 통만성은 그가 혼신의 힘을 기울여 축조한 혁련하의 도성이었다. 혁련하는 26년간 존속했던 단명한 왕조였고, 따라서 역사상 영향력이 그다지 큰 나라가 아니었기 때문에 그간 세인들은 물론 역사가들의 주목도 받지 못하고 있었다.

통만성에 대한 나의 관심은 위에 썼듯이 「목란시木蘭詩」가 어느 시대 작품이며, 목란이라는 처녀가 아버지를 대신해 어느 전투에 종군했는가라는 데서 시작되었다. 지금도 내가 논증한 것이 거의 사실에 가깝다는 확신을 갖고 있지만, 이 문제에 대해서는 아직도 학계에서 논란이 많다. 내가 그곳에 가고 싶어했던 것은 통만성이 목란의 고향임을 확인하기 위해서만은 아니었다. 최근 연구의 관심이 유목 민족과 성곽의 연관 관계에 미치다 보니 순수 유목 민족이 쌓은 성곽 가운데 그 형체가 비교적 잘 남아 있는 곳이 바로 통만성이라는 사실이 나를 더욱 그곳으로 향하게 만든 것이다. 통만성을 답사해야겠다는 생각을 가진 지가 이렇게 오래되었기 때문에 이제는 거의 갈망에 가까운 것이 되어 버렸다. 그러나 통만성은 중국의 여느 유적지를 찾듯이 쉽게 접근할 수 있는 그런 곳이 아니었다. 그것은 육·항로 교통의 사각 지대, 그것도 인적이 드문 사막 가운데 위치해 있기 때문이다.

내가 통만성을 찾은 것은 1999년 7월 7일의 일이었다. 한국위진수당사학회韓國魏晉隋唐史學會 회원이 중심이 된 답사반 38명의 일원으로 유적 답사에 나선 것이다. 당초 답사 코스를 짤 때 다른 곳은 몰라도 통만성만은 절대 포기할 수 없다고 생각했다. 여행사에서는 그곳이 미개방 지구라면서 난색을 표했다. 그래서 이미 일본과 중국 학자

통만성 서남우 돈대. 통만성 가운데 가장 웅장해 보이는 이 돈대는
저 멀리 쳐들어오는 적군의 동태를 살필 수 있도록 건축되어 있다. 사람이 들어가고 있는 큰 구멍을 통과하면
서남방의 몇십 리가 한눈에 들어온다.

로 구성된 중국서북로영하섬북조사단中國西北路寧夏陝北調査團이 1996년
여름 그곳을 1차 답사했다는 답사 보고서를 내보이면서 다시 강력히
밀어붙였다. 사실 상당히 자세한 중국 지도를 보아도 통만성의 위치
를 제대로 찾을 수가 없다. 통만성이란 1600여 년 전의 이름이지 현재
의 지명이 아니기 때문이다. 현재는 그 유적지 옆에 위치한 백성자白城
子라는 작은 촌마을이 이 지역을 나타내는 지명이다. 그러나 우리나라
의 50배나 되는 면적을 가진 중국 지도에 이런 촌마을까지 표기할 여
유가 없고, 또 그 주위에 도시라고 할 만한 곳이 없기 때문에 답사를
다녀온 지금도 독자들에게 지도상 어디에 위치해 있다고 정확하게 말
하기가 쉽지 않다. 이런 곳을 안내해 본 적이 없는 여행사로선 난감하
기 짝이 없는 노릇이었을 것이다. 그곳으로 가는 도중, 도로에서 별 문

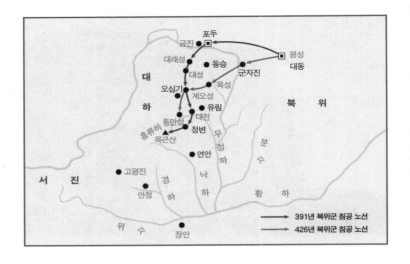

대하국 개념도.

제가 생기지 않는다 하더라도 잘 곳과 먹을 곳이 특히 문제였다. 우여
곡절 끝에 마지막 일정표에 통만성이 들어가게 되었지만, 그것은 순
전히 나의 억지 주장 때문이었다.

　통만성의 유지遺址에 대한 나의 지식은 이렇게 초보적인 것이었
다. 답사 출발 전 중국에서 발행된 고고考古 및 문물文物 잡지에 실린
답사 보고서를 통해 내가 얻어 모은 지식에 의하면 통만성은 우리에
게 하투河套라는 이름으로 더 잘 알려진 오르도스 지역 내에 광활하게
펼쳐진 모오소 사막 동남쪽 끝부분에 위치해 있다. 행정적으로 섬서
성 정변현靖邊縣에 속해 있지만, 내몽고자치구와 섬서성의 교계交界 지
역에 위치하고 있다. 이곳에서 숙박 시설이 있는 곳으로 가려면 남으
로 110km 떨어진 정변, 동으로 240km 거리의 유림楡林, 북으로

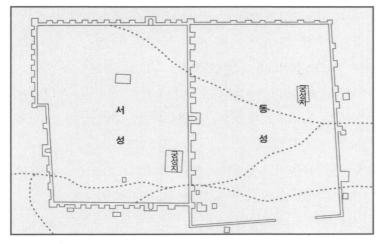

통만성 실측도. 통만성은 동서 2성으로 이루어져 있다. 서성은 혁련발발이 질간아리를 시켜
건축한 주성으로 동성보다 훨씬 견고하다. 서성에는 궁전과 종묘 등의 건축군이, 동성에는 관서와 일반인의
거주구가 있었던 것으로 추측된다.

180km 떨어져 있는 내몽고자치구 이극소맹伊克昭盟 오심기烏審旗로 가
야 한다. 황하의 지류로 오르도스를 가로질러 서쪽에서 동으로 흐르
는 무정하無定河 동북안의 표고標高 1150m 정도의 높이에, 서북이 높
은 경사면에 이 통만성의 유지가 있다.

　지도상에 나타나는 오르도스 지역을 얼굴로 본다면 그 대부분이
주근깨처럼 점들을 찍어 놓고 있으니 이것은 이 지역이 사막이란 표
시다. 사막이라고 하면 우리는 초등학교 때 배운 대로 끝없는 모래밭
과 신기루를 예상하겠지만, 모오소 사막은 그런 곳이 아니었다. 땅은
모래이되 간간이 이름 모를 풀들이 덮여 있었고 차창 밖으로 커다란
호수가 나타났다가 사라지기도 했다. 이 지역에는 현재 170여 개의 호
수가 있다고 한다. 사막화를 방지하기 위해 식수했기 때문인지, 아니

면 원래 모습이 그런 것인지는 상세하게 알 수 없지만 우리가 상상하는 사막 지대는 결코 아니었다. 지질 시대에는 지금보다 훨씬 많은 호수가 있었고, 혁련하가 존속했던 5세기 초엽에는 농경과 목축이 가능한 기름진 땅이었다. 사막화가 뚜렷이 나타난 시기는 그로부터 수 세기가 지난 당대唐代였다고 하니 지금의 풍경으로 당시를 생각하면 오산이다.

사실 여행사에서 안내하는 여행이란 경치가 아름답든지, 역사적으로 큰 의미를 지녀 많은 사람들에게 알려진 곳이 아니면 안 된다. 사실 통만성 근방 100km 이내에 단체 손님이 묵을 만한 여관 시설이 갖춰진 도시가 없기 때문에 관광지로 개발하기는 무척 어려운 실정이다. 아침 일찍 전세 버스로 철강 도시 포두包頭를 출발한 우리들이 오르도스 고원을 남북으로 가로질러 하루 종일 달려 저녁 무렵에 도착한 곳이 오심기였다. 내몽고자치구의 행정 단위는 중국 본토의 그것과 달라 현縣에 해당하는 것을 '맹盟'이라 하고, 향鄕에 해당하는 것을 '기旗'라 한다. 이 지방 제도는 청대의 몽고족 통치 단위에서 연원한다. 오심기는 이극소맹의 행서行署 소재지인 동승東勝시로부터 남쪽으로 220km 떨어진, 내몽고자치구의 행정구역 가운데 위도상 가장 남쪽에 위치하고 있는 기다. 총면적 1만 1645km²에 인구 9만 1000명, 그 가운데 몽고족이 약 3만 명 살고 있다. 마침 우리 여행단의 안내를 맡았던 내몽고청년여행사의 총경리社長가 이곳 오심기 출신의 몽고족이어서, 그가 고향 방문 겸 안내를 맡아 지프를 타고 우리 답사반의 버스를 선도해 갔다.

사장이 오심기 당국에 우리가 갈 것이라는 전갈을 미리 해두었기 때문에 우리는 뜻밖에 성대하고(?) 재미있는 환영 의식을 거쳐야 했다. 몽고 풍속에는 귀한 손님이 오면, 마을 어귀 10리 밖에까지 나와 손님을 맞이한다. 이런 관례를 따라 기장旗長이 우리를 출영하기 위해 그곳까지 나왔고, 양 한 마리를 잡아 이미 상 위에 올려놓은 터였다. 곧바로 환영 의식이 진행되었다. 나이순으로 우리 대표 네 명이 양고 기 앞에 무릎을 꿇고 앉았다. 6~7명의 몽고 여자가 몽고 노래를 하며 춤을 추면서 고량주 한 사발을 권했다. 우리는 몽고 습속에 따라 왼손 으로 술잔을 건네받고 오른손 엄지와 검지를 술잔에 세 번 담갔다가 하늘과 땅, 그리고 자기 이마를 향해 술 묻은 손가락을 튕겼다. 그리고 권한 술을 단숨에 마셔야 했다. 권한 술을 거절하거나 뱉어 내는 것은 커다란 실례다. 소주 한 잔에도 몸을 가누지 못하는 나였지만 어쩔 수

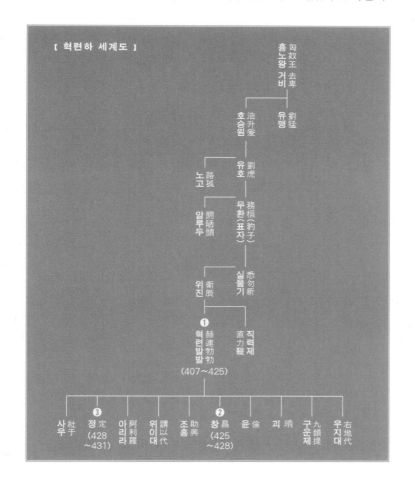

[혁련하 세계도]

내몽고 오심기 몽고족의 손님맞이. 몽고족은 반가운 손님을 영접할 때 마을 밖 10리까지 나온다.
필자를 포함한 여행단을 맞기 위해 기장 이하 관리들과 가무인들이 양고기와 백주를 장만하여 우리를 대접하고 있다.

없이 받아 마셔야 했다. 대표들의 복잡한 의식이 끝나자, 답사반원 모두가 술 한 사발씩을 마셔야 했다. 그 독한 고량주를 말이다.

　우리는 이 지역에서 가장 큰 호텔인 오심빈관烏審賓館으로 이동했다. 저녁밥을 먹고 나자 답사반을 위한 성대한 무도회가 또 열렸다. '가해무향歌海舞鄕'으로 이름난 오심기는 하루 종일 버스로 사막 길을 달려온 우리가 휴식을 취할 수 있도록 그냥 놓아 두지 않았다. 우리는 오심기의 몽고인들과 하나가 되어 밤늦도록 놀았다. 무도회 마지막에 나는 우리측 대표로 급조되어 답사를 하게 되었다. 별 할 말이 없어 "오심기민의 따뜻한 환대를 한국에 돌아가거든 반드시 신문 등 대중매체에 알리겠노라"고 평소 나답지 않게 큰소리쳤다. 오심기는 엄청난 천연 가스 매장량에 천연 소금, 그리고 무공해 농산품, 그리고 목축업으로 사막 속의 진주라고 자랑이 대단하다. 내 옆에 앉아 있던 기 간부 한 사람은 내가 역사 공부를 하는 사람인 점을 고려해서인지 이곳 사람들은 구석기 문화를 꽃피웠던 소위 '하투인河套人'의 후예라는 점을 강조했다. 내 급조된 연설을 들은 오심기 여유국旅游局에 근무하는 설씨薛氏가 신문에 당신 글이 실리거든 보내 달라고 주소를 적어 주었다. 줄곧 같은 방을 썼던 N교수가 이 순수한 사람들을 박 선생이 속여서는 안 된다고 걱정 겸 압력을 가했다.

오심기는 역시 사막 속의 도시다웠다. 가장 난처하고 인상 깊었던 일은 각 방에 설치된 좌변기에 동그란 좌판이 없다는 사실이었다. 내가 묵은 방만이 아니라 모든 방이 다 그랬다. 사기 변기 위에 엉덩이를 갖다 대니 우선 차갑고 촉감이 이상하기는 했지만 먹고 싸는 인간의 원초적 욕망 문제는 급하면 형편에 따르게 마련이었다. 모든 변기가 왜 그 모양인지, 그리고 대체 어떤 방법으로 용변을 보는 것인지 물어 보고 싶었지만 동방예의지국에서 온 사람이라 차마 그럴 용기가 나지 않았다. 이 글을 쓰고 있는 지금도 그 점이 못내 궁금하다.

오심기에서 하룻밤을 보내고 난 우리는 아침 일찍 통만성으로 향했다. 거의 미지에 가까운 통만성을 처음 찾는 나로서는 설렘과 함께 불안감이 교차하고 있었다. 기대와 실망 어느 쪽이라고 장담할 수 없었기 때문이다. 사막 사이로 난 작은 길을 45인승 일본제 히노[日野] 버스가 달리는 데는 여러 가지 난관에 봉착할 수밖에 없었다. 길을 확장하고 있는 곳 중간중간에는 어김없이 긴 막대기를 가로질러 놓고 통행세를 받고야 통과시켰다. 현대판 이금세釐金稅 징수인 것이다. 앞에서 지프로 우리를 인도하던 여행사 사장이 먼저 교섭을 했지만, 그런 곳을 만나면 30분은 족히 지체되기 일쑤였다. 세금 액수를 합의하는 데 이 정도 시간이 걸렸기 때문이다. 그리고 좁은 길이라 높낮이가 조그만 차이가 나도 버스 밑바닥이 땅에 닿기 때문에 통과할 수가 없었다. 그때마다 모두 내려 교대로 삽으로 높은 곳의 흙을 파내어 낮은 곳을 메우는 작업을 해야만 했다. 안내를 맡았던 조선족 김양도 걱정이 태산 같았다. 평소 소심한 나인지라 걱정되어 점심 먹을 곳을 예약해 두었느냐고 물었더니 처음에는 도시락을 준비하려 했는데 일회용 식기가 없어 준비하지 못했다며 여기도 사람 사는 곳이니 가다가 어디선가 점심을 먹을 곳이 있겠지 한다. 그녀 역시 대책 없이 우리를 안내해 가는 것이다. 40여 명이나 되는 사람이 이 사막 한가운데 어디서 배를 채운단 말인가? 중국이란 원래 이런 곳이다. 통만성으로 가는 길은 이렇게 곡절도 많았다.

　　오심기 구역 가운데 제일 남쪽 마을인 파도만巴圖灣에 가까워지자 길 옆으로 파아란 호수가 우리를 맞이한다. 사막 속의 파란 호수. 그런 대로 정취가 있다. 수력발전과 수리를 위해 황하의 지류 무정하無定河 상류인 홍류하紅柳河를 막아 댐을 쌓은 것이다. 우리는 한가롭게 그 경치를 구경할 계제가 아니었다. 다시 그 호수를 옆으로 하고 또 걸어야만 했다. 보수 중인 흙길은 빈 버스가 겨우 통과할까말까 할 정도였기 때문이다. 점심때가 훨씬 지나서야 파도만에 겨우 도착했다. 우리는 그곳에서 급조한 점심을 먹고 다시 통만성을 찾아 나섰다. 말이 길이지 통상 차 다니는 길 같지가 않았다. 길은 우리를 더욱 피곤하게 했고, 간혹 우리들의 머리를 차 지붕에 부딪치게 하였다. 앞서가던 지프가 길가에서 놀던 동네 아이 두 명을 태우고 떠난다. 급조된 현지 가이드였다.

　　왼편 창문 밖으로 멀리 언덕 위에 잉카 유적 같은 것이 보였지만, 그것이 통만성과 관련이 있는 것인지 확신이 없었다. 내가 우겨 이 많은 인원을 데려온 것이 죄스럽기까지 했다. 오늘 하루 답사 코스는 통만성 하나밖에 없는데 말이다. 차가 중간에 고장이라도 나면 어떡하지? 우리는 북방 내몽고 쪽에서 내려왔기 때문에 섬서성 정변현에 속

파도만. 사막 속의 호수는 모래톱과 대조를 이루어 더욱 푸르다.
통만성 서쪽 파도만 마을 옆을 흐르는 홍류하(무정하의 상류)를 댐으로 막아 만든 이 호수는 이 지역의 젖줄이다.

한 이 지역에 들어갈 수 있다는 문물국의 허가를 받을 수가 없었다. 미개방 지구라 만약 통만성 출입이 불가능하다면 그때는 어떡하지? 또 사람들이 '고작 이런 곳을 보려고 이 먼 길을 왔나!' 하고 실망하면 어떡하지 하는 걱정에 입이 탄다. 드디어 통만성 입구에 도착하였다. 거기에도 어김없이 긴 막대기가 길을 막고 있다. 통행세를 지불한 후 차가 언덕을 기어오른다. 저 멀리 펼쳐진 폐성廢城의 흔적. 그러나 아직 마음에 차지 않는다. 발굴 보고서에 의하면 통만성은 외곽성·동성東城·서성西城 등 세 구역으로 나뉜다고 되어 있다. 차에서 내린 지역이 동성 구역 입구였다. 동성은 서성에 비해 많이 파괴되었다고 기록되어 있었다.

　그러나 서성 동북우東北隅 적루敵樓 : 墩臺에 올라섰을 때 펼쳐진 서성의 웅장한 모습을 대하고는 같이 간 동료들의 얼굴이 완전히 달라졌다. 7월의 태양은 그렇게 따가울 수가 없었다. 구름 한 점 없는 하늘, 아무리 눈을 돌려 보아도 산 하나 보이지 않는 광활한 사막, 그리고 폐성. 이런 모든 것들이 한 폭의 그림처럼 조화롭게 펼쳐져 있었다. 우리는 다시 서북우 적루를 지나서 서남우 적루 앞에 섰을 때는 "아!"라는 소리 외에는 모두 말을 잃었다. 한국 사람으로서 가장 먼저 이곳 통만성에 왔다는 자부심에서 그런 것만은 아니었다. 1996년에 답사했던 토로번吐魯番의 교하고성交河故城이나 고창고성高昌故城과는 또 다른 충격에 나는 '아! 통만성이여'라는 감탄사 외에는 딴 말을 찾을 수 없었다. 팔다리 할 것 없이 햇볕에 노출된 부분이 검게 타지 않은 사람이 없었다. 우리는 그렇게 정신없이 돌아다녔던 것이다. 16박 17일 동안의 답사를 마친 후 북경으로 돌아와 이번 답사길 가운데 가장 인상적인 곳이 어디였느냐는 질문에, 그게 바로 통만성이었다는 사실에 이의를 다는 사람이 우리 가운데 아무도 없었다. 표현력이 부족한 필자로서는 독자들에게 그저 "통만성을 보고 온 자만이 통만성을 더불어 이야기할 수 있다"는 말밖에 여기서 더 할 말이 사실 없다. 다만 여기서 이 통만성에 얽힌 역사 이야기를 들려주는 것이 나의 임무이리라.

통만성은 1600년 이전에 건축되었음에도 불구하고, 당시의 모습이 양호하게 남아 있어 위진남북조 시대, 특히 오호십육국·북조 시대의 도시·건축사 연구에 큰 의미를 지니는 유적이다. 지표 조사만 했을 뿐, 발굴은 아직 엄두조차 내지 못하고 있다고 한다. 우리 여행단원 중 한 사람이 한·중 합작으로 그곳을 발굴하자는 제안도 했지만, 현실적으로 가능한 일이 아니다. 혁련하는 중국인에게 별로 큰 인상을 남기지 못한 나라였다. 26년간 오르도스 지방을 중심으로 나라를 세워 동방의 선비 탁발족이 세운 대代 혹은 북위 세력과 섬북陝北·내몽고·산서 북부 황토 지역의 패권을 두고 다투다가 결국 패배자가 되어 사라진 왕조였다. 그러나 한때는 북위의 전신인 대국代國을 멸망시키는 데 일익을 담당했고, 장안에 수도를 두고 있던 후진後秦의 요씨姚氏 정권을 멸망시키고 장안을 점거하고 있던 남조 유송劉宋의 창업자 유유劉裕의 세력을 몰아내고 장안을 차지하는 등, 창성하던 시절도 있었던 왕조였다.

혁련하의 탄생 이후 선비 탁발씨와의 대결은 피할 수 없는 숙명적인 것이었다. 이들 두 세력이 근거하고 있는 지역은 지역적 단일성을 가지고 있었다. 즉 자연적인 경계로 두 지역으로 나눠질 수 없는, 동일 성격의 지역 단위였다. 따라서 두 왕조가 공생·공존할 수는 없었다. 이들은 죽느냐, 아니면 죽이고 사느냐 하는 일종의 서바이벌 게임survival game을 벌이는 수밖에 도리가 없는 숙적 관계였다. 이 두 왕조는 오호십육국의 다른 왕조들과 달리 초원 지역에서 가장 늦게 중원 지역으로 진출했던, 그래서 유목적인 성격을 진하게 간직하고 있었다. 유목 민족이란 성곽을 지어 정주 생활을 하는 것이 아니고 수초를 따라 이동하는 것이 특징이므로, 두 왕조 모두 처음에는 주 근거지인 도읍을 정할 것이냐 말 것이냐 하는 문제를 두고 고심했다. 그러나 새내塞內로 진출함에 따라 그 밑에 새롭게 편입된 정주 농경민의 숫자가 늘어나게 되고 그들도 점차 정주민의 인민 지배 방법을 배우게 됨에 따라 정치 형태도 바뀌어 갔다. 축성은 이제 그들의 선택 사항이 아니라 불가피한 국가 경영의 과정이었다. 유목민이 정주민화한다는 것은 '치고 빠지는' 그들만의 장기를 포기하는 것이다. 그들은 원래 기마병 위주여서 공성攻城보다 야전野戰에 능하다. 유목민의 공격을 유효하게 방어하는 것은 바로 성을 쌓고 수비하는 것[築城自守]인데, 유목민 출신이 이렇게 성곽을 쌓는다는 것은 이율배반이요, 자기 모순이다.

창업자 혁련발발은 나라를 세웠지만 바로 수도를 정하려 하지 않았다. 황토 고원의 하나뿐인 패자 자리를 두고 탁발부와의 숙명적인 대결이 시작된 것은 그의 증조부 때였다. 그 후 일진일퇴를 거듭하다 결국 북위 태조 도무제道武帝에 의해 그의 아버지 유위진劉衛辰은 패사하고 그의 형은 포로가 되었다가 참수되는 참담한 패배를 당한다. 목숨만을 겨우 건져 도망친 혁련발발은 이웃 부락인 질간부叱干部에 몸을 의탁했다. 승승장구하던 북위의 문책을 두려워한 질간부의 부락장이 그를 북위로 압송하려 한 것은 당연한 일이었다. 그러나 하늘은 그에게 무슨 일을 맡기기 위해서였는지 재조再造의 기회를 부여한다. 부락장의 조카인 질간아리叱干阿利가 국파가망國破家亡하여 떠돌아다니는 자[流離漂虜]가 그 목숨을 애타게 구하고 있는데, 도리어 적지로 송환하는 것은 인자仁者의 길이 아니라는 명분을 내세워 반대하고 나선 것이다. 역사 속의 사실은 드라마 속의 그것보다 더 극적인 경우가 간혹 있다. 그 간청이 받아들여지지 않자, 질간아리는 북위로 압송되던 그를 납치해 관중 지역을 근거로 하는 후진後秦으로 함께 도망쳐, 후진의 한 지방관인 몰혁우沒奕于에게 의탁했다. 그의 비범함을 알아본 몰혁우는 그에게 딸을 주어 결혼시킨다. 그러나 혁련발발은 그의 보호자이고 장인이기도 한 몰혁우를 끝내 살해한다. 그 병력을 수습해 그것을 밑천으로 나라를 다시 세우기 위해서였다. 그렇게 탄생한 나라가 혁련하다. 그런 그의 행동이 권력을 향한 비정한 선택인지, 아니면 숙적 북위에게 철저히 복수하기 위한 불가피한 선택인지는 확실하지 않다. 필자는 후자라고 생각하지만…….

　　그러나 그 수하에 들어와 있는 병력은 많지 않았다. 그가 나가야 할 방향은 우선 남방 관중에 있는 후진을 멸망시키는 것이었다. 그 세력을 흡수함으로써 다시 동방의 큰 나라인 북위 세력과 대결하는 길밖에 없었기 때문이다. 적은 병력뿐인 그들이 큰 나라와 대결하는 방법은 일정한 공격의 목표점을 두지 않는 것이다. 수도란 바로 공격의 표적이 되기 때문이다. 혁련발발은 일정 기간 수도를 두지 않고 유격

통만성과 요동. 이 지역 주민들이 통만성의 성벽을 뚫어 주거용 요동을 만들었던 흔적들이다.
지금은 모든 주민이 철수했지만 중국인들의 문화유산에 대한 인식을 엿볼 수 있다.

전술로 주위의 군소 세력을 병합함으로써 그 병력을 증강시키는 방법
을 취했다. 그는 부하들에게 10년 안에 힘을 길러 강국을 만들겠다는
약속을 한 후 같이 떠돌아다니면서 유목 생활을 계속할 것을 제의했
다. 이곳 통만성에 수도를 정한 것은 건국 후 10여 년이 지나서였다.
그는 약속을 지킨 것이다.

　그가 이 수도에 쏟은 정력은 짐작이 가고도 남는다. 10여 년간 찬
이슬과 혹한, 그리고 눈보라를 맞으면서 신고의 세월을 보내던 혁련
발발이 "이곳이다!" 하고 무릎을 치면서 보금자리로 정한 곳이 바로
통만성이었다. 통만이란 명칭에서부터 그의 비원이 담겨져 있다. '천
하를 통일하여 만방에 군림하겠다[統一天下 君臨萬邦]'는 것이 그 의미다.
통만성의 성문 명칭에서도 우리는 그의 야망이 어떤 것이었는가를 읽

통만성 마면. 서성 남벽에 설치된 마면은 통만성이 얼마나 전략적으로 우수한 성벽이었는가를 잘 보여 준다.
성벽 위로 주인 잃은 양 한 마리가 서성이고 있다.

을 수 있다. 남문은 송나라의 조공을 받는 문[朝宋門]이고, 동문은 북위를 초납하는 문[招魏門]이며, 서문은 하서회랑 지역의 양나라를 복속시키는 문[服涼門]이고, 북문은 삭방을 평정하는 문[平朔門]이다. 그는 413년부터 연인원 10만 명을 동원하여 철옹성을 지었다. 중국의 궁성은 남향이지만 그의 궁성은 동쪽을 향하고 있는 것이 특징이다. 이는 유목 민족의 동쪽 숭배[尙東] 사상과 관련 있는 것이지만, 눈만 뜨면 숙적 북위 쪽을 바라볼 수 있다는 점까지 고려된 것은 아닐까? 통만성을 짓는 총감독은 그를 죽음에서 건져 낸, 소위 재조지은再造之恩을 입었던 질간아리에게 맡겼다. 성이라고 하나 통상적인 성이 아니었다. 그가 모두 발명한 것은 아니라고 하지만, 이 성은 중국 성곽사상 의미 있는 몇 가지 특징을 가지고 있다.

　　그 하나는 성벽의 견고성이다. 역사서에는 이 성벽을 만들 때 "땅을 쪄서 성을 쌓았다[蒸土築城]"고 기록되어 있다. 동아시아 고대 국가에 보이는 일반적인 축성 방법인 판축법版築法을 채용하긴 했지만, 통만성은 통상의 그것과는 달랐다. 통만성 옆에 있는 마을 이름이 '백성자白城子'인데, 이 성벽은 황토색 토성이 아니라 고대판 콘크리트 성이라 그 빛이 하얗기 때문에 그렇게 부르는 것이다. 컬러판 항공 사진을 보면 두 개의 하얀 큰 테두리를 한 축구장 두 개가 연이어 있는 것처럼 보인다. 화학 감정에 의하면 그 성토의 주성분은 모래[石英], 점토, 그리고 탄산칼슘[石灰]이라고 한다. 이 세 가지가 합쳐졌을 때 증기를 내면서 갑자기 체적이 팽창함으로써 모래와 진흙이 압축되는 공법이다. 궁성의 성벽이 얼마나 단단했는지 그 벽을 숫돌로 삼아 칼과 도끼를 갈았다고 한다. 혁련발발을 기록한 역사서는 그를 매우 잔인한 통치자로 표현하고 있다. 바로 이 축성 과정에서 그가 백성들을 혹사하고, 조그마한 실수도 용납하지 않았기 때문이다. 쌓은 성벽에 송곳이 한치[寸]만 들어가도 그곳을 축조한 자를 그 자리에서 죽이고, 그 성벽

속에 같이 넣어 성을 쌓았다는 것이다.

또 하나의 특징은 소위 마면馬面이라는 구조다. 이것이 성벽 구조의 하나로 이용된 것은 이 시기로부터 600년이 지난 송대부터라고 하지만, 혁련발발은 이미 이것을 실용화했다. 마면은 성벽 밖으로 말 얼굴처럼 튀어나온 방어용 시설이다. 현재 측정해도 16m나 나와 있다. 마면 간의 평균 거리가 50m였으니 성벽에 근접해 공격해 오는 적들을 화살의 사정권 안에 넣어 공격할 수 있는 것이어서 살상률을 매우 높이는 장치였다. 그 마면 아래에는 무기와 식량을 보관하는 창고가 설치되어 있다. 이곳 통만성에는 동성과 연결된 동벽을 제외하고 서·남·북벽에 마면이 설치되어 있다. 약간 뒷시대인 북위 도성 낙양성의 경우 마면이 북서부 최후 군사 거점인 금용성金墉城 일부에만 설치되었고, 통만성의 그것과 비교할 때 그 정교함에서 차이가 많이 나는 것을 감안한다면, 이런 마면 구조는 중국 성곽 방어 건설상 새로운 지평을 연 것이라는 평가다.

또 하나의 특징은 옹성甕城의 설치다. 서성에 문이 네 개 있다는 것은 앞서 이야기했지만, 문마다 도가니처럼 반원형의 성벽을 겹으로 둘러쳐 적의 공격에서 가장 취약한 부분인 성문의 방어에 완벽을 기하였다.

이런 철옹성을 만들었지만, 혁련발발의 천하통일의 원망은 쉽게 이뤄지지 않았다. 혁련발발은 425년 통만성 영안전永安殿에서 그토록 바라던 북위에 대한 설욕의 꿈을 접은 채 '벌써의 나이'인 45세에 병사했던 것이다. 그에 대한 당시의 평가는 두 갈래로 나뉜다. "정벌이 있을 뿐 전쟁은 없었다[有征無戰]"는 지적처럼 그의 전략은 한나라의 창업주 유방이나 위나라의 조조보다도 뛰어났다는 평가가 있는 반면, 윗사람을 섬기는 데는 태만하고 아랫사람을 부리는 데는 잔인하고 탐욕스럽고 행동이 가볍다는 평가가 그것이다. 사실 그의 행동들을 보

대하의 석마. 혁련발발의 아들 혁련괴가 장안에 세운 것으로 알려진 이 석마는 현재 서안 비림 박물관 안에 있다.
유목 기마 민족의 기상을 느낄 수 있다.

면, 그 두 가지 평가 어느 쪽도 합당한 면이 없는 것은 아니다. 그는 보
호자이자 장인이었던 몰혁우를 죽인 비정한 일면이 있는가 하면, 그
를 사지에서 구해 준 질간아리를 끝까지 믿고 중용하기도 했다. 사람
을 평가한다는 것은 사실 쉬운 일이 아니다. 그러나 혁련발발이 무척
열심히 살았던 사람인 것만은 분명하다. 그가 조정의 일을 처리하기
위해 꼭두새벽부터 밤늦게까지 먹는 것도 잊었다는 기록에서처럼 그
는 선대가 못 이룬 통일 과업, 아니 숙적 북위와의 경쟁에서 패배하지
않기 위해 동분서주했던 사람이다. 그가 사람을 부림에는 혹독·잔인
했다고 하지만, 혼군昏君의 대명사처럼 되어 있는 황음荒淫에 대한 기
록이 없는 것이 그 점을 말해 준다.

　실제로 혁련하를 패망시킨 것은 주위의 적대 세력인 북위나 토욕

혼吐谷渾이 아니라 바로 그의 후계자들이었다. 그는 미덥지 않았던 큰 아들 괴瑰를 폐하고 대신 셋째아들 창昌을 태자로 삼았다. 그가 죽자 남조 유송劉宋 세력을 몰아낸 후 관중 지역을 통치하던 괴가 반기를 들고 일어났다. 다른 자식들도 이 후계 싸움에 밖의 적을 돌아보려 하지 않았다. 이 혼란을 틈타 숙적 북위의 3대 황제 태무제太武帝가 침략해 온 것이다. 아무리 철옹성 같은 통만성이라 하더라도 결코 내부의 균열을 막아 낼 재주는 없는 법이다. 새로운 황제로 등장한 창이 전과를 세우기에 급급한 나머지 성밖 멀리까지 나와 싸우다가 패하여 성으로 돌아가던 중, 성문을 채 닫지 못한 가운데 들이닥친 적군에게 성을 빼앗긴 것이 혁련하의 도성 통만성 최후의 모습이었다.

역사의 신은 잔인하다. 승자에게는 무한한 영광을, 패자에게는 철저하리만큼 비정한 망각을 준비해 두고 있다. 승자 북위 왕조는 중국 정사 '24사' 가운데 『위서魏書』를 준비하였고, 그것은 『사기史記』의 분량에 거의 육박할 정도로 크게 다루어지고 있지만, 패자 혁련하는 별로 기억해 주는 사람이 없다. 역사의 신만이 그런 것이 아니었다. 자연도 패자에게는 관대하지 않았다. 11세기 초 현재 영하회족자치구寧夏回族自治區 지역을 중심으로 웅거했던 탕구트〔黨項〕족의 서하西夏가 통만성을 일시 관리했지만, 몽고족이 서하를 멸망시킨 후부터 이곳은 역사의 현장에서 절연되어 오랫동안 잊혀져 왔다. 오로지 사막의 풍화 작용에 송두리째 맡겨져 있었을 뿐이었다. 그러던 것이 1845년 이곳 지방관으로 부임한 한 역사지리학자에 의해 처음으로 답사단이 파견되었고, 그 폐성이 바로 잊혀진 고도 통만성이라는 것을 확인하기에 이르렀다. 그러나 그 후 누구도 이 폐성에 관심을 두는 사람은 없었다. 통만성이 확인된 지 1백여 년이 지난 1957년에 최초의 조사단이 결성되어 초보적인 지표 조사가 이루어진 후, 그 실상이 간단한 보고서 형식으로 학계에 보고되었을 뿐이다. 그 답사 보고서에 의하면 그

통만성의 벽면. 혁련발발이 축성할 때는 쌓은 성벽에 송곳이 한 치만 들어가도 그곳을 축조한 자를 그 자리에서 죽이고
그 성벽 속에 같이 넣어 성을 쌓았다고 한다. 또한 그 벽을 숫돌로 삼아 칼과 도끼를 갈았다.
벽면에 뚫린 구멍이 언제 만들어진 것인지는 확실하지 않다.

곳 성벽에는 주민들이 요동窰洞: 건조 황토 지대의 혈거 가옥을 파서 살고
있고, 성터는 동네 아이들의 놀이터로 사용되고 있다는 정도였다. 뿐
만 아니라 통만성에 대한, 아니 혁련하에 대한 제대로 된 논문 한 편
아직 없다.

　　1999년 7월 한국에서 멋모르고 찾아온 답사반이 이곳 통만성에
발을 디뎠다. 그리고 우리는 무엇에 홀린 듯이 성벽 위에 난 길을 따라
정신없이 걸었다. 우리에게 주어진 시간은 두 시간 정도였다. 서성 서
북우에 세워진 적루는 갈 길 바쁜 우리 모두를 한참이나 잡아 두었다.
현재 33m 높이의 우람한 콘크리트(?) 포대 위에 10명 정도가 들어갈
만한 큰 구멍이 나 있다. 그곳에 올라가면 몇십 리 밖에 있는 작은 물
체의 움직임도 관측할 수 있을 만큼 훤하게 눈에 들어온다. 이전 혁련
하의 병사들이 올라가 저 멀리 지평선 밖에서 몰려오는 적들의 일거
수일투족을 관측했을 만했다. 천 몇백 년간 서북에서 불어오는 모진
황토 모래 바람에도 불구하고 적루는 한 점 흐트러짐 없이 솟아 있었
다. 혁련발발이 못다 푼 한을 대변이라도 하려는 듯이……. 적루 위로
수많은 제비들이 날아다니지만, 그 견고한 콘크리트 벽은 그들에게
집 지을 틈을 한치도 내주지 않고 있었다. '그래도 나를 무시할 것이
냐?'라는 혁련발발의 항변처럼…….

　　혁련발발은 성벽만 그렇게 지었던 것이 아니었다. 무기를 만드는
데에도 완벽을 기하였다. 갑옷을 만드는 기술자에게는 화살이 갑옷을
뚫고 들어가면 죽였다. 화살을 만드는 자에게는 화살이 갑옷을 뚫지
못하면 죽였다. 성벽을 만들고 무기를 만드는 데 그렇게 철저했던 그
가 백성을 보살피는 데도 그처럼 신경을 썼더라면, 그의 운명은 달라
졌을까? 그러나 하나를 얻으면 다른 하나는 잃는 것이 인간살이의 법
칙 아니던가? 한 사람의 인생은 불과 백년도 채우지 못한다는데 이다
지도 견고한 성벽이 무슨 소용이람! 일찍이 맹자는 전쟁에서 지리地利

보다 인화人和의 중요성을 갈파하지 않았던가? 모진 사막 바람, 보호는커녕 인간들이 곳곳에 헐거를 위해 파괴를 거듭해도 옛모습이 크게 변하지 않고 있는 그런 성벽을 백성의 희생 위에 만든 혁련발발의 생각이 과연 현명했던 것일까? 그러나 내 이제 그를 탓하여 무엇하리……. 혁련발발! 그대의 아픈 한을 기억해 주리라. 그리고 내 귀국하거든 시간을 쪼개 그대를 위해 제대로 된 논문 한 편을 써서 그대가 이 세상에서 무슨 일을 하다가 갔다는 것을 후세에 알리리라. 그러니 이제 이 세상에 쌓아 두었던 한을 거두고 서방 정토에서 편히 잠드시길…….

서성 남벽에 건설된 마면 위에서 주인 잃은 양 한 마리가 우리를 쳐다본다. 양이여! 너도 혁련발발의 한을 알고 이곳을 서성이고 있는가? 서성과 동성이 잇대어 있는 동남우에 이르니 섬서성 정변靖邊 텔레비전 방송국에서 나온 여자 아나운서와 촬영기사가 '자연보호'를 위한 프로그램을 제작하기 위해 촬영하느라 분주하다. "어디서 왔느냐고?"고 묻길래 "한국에서 왔다"고 했더니 "왜 한국에서 이런 곳까지 찾아오느냐?"고 되묻는다. "이런 곳을 왜 이렇게 버려 두고 있느냐"고 했더니, "그래서 자연보호 프로그램을 만드는 것 아니냐"고 한다. 그렇다. 인간이 만든 것도 오래되면 자연이다. 우리도 언젠가 모두 자연으로 돌아가게 될 것이다. 자연 속에 곤히 잠들고 있는 혁련발발을 우리가 와서 괜스레 깨운 것은 아닌지…….

아! 통만성이여. 내 살아 있는 동안 언제 너를 다시 한 번 찾아올 날이 있을까? 다시 만났을 때에는 도대체 인간이 산다는, 그리고 살았다는 의미가 무엇인지, 그리고 이 세상에서의 성공과 실패라는 것이 과연 무슨 의미를 갖는지 그대와 같이 깊이 생각해 보고 싶네. 그래 잘 있어! 갈 길이 바빠 나는 이제 가야만 하네……. 다시 조용히 너를 찾아올 때까지 안녕.

목록 │ 도판 · 지도 · 표

찾아보기

박한제 교수의 중국 역사 기행 1

영웅 시대의 빛과 그늘

2003년 4월 15일 1판 1쇄
2014년 4월 30일 1판 5쇄

지은이 | 박한제

편집 | 류형식 · 강현주
제작 | 박흥기
마케팅 | 이병규 · 최영미 · 양현범

출력 | 한국커뮤니케이션, 스캔 | 채희만
인쇄 | 천일문화사
제책 | 정문바인텍

펴낸이 | 강맑실
펴낸곳 | (주)사계절출판사
등록 | 제 406-2003-034호
주소 | (우)413-120 경기도 파주시 회동길 252
전화 | 031) 955-8588, 8558
전송 | 마케팅부 031) 955-8595   편집부 031) 955-8596
홈페이지 | www.sakyejul.co.kr 전자우편 | skj@sakyejul.co.kr
독자카페 | 사계절 책 향기가 나는 집 cafe.naver.com/sakyejul
페이스북 | facebook.com/sakyejul
트위터 | twitter.com/sakyejul

ⓒ 박한제, 2003

ISBN 978-89-7196-949-6 03910